평생에 한 번은 꼭 명심보감을 읽어라

평생에 한 번은 꼭 명심보감을 읽어라

편저자 · 추적 | **엮은이** · 김이리
펴낸이 · 오광수 외 1인 | **펴낸곳** · 주변인의길
편집 · 박희진
주소 · 서울시 용산구 한강대로 76길 11-12, 5층 501호
TEL · (02) 3275-1339 | **FAX** · (02) 3275-1340

jinsungok@empas.com

초판 1쇄 인쇄일 · 2015년 8월 30일 | **초판 12쇄 발행일** · 2024년 7월 15일

ⓒ 주변인의길
ISBN 978—89—93536—45—4 (03100)

*도서출판 꿈과희망은 주변인의 길의 계열사입니다.
*책값은 뒤표지에 있습니다. 잘못된 책은 바꾸어 드립니다.

明心寶鑑

평생에
한 번은 꼭
명심보감을
읽어라

추적 편저 | 김이리 엮음

주변인의길

마음을 다스리는 가르침

현대는 무한경쟁 사회이다. 경쟁자를 누르고 꺾어야만 살아남을 수 있는 상대평가가 만연된 사회이다. 그런 냉혹한 잣대를 들이미는 사회에서 인간의 고귀한 본성을 지키며 살아남는 방법은 없을까? 그러려면 일단 탁월한 경쟁력을 지녀야 한다. 오직 지식만이 유일한 경쟁력이라면 미국과 유럽에서 학위를 받아온 사람들의 미취업 문제가 사회화되지도 않을 것이다. 과학문명은 첨단에 이르렀는데 그 과학을 누리고 살아야 하는 사람의 인성은 위태롭기 그지없다. 그래서 우리는 다시금 반문하게 된다. 지금 우리가 과연 잘 살고 있는 것일까? 그 어떤 풍요와 번성에도 마음이 행복하지 못하면 무슨 의미가 있겠는가.

지식보다 더 중요한 것은 인성이고, 오늘날의 사회는 피라미드처럼 쌓아올린 스펙보다, 됨됨이가 올곧은 전인적인 품성을 요구하는 쪽으로 바뀌고 있다. 우물이 깊어야 맑은 물을 길어 올릴 수 있다는 것을 알아야 한다. 인격을 갖추지 못한 지식은 끝내 욕심을 부둥켜안은 채 추락하고야 마는 사회악이 될 뿐이다. 높은 빌딩을 올리기 위해서는 먼저 보이지 않는 지하의 지반을 탄탄하게 다져 놓아야 하는 것이다.

옛 선인들의 소박한 자족의 삶에서 우리는 그 열쇠를 찾을 수 있다. 콩 한 쪽도 나눠 먹던 여유에서 바른 덕목을 배워야 한다. 동서고금을 뛰어넘어 세계인의 양서가 된 중국 고전을 통해 진정한 행복을 배우고 생명의 소중함을 깨달아, 긍정적이고 진취적인 마인드를 회복하기를 바란다.

'명심보감'은 고려 충렬왕 때의 문신 추적(秋適)이 중국 고전에 나온 선현들의 금언과 명구를 모아 놓은 책이다. 원래 19편으로 되어 있었는데, 후에 어느

학자가 증보(增補), 팔반가(八反歌), 효행(孝行), 염의(廉義), 권학(勸學) 등 5편을
더하였다.

각 편은 공자를 비롯한 성현들의 금언을 제시하면서 시작된다. 제1편은 계선
편(繼善篇)이다. '착한 일을 한 사람에게는 하늘이 복을 주고, 악한 일을 한 사람
에게는 하늘이 재앙을 내린다'는 공자의 말로부터 시작된다. 이어 천명(天命),
순명(順命), 효행(孝行), 정기(正己), 안분(安分), 존심(存心), 계성(戒性), 근학(勤
學), 훈자(訓子), 성심(省心), 입교(立敎), 치정(治政), 치가(治家), 안의(安義), 준례
(遵禮), 언어(言語), 교우(交友), 부행(婦行) 편(篇)이 이어진다. 이 책은 하늘의 밝
은 섭리를 설명하고, 자신을 반성하여 인간 본연의 양심을 보존함으로써 숭고
한 인격을 닦을 수 있다는 것을 제시해 주고 있다.

시대가 아무리 변해도 인간의 기본 덕목은 변하지 않는다. 마음속에 이 구절
들을 간직하고 살아간다면, 비록 상황은 바뀌었을지라도 사람의 도리를 크게
벗어나는 일을 스스로 막을 수 있을 것이고, 옛 도덕을 지혜롭게 현대에 적용시
키며 살 수 있는 능력도 생길 것이다. 세상의 모든 물건은 사용하면 닳고 줄어
들게 마련이다. 그러나 아무리 써도 줄지 않는 것이 있다. 바로 사랑이고, 넉넉
한 마음이다. 마음은 결코 줄어들지 않는다. 우리 모두 이 사회 속에서 써도 써
도 줄어들지 않는 사랑의 화수분으로 살아가기를 기대해 본다.

엮은이 김이리

책머리에_ 마음을 다스리는 가르침　004

계선편

繼善篇

선행을 계속하라

선행은 하늘도 알고 있다

공자가 말하였다. "선한 일을 하는 사람에게는 하늘이 복을 주시고, 악한 일을 하는 사람에게는 하늘이 재앙을 주신다."

子曰 爲善者 天報之以福 爲不善者 天報之以禍
자 왈 위 선 자 천 보 지 이 복 위 불 선 자 천 보 지 이 화

⁂ ● ● ● ● ● ●

대로마제국의 왕으로서 15년간 왕위에 있던 방탕한 네로 황제. 플리니우스는 그를 가리켜 '인류의 파괴자'이며 '세상의 독'이라고 표현했다.

그가 살던 왕궁은 복도의 길이만도 1마일이 넘는 호화찬란한 궁성이었다. 집안의 모든 벽은 상아와 자개로 장식되었고, 천장은 특별한 샤워 장치가 붙어 있어서 손님에게 향수가 이슬처럼 포근히 뿌려지도록 되어 있었다. 네로 황제의 왕관은 10만 달러가 넘는 것이었고, 노새와 조랑말은 은으로 장식된 신발을 신겼다. 외출할 때면 1천 명 정도의 군사와 마차와 말들이 뒤따랐으며, 낚시할 때에는 금으로 만든 낚싯바늘을 썼다고 한다. 호화로운 옷이 너무나 많아서 한 번 입었던 옷은 두 번 다시 입지 않았다고 한다.

이처럼 세상의 극치의 부귀영화를 다 누렸지만 사람 목숨을 파리 목숨처럼 여긴 그는 결코 행복한 생활을 하지 못했다. 그렇기에 네로 황제는 허무와 공포 가운데서 스스로의 생명을 끊는 자살로 일생을 마칠 수밖에 없었다.

아무리 작은 악도 행해서는 안 된다

한나라의 소열 황제는 임종에 즈음하여 후주에게 칙어를 남겨 말하였다. "선이 작다고 해서 이를 행하지 아니해서는 안 되며, 악이 작다고 해서 이를 범해서는 안 된다."

漢昭烈 將終 勅後主曰 勿以善小而不爲 勿以惡小而爲之
한 소 열 장 종 칙 후 주 왈 물 이 선 소 이 불 위 물 이 악 소 이 위 지

옛날에 집은 가난하지만 복이 많아 아들 열둘에 딸을 하나 둔 사람이 있었다. 자식들이 효심도 깊어 서로 모시겠다고 할 정도였다.

임금이 소문을 듣고 그의 복을 시험해 보기 위해 그를 불러 그에게 금반지를 하나 주면서 열 달 뒤에 이것과 똑같은 것을 가져오되 가져오지 않으면 그를 죽이고 그의 재산을 빼앗겠다고 하였다.

배를 타고 돌아오는 길에 왕의 신하들이 불한당으로 위장을 하여 그 사람에게 시비를 걸어 반지를 빼앗아 바닷물 속으로 던져버렸다.

그는 바닷물 속에 반지를 빠뜨린 것 때문에 걱정하다가 병이 나 버렸다.

임금이 준 기한이 얼마 남지 않아 마지막으로 딸의 집을 찾아갔다.

병이 난 장인을 걱정하여 사위가 붕어를 사왔는데 배를 가르자 금반지가 하나 나왔다.

"어머, 붕어 뱃속에서 무슨 금반지가?"

아버지는 금반지라는 소리에 벌떡 일어나 가보니 바로 임금이 주었던 금반지였다.

임금이 말한 날이 되어 금반지를 들고 임금에게 가 반지를 보여주니 임금은 깜짝 놀라며 추궁했다.

"바른대로 말하라. 이 반지가 어디서 났느냐? 분명 바닷물에 집어넣었는데 어찌 똑같은 반지를 가져올 수가 있단 말이냐?"

"제가 그 반지를 가지고 오는데 불한당이 나타나 시비를 걸더니 하필 그걸 빼앗아 바다로 집어던져버리지 뭡니까! 그 때문에 돌아와 병이 났었는데, 딸네 집에 갔다가 제 건강을 걱정한 사위가 사온 붕어의 배를 갈랐더니 이 반지가 나왔습니다."

"과연 하늘에서 준 복이로구나!"

임금은 감탄하며 반지와 함께 벼슬을 주었다.

매일매일 선을 생각하라

장자가 말하였다. "하루라도 선을 생각하지 않는다면 모든 악이 저절로 일어난다."

莊子曰 一日不念善 諸惡 皆自起
장 자 왈　일 일 불 념 선　제 악　개 자 기

발명왕 에디슨은 "마음이 지옥을 천국으로 만들 수도 있고, 천국을 지옥으로 만들 수도 있다."고 말했다. 하루가 아니라 잠시라도 선을 염두에 두지 않으면, 수시로 일어나 들끓는 갖가지 유혹과 악에 빠질 수 있음을 경계한 말씀이다.

우리의 마음은 계속 선한 생각을 해야만 악한 마음이 스며들 수 없다. 잠시라도 마음이 풀어져 느슨하게 되면 호시탐탐 기회를 노리는 악의 유혹을 알아차리지 못할 수도 있다.

비록 큰 선행이 아니더라도 길가의 휴지를 줍는다거나 길을 묻는 노인들에게 친절하게 안내를 해준다거나, 생활 속에서 할 수 있는 사소한 선행이라도 계속해야 한다. 그것이 몸에 배면 악한 습관이나 악한 생각은 저절로 물러날 것이다.

아무리 작아도 악은 악이다

태공이 말하였다. "선을 보거든 목마른 것같이 하고, 악을 듣거든 귀머거리같이 하라." 또 가로되, "착한 일은 모름지기 탐내어 하고, 악한 일은 즐겨하지 말라."

太公曰 見善如渴 聞惡如聾 又曰 善事 須貪 惡事 莫樂
태 공 왈 견 선 여 갈 문 악 여 롱 우 왈 선 사 수 탐 악 사 막 락

미국의 의사이자 의학자인 조너스 솔크는 당시 가장 무서운 질병 중 하나였던 소아마비를 연구해 1955년 드디어 소아마비 백신을 생산하기에 이르렀다. 솔크 박사는 소아마비 백신 개발 연구에서 200번이나 실패했다.

"박사님, 백신 개발에 벌써 200번이나 실패했는데 기분이 어떻습니까?"

기자들의 질문에 솔크 박사는 미소를 띠며 당당하게 대답했다.

"저는 실패한 적이 결코 없습니다. 단지 백신이 효과를 내지 못하는 200가지의 방법을 발견했을 뿐입니다."

그 후 오랜 고생 끝에 박사는 드디어 백신을 개발해 냈다. 백신을 팔면 엄청난 부를 얻을 수 있었지만 박사는 백신 제조법을 무료로 공개했다.

"저는 백신을 특허로 등록하지 않겠습니다. 우리가 숨쉬는 공기나 태양을 특허로 신청할 수는 없지 않겠습니까."

그는 담담하게 이렇게 말했다.

선은 해도 해도 부족하다

마원이 말하였다. "일생 동안 선을 행할지라도 선은 오히려 부족하며, 하룻동안 악을 행할지라도 악은 그대로 남아 있다."

馬援日 終身行善 善猶不足 一日行惡 惡者猶餘
마 원 왈 종 신 행 선 선 유 부 족 일 일 행 악 악 자 유 여

멕시코의 한 마을에 온천과 냉천이 함께 솟아나는 신기한 장소가 있었다. 한쪽에서는 뜨거운 김이 피어오르는 온천이 솟고 그 옆에서는 얼음같이 차가운 냉천이 솟아올라 동네 여인들은 빨랫감을 가지고 와서 뜨끈뜨끈한 온천물에 빨래를 삶고 냉천에서 깨끗이 헹구어 집으로 가져가곤 했다. 그 모습을 본 관광객이 가이드에게 물었다.

"이곳 주민들은 참 좋겠습니다. 찬물과 더운물을 마음대로 쓸 수 있어서요. 모두 감사하며 살겠지요?"

그러자 안내원은 고개를 저으며 말하는 것이었다.

"천만에요. 불평이 더 많은 걸요. 세탁비누가 나오지 않는다고 말이에요."

사람의 욕심은 끝이 없다. 불평과 행복은 함께 존재하지 못한다. 감사해야 더욱 감사할 일이 생긴다는 것이 우리 인생의 이치이다. 작은 일에 감사할 줄 알아야 행복한 사람이 된다.

자손을 위해서라도
덕을 쌓아라

사마온공이 말하였다. "돈을 모아 자손에게 남겨 줄지라도 반드시 자손이 능히 지킨다고 할 수 없으며, 책을 모아 자손에게 남겨 줄지라도 반드시 자손이 능히 다 읽지는 못할 것이니 드러내지 않는 가운데 음덕을 쌓아 자손을 위하여 계획을 세우는 것만 못하다."

司馬溫公曰 積金以遺子孫 未必子孫能盡守
사 마 온 공 왈　적 금 이 유 자 손　미 필 자 손 능 진 수

積書以遺子孫 未必子孫能盡讀
적 서 이 유 자 손　미 필 자 손 능 진 독

不如 積陰德於冥冥之中 以爲子孫之 計也
불 여　적 음 덕 어 명 명 지 중　이 위 자 손 지　계 야

어느 날 신문에 연로한 어머니를 판다는 광고가 실렸다.

그날 저녁 한 부부가 광고에 적힌 주소를 보고 찾아갔다. 생각 밖으로 집이 대저택이었다. 벨을 누르자 한 노파가 그들을 맞았다.

남편이 노파에게 물었다.

"어느 분을 파시는 거죠?"

"바로 나라오. 그런데 남들은 있는 부모도 안 모시려고 하는 세상에 당신들은 무슨 생각으로 늙은 어머니를 사려고 하오?"

"저희 부부는 어려서 부모를 잃었답니다. 그래서 항상 부모님을 모시고 행복하게 사는 모습을 부러워하던 터에 광고가 났기에 찾아왔습니다."

머리를 긁적이는 남편의 말에 노파는 빙그레 웃으면서 말했다.

"뜻이 맞으니 이것으로 거래가 성사되었군. 그럼 이제부터 어머니로서

말을 놓겠다. 아무래도 너희 가족이 이리 와서 함께 사는 게 좋겠다."

"네? 그게 무슨 말씀이세요?"

"너희 부부의 생활이 넉넉지 않은 듯한데, 어떻게 나를 모시고 살겠느냐? 그러니 너희가 여기서 함께 살자꾸나."

"그럼 왜 스스로 돈을 받고 팔겠다고 광고하셨습니까?"

"돈을 보고 오는 사람들이 싫어서지. 너희는 없는 살림에도 나를 사러 왔으니 진정 내 아들딸이 될 자격이 있다. 너희 가족과 한 식구가 되어 남은 여생을 행복하게 보내고 싶구나."

연로하신 부모님을 짐스러워하는 이 세대를 향한 메시지를 담고 있다.

작은 선이 태산을 이룬다

『경행록』에서 말하였다. "은혜와 덕의를 베풀어라. 세상을 살다보면 어느 곳에서 만나지 않으랴. 원수를 맺지 말라. 좁은 길에서 만나게 되면 피하기 어렵다."

景行錄曰 恩義 廣施 人生何處不相逢 讐怨 莫結 路逢 狹處 難回避
경 행 록 왈 은 의   광 시   인 생 하 처 불 상 봉   수 원   막 결   노 봉   협 처   난 회 피

❀ • • • • • •

미국의 개척기 때의 사람인 윌리엄 펜은 다른 백인들과는 달리 인디언들을 존중해 주었고, 늘 친절을 베풀었다.

어느 날 인디언들이 그에게 농담으로 제안을 하나 했다.

"펜, 자네가 원하기만 한다면 우리 땅을 모두 가져도 좋네. 하지만 하루 동안 걸어서 돌아오는 땅만 주는 것으로 하겠네."

펜은 그들의 말을 믿고 다음 날 해가 떠오르자마자 길을 떠나 걷기 시작했다. 그리고 해가 떨어지자 인디언들에게로 다시 돌아왔다.

"여보게, 오늘 아침부터 걸어서 이제 돌아왔네. 약속대로 땅을 주게나."

인디언들은 놀랐다. 농담이었는데, 펜이 실천해 준 것이 고맙기까지 했다.

"암! 주고말고! 약속대로 자네가 걸어서 돌아온 땅을 떼어 주겠네."

그 땅으로 윌리엄 펜은 펜실베이니아의 창설자가 되었고, 그 땅은 필라델피아 시의 일부가 되었다. 친절은 좋은 씨앗을 뿌리고 보답은 그 열매이다.

선행은 악도 변화시킨다

장자가 말하였다. "나에게 선하게 하는 자에게 나 역시 이에 선하게 하고, 나에게 악하게 하는 자에게도 역시 나는 이에 선하게 해야 한다. 내가 이제까지 악하게 하지 않았으니 남도 능히 나에게 악하게 함이 없을 것이다."

莊子曰 於我善者 我亦善之 於我惡者 我亦善之
장 자 왈 어 아 선 자 아 역 선 지 어 아 악 자 아 역 선 지

我旣於人 無惡 人能於我 無惡哉
아 기 어 인 무 악 인 능 어 아 무 악 재

한 장사꾼이 큰 소리로 외치며 거리를 돌아다니고 있었다.

"인생의 비결을 살 사람 없습니까?"

사람들이 하나둘 모여들기 시작했다. 거의 온 동네 사람들이 인생의 비결을 사려고 모여들었다.

그 가운데에는 랍비도 몇 사람 있었다. 모두 모여들어 그 비결을 듣고 싶어 재촉했다.

"내가 사겠소. 내게 파시오!"

장사꾼은 빙그레 웃더니 말했다.

"인생을 참되게 사는 비결이란 자기 혀를 조심해서 쓰는 것이라오."

자기의 결점만을 걱정하고 있는 인간은 다른 사람이 가진 결점은 알지 못한다.

1 계선편(繼善篇) : 선행을 계속하라

화와 복은 내가 부른다

동악 성제가 가르쳐 말하였다. "하루동안 착한 일을 행할지라도 비록 복은 금방 이르지 않으나 화는 저절로 멀어질 것이고, 하루동안 악을 행할지라도 비록 화는 금방 이르지 않으나 복은 저절로 멀어질 것이다. 착한 일을 행하는 사람은 봄 동산의 풀과 같아서 그 자라는 것은 보이지 않으나 날마다 자라나는 바가 있고, 악을 행하는 사람은 칼을 가는 숫돌과 같아서 닳아 없어지는 것은 보이지 않으나 날이 갈수록 닳아 없어지는 것과 같다."

東岳聖帝垂訓曰 一日行善 福雖未至 禍者遠矣 一日行惡 禍雖未至
동 악 성 제 수 훈 왈   일 일 행 선   복 수 미 지   화 자 원 의   일 일 행 악   화 수 미 지

福者遠矣 行善之人 如春園之草 不見其長 日有所增 行惡之人
복 자 원 의   행 선 지 인   여 춘 원 지 초   불 견 기 장   일 유 소 증   행 악 지 인

如磨刀之石 不見其損 日有所虧
여 마 도 지 석   불 견 기 손   일 유 소 휴

⊗ • • • • • •

일본의 유명한 여류작가인 미우라 아야코 여사는 이름이 알려지기 전, 남편의 수입만으로는 생활이 어려웠다.

그래서 조금이나마 생활에 도움을 얻으려는 마음으로 작은 구멍가게를 차렸다.

그런데 생각 밖으로 가게가 너무 잘되어 트럭으로 물건을 들여와야 할 정도로 번창했다. 그러자 그 주변의 다른 구멍가게들은 파리를 날리게 되었다.

그러던 어느 날, 남편이 분주히 일하는 아내를 안쓰럽게 여기고, 또 장사가 잘 안 되는 이웃 가게들을 염려하며 말했다.

"우리 가게가 이렇게 잘되는 것은 좋지만, 주위 다른 가게들이 우리 때문

에 안 되면 어떻게 하지?"

남편의 말에 미우라 아야코 여사는 지금까지 미처 생각하지 못한 것을 깨달았다.

그때부터는 아예 가게에 일정 물건들은 들여놓지 않았다. 손님이 그 물건을 찾으면 다른 가게로 안내해 주었다.

그렇게 되자 시간의 여유가 생겼고, 틈틈이 펜을 들어 글을 쓴 것이 그녀에게 큰 부와 명예를 안겨준 『빙점』이라는 소설이다.

악행은
끓는 물에 손을 넣는 것이다

공자가 말하였다. "착한 것을 보거든 아직도 부족함을 깨닫고, 착하지 못한 것을 보거든 끓는 물을 만지는 것같이 하라."

子曰 見善如不及 見不善如探湯
자 왈 견 선 여 불 급 견 불 선 여 탐 탕

● ● ● ● ● ● ●

어느 부잣집에서 50명 가까운 많은 부부를 초청하여 파티를 열었다.

그들은 가장 멋진 옷을 입고서 맛있는 식사를 하며 사회, 정치, 경제, 나라의 장래에 대한 고상한 이야기를 나누고 있었다. 그런데 한편에서는 가정부들이 땀을 뻘뻘 흘리며 음식을 준비하고 있었다. 이 두 계층 사이에는 서로 말은 없었지만 묘한 긴장이 흐르고 있었다. 그런데 초대된 사람 중에 어느 겸손한 부인 한 분이 조용히 빠져나와 가정부들의 일을 돕기 시작했다. 눈에 띄지 않게 자연스럽게 그들과 섞여서 열심히 시중을 들었다.

"어머, 고맙습니다."

그러자 가정부들의 일이 조금 줄어들었고 여유가 생겼다. 마음속에서 맴돌았던 불평이 줄어들면서 밝은 얼굴로 일할 수 있게 되었다. 이 일로 인해 일하는 여인들 사이에서 감사와 감격이 일어났고, 그것은 곧 두 계층 간에 말없는 평화를 가져왔다.

천명편
天命篇

하늘의 명령을 알라

하늘의 뜻을 거스르지 말라

공자가 말하였다. "하늘에 순종하는 사람은 남고 하늘을 거스르는 사람은 망한다."

子曰 順天者 存 逆天者 亡
자 왈 순 천 자 존 역 천 자 망

⁂ • • • • • •

플로리다 주에 사는 제리는 친구 두 사람과 함께 고무 구명보트를 타고 5일 동안 대서양에서 표류했던 일이 있었다. 닷새 동안 추운 바다에서 표류하자 세 사람 모두 기진맥진해 몽롱한 상태가 되었다. 이때 상어가 나타나서 구명보트를 들이받기 시작했다. 이대로 두면 죽음을 피할 수 없을 것 같았다.

"싸우자! 힘을 내서 싸워야 해!"

그들은 죽을 힘을 다해서 유일하게 가지고 있던 주머니칼로 상어와 필사적으로 싸웠다. 그 무렵, 화물선 한 척이 근처를 지나가다가 멀리서 고함치는 소리와 함께 무언가 소란스럽게 움직이는 것을 발견했고, 결국 그들은 구출되었다. 만약 세 사람이 모두 구명보트 속에서 조용히 잠들어 있었다면 멀리 지나던 화물선은 결코 이들을 발견할 수 없었을 것이다. 그러나 그들이 용기를 잃지 않고, 포기하지 않고 상어와 싸웠기 때문에 멀리 지나가던 화물선이 그들을 볼 수 있었다.

하늘의 마음이 곧 내 마음

소강절 선생이 말하였다. "저 하늘은 고요하여 소리 하나 없이 멀고, 아득하니 어느 곳에서 찾겠는가. 높지도 않고 또한 멀지 않은 곳, 모두가 다만 사람의 마음에 있다."

康節邵先生曰　天聽寂無音　蒼蒼何處尋　非高亦非遠　都只在人心
강 절 소 선 생 왈　천 청 적 무 음　창 창 하 처 심　비 고 역 비 원　도 지 재 인 심

일본의 작가 하루야마 시게오는 건강에 대한 관심이 많았다. 그래서 그는 30년 동안 책을 쓰면서 건강의 6가지 조건을 제시했다. 사람이 건강하게 살려면 다음의 여섯 가지를 잘 지켜야 한다는 것이다.

첫째, 피곤하지 않게 살 것, 둘째, 적절한 잠을 잘 것, 셋째, 식욕을 절제하며 먹을 것, 넷째, 화를 내지 말 것. 화를 내면 마음에 상처를 입고 손해를 보는 것이다. 다섯째는, 두뇌를 계속 사용할 것, 여섯째는 적당한 운동을 할 것 등이었다.

그런데 그 후 30년이 지나고 그는 '뇌내혁명'이라는 책을 쓰면서 정말로 인간에게 필요한 것은 이 여섯 가지에 한 가지가 더 있어야 한다고 했는데, 바로 '마음의 평안'이었다. 마음의 평화가 건강에서 차지하는 비중은 55%라고 말한다. 마음이 평안하면 55%는 이미 건강한 것이다. 아무리 겉이 그럴듯해 보여도 마음이 평안해야 건강을 지킬 수 있다.

2 천명편(天命篇) : 하늘의 명령을 알라

아무리 작은 일도 하늘은 안다

현제가 가르쳐 말하였다. "사람들의 사사로운 말일지라도 하늘이 들으심에는 우레와 같이 크게 들리고, 어두운 방에서 마음을 속일지라도 신의 눈은 번개와 같다."

玄帝垂訓日 人間私語 天廳 若雷 暗室欺心 神目 如電
현 제 수 훈 왈　인 간 사 어　천 청　약 뢰　암 실 기 심　신 목　여 전

＊ • • • • • •

인천상륙작전의 주인공인 맥아더 장군이 원수가 되기 전, 육군학교 교장을 맡고 있던 때의 일이다.

하루는 미국 국방위원들이 시찰을 나왔다.

맥아더는 각종 보고를 마치고 자기 방으로 안내하였다. 방 안에는 아무런 가구도 없고 단지 야전용 쇠 침대 하나만이 놓여 있었다.

"여기가 제가 생활하는 방입니다. 이곳에서 일주일을 지내고 주일에만 집으로 갑니다."

맥아더는 내심 자기가 얼마나 고생을 하고 있는가를 말하려고 목에 힘을 주며 쇠 침대에서 자는 것을 강조했다.

시찰이 끝난 후 만찬이 베풀어졌고 금 접시에 멋진 요리들이 담겨 나왔다.

그런데 즐거운 식사가 끝나고 모두 돌아간 뒤에 금접시 하나가 없어졌다. 맥아더는 괘씸하게 생각하고서 범인을 잡으리라 마음먹었다. 먼저 국

방위원들을 의심한 맥아더는 편지를 보내 금 접시의 행방을 캐물었다.

그런데 며칠 뒤 다음과 같은 편지 한 통을 받았다.

"만일 장군님께서 그날 밤 야전용 쇠 침대에서 주무셨다면 벌써 금접시를 찾으셨을 것입니다. 장군님 모포 밑에 접시를 넣어두었거든요."

맥아더는 점잖은 체면에 망신을 당하게 되었다.

아무리 작은 것이라도 거짓말은 반드시 대가를 치르게 된다.

악행의 끝은 하늘의 벌이다

『익지서』에서 말하였다. "나쁜 마음이 단지에 가득 차면 하늘이 반드시 천벌로 대할 것이다."

益智書云 惡 若滿 天必誅之
익 지 서 운 악 약 만 천 필 주 지

인도의 제녀 부인은 질투심이 강했다. 왕의 사랑을 받는 사마 부인을 없애 버려야 왕의 사랑도 신하들의 존경도 독차지할 수 있다고 생각했다. 자기의 미모와 덕망이 사마 부인에 비할 바가 아니라고 생각했던 것이다.

어느 날 제녀 부인은 왕에게 거짓말을 꾸며서 사마 부인을 모함했다.

"폐하, 사마 부인이 절에 가는 이유가 스님과 정을 통하기 위해서라고 합니다."

제녀 부인은 왕을 위하는 듯이 그럴듯하게 거짓을 꾸며댔다.

왕은 크게 노해서 활을 들고 사마 부인의 방으로 달려갔다. 방 안에 들어선 왕은 한마디 말도 없이 사마 부인을 향하여 활을 쏘았다. 그러나 이상하게도 첫 화살도 둘째 화살도 맞지 않았다. 셋째 화살도 맞지 않는 것이었다. 왕은 숨을 내쉬며 활을 내렸다.

그리고 사마 부인에게 비로소 말을 건넸다.

"그대는 범상한 사람이 아니로다. 왜 화살이 맞지 않는가?"

사마 부인은 왕을 쳐다보며 말했다.

"폐하, 어찌 별다른 사람이겠습니까. 다만 폐하를 생각하는 것이 첩의 마음의 전부라서 화살이 사랑에 못 이겨 피한 것 같습니다."

왕의 두 눈에서 눈물이 비 오듯 하였다.

거짓말을 한 제녀 부인은 큰 벌을 면할 수 없었다.

악인은 반드시 하늘이 죽인다

장자가 말하였다. "만일 어떤 사람이 착하지 못한 일을 하고 이름을 세상에 나타낸 자는, 사람은 비록 해치지 못할지라도 하늘은 반드시 죽일 것이다."

莊子曰 若人 作不善 得顯名者 人雖不害 天必戮之
장 자 왈 약 인 작 불 선 득 현 명 자 인 수 불 해 천 필 육 지

포악한 성격의 술주정뱅이 아버지와 모성애가 깊은 어머니 밑에서 자란 소년이 있었다. 소년은 아버지로부터는 매를, 어머니로부터는 사랑을 받았다. 그런데 소년이 당한 무지막지한 매질은 그것으로 끝나지 않았다. 그리고 역시 남편의 매질에 시달리면서도 아들을 감싼 어머니의 사랑 또한 그것으로 끝나지 않았다. 아버지의 난폭함은 소년에게 강한 증오심과 살인충동을 심어주었고, 어머니의 인내와 보살핌은 그에게 강인한 극기심과 사랑을 심어주었다. 그래서 성장한 그는 고기도 먹지 않고 커피나 술도 마시지 않는 좀 별난 사람이 되어 있었고, 끝내는 그 증오와 사랑이 조화를 이루지 못하고 내부의 광기로 발작을 일으켜 온 유럽을 피로 물들인 전쟁을 일으키고 말았다. 이것은 심리학자 에릭슨이 히틀러의 정신을 분석하여 쓴 '히틀러 어린 시절의 전설'에 나오는 이야기다.

부모는 사랑하는 자녀들에게 좋은 성품을 심어주어야 한다.

콩 심은 데 콩 난다

오이를 심으면 오이를 얻고 콩을 심으면 콩을 얻으니, 하늘의 그물이 넓고 넓어서 보이지는 않으나 새지는 않는다.

種瓜得瓜 種豆得豆 天網 恢恢 疎而不漏
종 과 득 과　종 두 득 두　천 망　회 회　소 이 불 루

작은 마을에 사는 어떤 빵 제조업자는 날마다 이웃 농장에서 신선한 버터 한 덩이씩을 사오곤 하였다. 어느 날 그는 버터의 무게가 처음과는 다르다는 생각이 들어 며칠 분의 버터를 모아 저울에 올려놓고 재보았다. 그의 의심대로 농부가 사오는 버터는 하루하루 그 무게가 줄어들었다.

화가 난 빵 제조업자는 이 농부를 고발하였다. 법정에서 판사가 물었다.

"조사해 보니 저울이 없던데 어떻게 무게를 알고 버터를 파십니까?"

"간단합니다. 저 빵집 주인이 내게서 버터를 사가기 시작한 날로부터 나는 그 빵을 사다 먹었습니다. 그리고 저는 저 사람이 가져오는 1파운드짜리 빵을 가지고 저울 삼아 버터를 팔았습니다. 버터의 무게가 틀리다면 그건 어디까지나 빵의 무게를 틀리게 한 저 사람 탓일 겁니다."

속이는 자도 결국 속임을 당하게 된다는 것을 알고 누구를 속이겠다는 마음을 가져서는 안 된다.

하늘로부터 죄를 짓지 말라

공자가 말하였다. "하늘로부터 죄를 얻으면 빌 곳이 없다."

子曰 獲罪於天 無所禱也
자 왈 획 죄 어 천 무 소 도 야

기원전 1147~기원전 1113년까지는 은나라 무을왕이 재위하던 시절이
다. 무을왕은 은나라 왕 강정의 아들로 왕위에 오르자마자 왕권을 마구 휘
두르고 이를 더욱 강화하기 위해 밖으로는 주변 국가를 정벌하였으며, 안
으로는 통치력을 강화하는 일련의 정책을 펼쳤다.

그는 더이상 인간들 가운데는 자신과 맞먹을 상대가 없다고 자만심에 빠
져 신을 상대하기로 마음먹었다.

당시 은나라 사람들은 미신을 신봉했는데 조정의 사관들 역시 점을 쳐서
제사를 올리며 왕권에 간섭했다.

오로지 무력을 통해서만이 천하를 다스릴 수 있다고 믿고 있던 무을왕은
이를 부당하게 여겨 한 가지 묘책을 강구했다.

사람을 시켜 꼭두각시 인형을 만들게 한 후 이를 하늘신이라고 하면서
인형과 내기를 했다. 내리 세 판을 이기고 난 무을왕은 꼭두각시 인형이 입

고 있던 옷을 벗긴 뒤 채찍질을 하고서는 불살라 버렸다.

그뿐만이 아니었다. 무을왕은 커다란 가죽 주머니를 만들어서 그 안을 동물의 피로 채우게 했다. 그러고 난 뒤 높다란 장대 위에 가죽 주머니를 매달아 놓고 조정 대신들이 모인 자리에서 직접 화살을 쏘아 가죽 주머니를 터뜨렸다. 그는 주머니에서 쏟아지는 피를 가리켜 '하늘을 쐈다'며 신의 존재를 부정했다.

그 후 어느 누구도 감히 신의 존재를 주장하지 못했을 뿐더러 절대 권력을 행사하는 무을왕의 행위에 간섭하지 못했다.

그러던 어느 날, 특히 사냥을 좋아하던 무을왕이 황하 위수를 지나갈 때였다. 갑자기 천지가 요동치더니 벼락이 내리쳐 무을왕이 그 자리에서 죽고 말았다.

사람들은 그가 하늘의 벌을 받아 벼락에 맞아 죽었다고 여겼다.

순명편
順命篇

하늘의 명령을 따르라

부귀는 하늘에 달려 있다

공자가 말하였다. "죽고 사는 것은 명에 있고 부귀를 이룸은 하늘에 있다."

子曰 死生有命 富貴在天
자 왈　사 생 유 명　부 귀 재 천

‘자동차 왕’으로 불리는 헨리 포드가 아일랜드의 수도 더블린에 갔던 적이 있었다.

그곳에 머무는 동안에 한 고아원을 방문했다.

그는 고아원생들을 위해서 강당을 하나 지어 줄 것을 약속했다. 그 일을 위해 2,000파운드를 기부하기로 약속을 했다.

그런데 그 다음 날 신문에 뜻밖에도 이런 기사가 실렸다.

‘헨리 포드 회장이 고아원을 위해 20,000파운드를 기부하기로 약속하다.’

2,000파운드가 20,000파운드로, 동그라미 하나가 더 들어가 버린 것이었다.

고아원 쪽에서 그 기사를 보고 포드 회장을 찾아와 정중하게 사과를 했다. 그리고 신문사에 정정 기사를 내도록 요청하겠다고 말했다.

그러자 헨리 포드는 웃음을 지으면서 이렇게 말했다.

"할 수 없지요. 다 하나님의 뜻이 아니겠습니까? 제가 18,000파운드를 더 내겠습니다. 그 대신 고아원의 강당이 완공이 되고 나면 그 입구에 이런 글을 써주시기 바랍니다. '헨리 포드의 뜻이 아니고 하나님의 뜻에 의해서 드려진 헌금으로 지어진 강당'이라고요."

좋은 일에 인색하지 않고 넉넉했던 마음 그릇이 그에게 큰 부를 이루게 해 주었다.

내 마음 그릇의 크기를 알라

모든 일은 이미 분수가 정해져 있는데 덧없는 사람들이 바삐 날뛴다.

萬事分已定 浮生空自忙
만 사 분 이 정　부 생 공 자 망

모든 일은 분수가 이미 정해져 있는데 사람들이 부질없이 바쁘게 움직인다. 여기에서 분수는 자신의 그릇의 크기로, 인생의 모든 것이 정해져 있다는 것이 아니고 분수, 즉 그릇의 크기가 정해져 있다는 것이다. 먼저 자신의 그릇이 되인지 말인지 잘 알아야 한다. 향수를 담을 병인지, 생수를 담을 병인지를 알고, 된장을 담을 그릇인지, 간장을 담을 그릇인지를 정확히 아는 것이 우선이라는 것이다. 그래야 그에 맞는 준비를 할 것이기 때문이다.

인생도 마찬가지이다. 마음 그릇은 종지에 불과한데 욕심만 하늘처럼 크다면 그릇은 깨지거나 부서질 것이다. 헛된 망상에 빠져 자기가 누릴 분수조차도 누리지 못하고 비참한 인생을 살 수도 있다. 그릇은 태산을 담을 만큼 큰데 시골에서 이름 없이 사는 꿈만 꾼다면 이 또한 바람직하지 못한 삶이 될 것이다. 이러한 됨됨이나 그릇의 크기는 스승을 통해서나 자신에 대한 깊은 성찰을 통해서 알아가야 한다.

한 번 들어온 복은 놓치지 말라

『경행록』에서 말하였다. "화는 요행으로 면할 수 없으며 복은 두 번 다시 구하지 못한다."

景行錄云 禍不可倖免 福不可再求
경 행 록 운　화 불 가 행 면　복 불 가 재 구

⊛ ‧ ‧ ‧ ‧ ‧ ‧

'생각을 조심하라, 생각은 말이 된다. 말을 조심하라, 말은 행동이 된다. 행동을 조심하라, 행동은 습관이 된다. 습관을 조심하라, 습관은 인격이 된다. 인격을 조심하라, 인격은 운명이 된다.'

'빈자의 성녀'로 추앙받았던 테레사 수녀가 우리들에게 남긴 말이다. 즉, 한 사람의 생각이 말과 행동으로 옮겨져 습관이 되고, 바로 이 습관이 한 사람의 인격이 되기도 하고, 또 한 사람의 운명을 결정짓기도 한다. 여기서 중요한 것이 바로 습관이다.

좋지 않은 습관이 자라서 나쁜 성격이 되고, 인생을 파멸의 길로 몰아간다. 나쁜 습관이 뿌리를 내리면 나쁜 운명으로 열매를 맺게 되는 것이다. 하찮은 습관이라고 생각하면 안 된다. 눈에 겨우 보이는 작은 씨앗이 자라면 바오밥나무가 된다는 것을 잊으면 안 된다.

운은 하늘에 달려 있다

때가 오니 바람이 일어 등왕각으로 보내지고, 운이 물러가면 천복비에 벼락이 떨어진다.

時來風送藤王閣 運退雷轟薦福碑
시 래 풍 송 등 왕 각   운 퇴 뢰 굉 천 복 비

❀ ● ● ● ● ● ●

　당나라 때 홍주의 도독 염백서가 남창에 등왕각이라는 정자를 세우고 완공을 축하하는 낙성연 자리에서 사위에게 축하의 글을 짓게 하여 사위자랑을 하려 했다. 이때 당나라 천재시인 왕발은 동정호 부근에 있었는데 남창과의 거리가 700리나 떨어진 거리였다.

　등왕각의 낙성식 날은 9월 9일이었는데 7일 밤 잠자리에 든 왕발이 꿈을 꾸었다. 꿈에 강의 신이 나타나 말하였다.

　"내일 등왕각 완공 축하 낙성식이 있으니 참석해서 글을 지어 이름을 알려라."

　그러자 왕발이 물었다.

　"남창까지는 700리인데 어찌 하룻밤에 갈 수 있습니까?"

　"배에 오르기만 하면 내가 바람을 불어주겠다."

　잠에서 깬 왕발은 꿈이 너무도 생생해 가보기로 하였다. 배를 타자 갑자기 바람이 불더니 9월 8일 하루에 700리를 달려서 그날 밤에 남창에 도착했다.

왕발은 낙성연에서 '등왕각 서'를 써서, 사위의 글 자랑을 하려 했던 염백서를 무색케 했을 뿐만 아니라, 천하에 이름을 날렸다. 당시 왕발의 나이는 14세였다. 참으로 대단한 행운이 따라주었다고 볼 수 있다.

정반대로 송나라 때 한 가난한 서생에게 주문이 들어왔다. 천복산에 있는 명필 구양순이 쓴 천복비의 비문을 탁본해 주면 막대한 보수를 주겠다는 것이었다.

큰 희망을 안고 천복산에 도착한 그날 밤 벼락이 그 비석을 때려 산산조각을 내버렸다. 참으로 운이 나쁜 사람이라 할 수 있다.

이처럼 사람의 일은 알 수 없는 것이어서, 전혀 불가능할 것 같은 일도 운이 이르면 왕발처럼 모든 일이 잘되고, 운이 물러가 쇠퇴하면 가난한 서생처럼 천복산에 도착한 날 비석이 벼락에 맞는 일도 생길 수 있는 것이다.

부귀와 가난은 하늘에 달려 있다

열자가 말하였다. "어리석고 귀먹고 고집이 있고 벙어리인데도 호화로운 부자요, 지혜 있고 총명하지만 도리어 가난하다. 운(運)은 해와 달, 날과 시가 마땅히 정해져 있으니 부귀와 가난은 사람으로 말미암지 않고 천명에 있다."

列子曰 痴聾痼 家豪富 智慧聰明 却受貧
열 자 왈 치 롱 고 가 호 부 지 혜 총 명 각 수 빈

年月日時 該載定 算來由命不由人
연 월 일 시 해 재 정 산 래 유 명 불 유 인

태종이 우연히 두 아전들이 하늘과 사람의 이치를 논하는 것을 보았다.

"부귀와 영달은 모두 임금에게서 나온다네."

갑의 말에 을이 고개를 저으며 말했다.

"아니, 그렇지 않아. 한 계급이 오르거나 한 벼슬을 하게 되는 것은 모두 하늘이 정하는 거라네. 비록 임금이라도 그것은 어쩔 수 없다네."

태종이 그 말을 엿듣고 나서 종이에 지시를 적었다.

"지금 이것을 가지고 가는 아전에게 한 직급을 올려 주기 바라오."

그리고 갑을 시켜 세종에게 보냈다. 그런데 갑은 그 종이를 받고 나오다 갑자기 복통이 나서 그 쪽지를 을에게 대신 부탁하였다. 다음날 인사 발령 내용을 보니 을은 직급이 올랐으나 갑은 그대로였다. 태종이 이상히 여겨 그 까닭을 알아보았다. 그리고 그 사실을 알고 난 태종은 경탄해 마지않았다.

효행편
孝行篇

효도하라

부모님의 은혜는 하늘보다 넓다

『시전(詩傳)』에서 말하였다. "아버지 날 낳으시고 어머니 날 기르시니 슬프고 슬프도다. 어버이시여, 나를 낳아 기르시느라고 애쓰셨다. 그 깊은 은혜를 갚고자 해도 넓은 하늘과 같이 끝이 없구나."

詩曰 父兮生我 母兮鞠我 哀哀父母 生我勞 欲報深恩 昊天罔極
시 왈 부혜생아 모혜국아 애애부모 생아로 욕보심은 호천망극

옛날 이스라엘의 다마라는 곳에 유태인이 아닌 사람이 살고 있었다. 그런데 그는 금화 3천 개의 값이 나가는 귀한 다이아몬드 한 개를 가지고 있었다. 어느 날, 랍비가 사원을 꾸미는 데 쓰려고 금화 3천 개를 가지고 그의 집으로 다이아몬드를 사러 갔다. 그때 그 사람의 부친은 다이아몬드를 넣어 둔 금고의 열쇠를 베개 밑에 넣고 낮잠을 자고 있었다. 난처해진 아들은 랍비에게 말했다.

"죄송합니다만 다이아몬드를 팔 수 없겠습니다."

"그 이유가 무엇입니까?"

"낮잠을 주무시는 아버지를 깨울 수 없어서입니다."

'호오, 다이아몬드를 팔면 막대한 돈이 생기는데, 낮잠을 주무시는 아버지를 깨우지 않으려고 포기하다니! 대단한 효도로군.'

랍비는 아들의 태도에 감탄하여 그 이야기를 널리 알렸다.

4 효행편(孝行篇) : 효도하라

효도는
살아 계실 때만 하는 것이 아니다

공자가 말하였다. "효자가 어버이를 섬길진대 기거에는 공경함을 다하고, 받들어 섬김에는 즐거움을 다하고, 병드신 때에는 근심을 다하고, 돌아가신 때에는 슬픔을 다하고, 제사를 지낼 때에는 엄숙함을 다해야 한다."

子曰 孝子之事親也 居則致其敬 養則致其樂 病則致其憂
자 왈 효 자 지 사 친 야 거 즉 치 기 경 양 즉 치 기 락 병 즉 치 기 우

喪則致其哀 祭則致其嚴
상 즉 치 기 애 제 즉 치 기 엄

일찍이 공자는 순 임금을 가리켜 효도가 지극한 인물이라고 칭찬하였다. 순 임금은 동양 도덕의 전형적인 인물로, 어려서 어머니를 여의고 의붓어머니와 이복동생과 우유부단한 아버지에게서 학대를 받았다. 그러나 한결같은 효도로써 부모님을 섬겼다. 그의 아버지 고수는 임녀라는 후처를 얻어 상이라는 아들을 낳았다. 고수는 후처의 꾐에 빠져 순을 미워하게 되었다.

한번은 상이 잘못하여 물에 빠져 옷이 다 젖었다. 악독한 후처는 상과 짜고 남편에게 순이 유산을 차지하려고 상을 죽이려 했다고 거짓말을 시켰다.

화가 난 고수는 사실을 알아보지도 않고 다짜고짜 순을 때렸고, 순은 그저 말없이 피가 나도록 매를 맞았을 뿐 아무런 원망도 하지 않았다. 그 후로는 더욱 아버지와 어머니와 상이 공모하여 순을 죽이려고 했다. 그러나 그들의 음모와 갖은 방법에도 불구하고 순은 구사일생하여 결국 요(堯) 임금의 후계자가 될 수 있었던 것이다.

부모님을 공경하라

공자가 말하였다. "부모가 계실 때에는 멀리 떨어져 놀지 말 것이며, 놀 때는 반드시 그 가는 곳을 알려야 한다."

子曰 父母在 不遠遊 遊必有方
자 왈 부 모 재 불 원 유 유 필 유 방

한 소년이 바다를 정복할 꿈을 꾸면서 성장했다. 어느 날 그 소년은 큰 선박회사에 취직해서 먼 나라로 항해를 떠날 준비를 갖추었다. 그는 배에 자신의 짐을 모두 실은 후, 어머니께 작별 인사를 드렸다. 그때 어머니는 슬픈 표정으로 눈물을 흘리면서 아들을 향해 말하였다.

"너를 떠나보내는 것이 너무 괴롭구나."

평소에 효심이 깊었던 그 소년은 어머니의 눈물을 보고, 바다를 정복하기 위한 항해를 포기했다. 어머니는 아들의 손을 잡으며 몇 번이고 말했다.

"고맙다, 고마워. 부모를 공경하는 자녀는 복을 받는단다."

어머니는 그날부터 효자 아들을 위해 매일 눈물의 기도를 드렸다. 그 소년은 위대한 지도자로 성장했다. 이 사람이 바로 미국의 초대 대통령을 지낸 조지 워싱턴이다. 부모를 공경하는 자녀는 아름다운 이름을 얻는다. 사람의 눈에는 실패할 것 같아도 반드시 성공을 거두게 된다.

4 효행편(孝行篇) : 효도하라

부모님 말씀을 바로 따르라

공자가 말하였다. "아버지께서 부르시면 속히 공손히 대답하여 거스르지 말고, 입에 음식이 있거든 곧 이를 뱉고 대답해야 한다."

子曰 父命召 唯而不諾 食在口則吐之
자 왈 부 명 소 유 이 불 락 식 재 구 즉 토 지

광둥 외국무역대학에서 의사로 일하던 루마오잉의 외아들 천지여우는 53세에 병에 걸려 세상을 떠나고 말았다. 팔순의 문턱에서 심장병에 걸린 노모(老母)가 아들의 죽음으로 충격받을까 봐 가족들은 고민에 빠졌다.

며느리와 네 딸들은 아들의 사망 소식을 숨기기로 했다. 외국의 오지에 파견 근무 중이라고 거짓말을 하고, 명절 때에도 못 오고 전화도 못하는 건 너무 오지에 있기 때문이라고 둘러대며, 아들의 이름으로 편지를 보내는 등 정성으로 노모를 모셨다.

그 후 12년 동안 딸은 아들이 보낸 것처럼 편지와 생전 사진 등을 보냈고, 며느리는 집안에 대학생이 둘이나 있어 빠듯한 형편임에도 아들이 생전에 노모에게 부쳤던 생활비 2,000위안을 남편 이름으로 그대로 부쳤다.

루는 아들의 편지를 받을 때마다 경극을 흥얼거리며 즐거워했다.

효는 복의 근원 중의 하나임을 알고 효도해야 한다.

효자가 효자를 낳는다

태공이 말하였다. "어버이께 효도하면 자식 또한 효도하나니, 이 몸이 효도하지 않았다면 어찌 내 자식이 효도하겠는가?"

太公曰 孝於親 子亦孝之 身旣不孝 子何孝焉
태 공 왈 효 어 친 자 역 효 지 신 기 불 효 자 하 효 언

· · · · ·

'자식 사랑은 내리 사랑'이라고 한다. 부모 자식 간에 있어서 부모가 자식에게 주는 사랑은 그저 희생과 고통을 감수한 무조건적인 사랑이다.

오늘을 사는 우리 모두가, 부모가 자식에게 주는 사랑의 10%만 부모에게 해 드리더라도 효자가 된다는 말의 의미를 되새겨볼 필요가 있다. 자식을 사랑하는 부모로서의 마음가짐과 부모를 섬기는 자식으로서의 도리를 조화롭게 가져야 한다.

자식은 물불도 못 가리고 끔찍하게 사랑하면서 부모님에 대한 마음은 점점 소홀해지고 있다. 그러므로 효는 가르쳐야 한다. 효를 생각하고 실천하는 것이야말로 산교육이다. 오늘날처럼 핵가족화된 상태에서는 부모님들의 노후가 외로울 수밖에 없다. 사회적인 현상이라고, 어쩔 수 없다고 방치해 두면 안 된다. 폭포수처럼 쏟아져 내리는 자식 사랑을 조금 절제하고 효도에 더욱 힘써야 100세 시대를 사는 연로하신 부모님들이 행복해지실 것이다.

자식은 뿌린 대로 거둔다

착하고 효성스러운 사람은 효순한 자식을 낳을 것이요, 어긋나고 거스르는 사람은 오역한 자식을 낳나니 믿지 못하겠거든 저 처마 끝의 낙수를 보아라. 방울방울 떨어짐이 어긋남이 없다.

孝順 還生孝順子 忤逆 還生忤逆子 不信 但看詹頭水
효 순　환생효순자　오 역　환생오역자　불 신　단 간 첨 두 수

點點滴滴不差移
점 점 적 적 불 차 이

어느 사형수가 어린 딸의 손목을 쥔 채 흐느꼈다. 아버지는 다음날 새벽 종소리가 울리면 교수형을 받게 되어 있었다. 소녀는 종지기 노인을 찾아갔다.

"할아버지, 내일 아침 새벽종을 치지 마세요. 할아버지가 종을 치시면 우리 아버지가 돌아가시고 말아요."

소녀가 할아버지에게 매달려 슬피 울자 할아버지도 함께 울었다.

"애야, 미안하구나. 만약 종을 치지 않으면 내가 죽게 된단다."

다음 날 새벽, 종지기 노인은 무거운 발걸음으로 종탑 밑으로 갔다. 그리고 줄을 힘껏 당기기 시작하였다. 그런데 이게 웬일인가? 아무리 줄을 당겨도 종소리가 나지 않았다. 그때 사형집행관이 뛰어와서 독촉을 했다.

"시간이 다 되었는데 왜 종을 치지 않나요? 다 기다리고 있지 않소?"

종지기 노인은 고개를 흔들며 말했다.

"아무리 줄을 당겨도 종이 안 울립니다."

두 사람은 계단을 밟아 급히 종탑 위로 올라가 보았다. 종의 추에는 가엾게도 피투성이가 되어 죽어 있는 소녀 하나가 매달려 있었다. 자기 몸이 종에 부딪혀 소리가 나지 않게 했던 것이다.

그 날 나라에서는 아버지의 목숨을 대신해서 죽은 이 소녀의 지극한 효성에 감동하여 그 사형수 형벌을 면해 주었다.

딸을 부둥켜안고 슬피 울던 아버지는 그 후 새로운 인생을 살게 되었다고 한다.

정기편
正己篇

자기를 바로잡으라

남의 행동 하나하나를
거울로 삼아라

『성리서』에서 말하였다. "남의 착한 것을 보고 나의 착한 것을 찾고, 남의 악한 것을 보고 나의 악한 것을 찾을 것이니 이와 같이 함으로써 바야흐로 이는 유익함이 된다."

性理書云 見人之善而尋其之善 見人之惡而尋其之惡 如此 方是有益
성 리 서 운 견 인 지 선 이 심 기 지 선   견 인 지 악 이 심 기 지 악   여 차   방 시 유 익

18세기 영국의 정치가 윌리엄 윌버포스는 25세 때 예수를 믿고 인생관이 바뀌었다. 출세의 길이 아니라 인류를 위해 봉사하는 길을 선택하였다.

'세상에! 이렇게 완전히 남을 위해 사신 분도 있구나! 그렇게 살도록 노력해야겠다. 가엾은 노예들! 노예제도는 없어져야 한다.'

그는 노예제도를 폐지하자는 목표를 세웠다. 정치에 입문하여 30세에 하원의원에 당선되었고, 노예제도 폐지 운동에만 전념하였다.

그가 48세 되던 해, 영국의회는 노예무역 폐지를 결정했다. 그리고 그가 노예폐지의 비전을 세운 지 35년 만인 62세가 되던 해에 노예제도가 완전히 폐지되었다. 그는 64세에 정계에서 은퇴하였고, 그의 나이가 72세 되던 해에 대영제국 전역에서 노예해방법이 통과되었다. 그리고 노예해방법이 통과된 지 2개월 만에 그는 세상을 떠났다. 평생을 '노예제 폐지'라는 목적을 이루기 위해 자신의 일생을 온전히 희생한 목적 있는 삶을 살았다.

5 정기편(正己篇) : 자기를 바로잡으라

남에게 용서받는
사람이 되지 말라

『경행록』에서 말하였다. "대장부는 마땅히 남을 용서할지언정 남의 용서를 받는 사람이 되지 말라."

景行錄云 大丈夫 當容人 無爲人所容
경 행 록 운 대 장 부 당 용 인 무 위 인 소 용

조조는 천하통일의 야망을 달성하기 위해 적벽대전을 일으켰다. 하지만 '손유 동맹군'의 화공작전에 참혹하게 패배했다. 자만심에 빠져 있던 조조는 달아나기에 바빴다. 조조는 달아나면서도 주유와 제갈량의 지략이 모자람을 비웃었다.

그러나 그 때마다 제갈량의 군령을 받은 조운과 장비가 나타나 조조의 웃음을 일거에 깨뜨렸다.

조조는 강릉으로 후퇴하는 길인 화용도로 접어들며 또다시 주유와 제갈량의 계략을 비웃다가 관우와 부닥쳤다. 군사는 지쳤고 수적으로 불리했다. 게다가 관우의 모습을 본 조조의 군사들은 혼비백산했다.

절체절명의 위기 앞에서 조조는 눈물을 흘리면서 관우에게 사정했다. 조조는 말을 몰고 나가 관우에게 몸을 굽히고 말했다.

"관 장군! 이 조조가 싸움에서 패하고 위태롭게 이곳까지 피해왔지만 이

제 갈 길이 없소. 장군께선 옛날 파릉교의 정을 돌이켜주기 바라오."

관우는 조조의 애걸에 마음이 흔들렸다. 그리하여 조조가 도망치게끔 군사의 대형을 벌려주고 말았다.

조조가 도망치는 순간, 관우는 제갈량이 써준 군령장의 내용이 생각났다. 충성스런 신하로서의 본분과 호걸로서의 신의를 지키는 것 사이에서 일어난 갈등이 번개처럼 뇌리를 맴돌았다. 관우는 참을 수 없어서 고함을 지르고, 미처 도망가지 못한 조조의 군사들은 모두 울면서 엎드렸다. 그러나 관우의 측은지심으로 조조의 군사들은 모두 달아날 수 있었다.

5 정기편(正己篇) : 자기를 바로잡으라

남을 업신여기지 말라

태공이 말하였다. "내 몸이 귀하다고 남을 천하게 여기지 말고, 자신이 크다고 남의 작은 것을 업신여기지 말며, 용맹을 믿고서 적을 가벼이 생각지 말라."

太公日 勿以貴己而賤人 勿以自大而蔑小 勿以恃勇而輕敵
태 공 왈 물 이 귀 기 이 천 인 물 이 자 대 이 멸 소 물 이 시 용 이 경 적

✿ • • • • • •

부유한 가정에서 태어난 한 여인이 있었다. 가난하고 소외된 사람들의 삶은 그와는 무관한 다른 나라의 이야기일 뿐이었다. 그녀는 도시의 가장 부유층 자녀들이 다니는 사립학교 교사로 20년 동안 재직했다. 그러던 어느 날, 길을 가던 그녀가 한 여인의 비명소리를 듣게 되었다. 그녀는 위독한 환자를 안고 병원으로 달려갔다. 첫 번째 병원에서 거절당했다.

"돈없는 환자의 치료는 불가능합니다."

두 번째 병원에서도 거절당했다.

"신분이 낮은 사람은 치료해 줄 수 없습니다."

두 병원으로부터 문전박대를 당하고 세 번째 병원으로 옮기는 도중 환자는 낯모르는 여인의 품에서 숨졌다. 그녀는 여인의 시신을 안은 채 결심한다.

'이제부터 내가 서 있을 곳은 가난하고 병든 사람들의 곁이다.'

이 여인이 바로 인도의 테레사 수녀다.

남의 허물을 퍼뜨리지 말라

마원이 말하였다. "남의 허물을 듣거든 어버이의 이름을 듣는 것같이 하여 가히 귀로 들을 지언정 입으로 말하지 말라."

馬援日 聞人之過失 如聞父母之名 耳可得聞 口不可言也
마 원 왈 문 인 지 과 실   여 문 부 모 지 명   이 가 득 문   구 불 가 언 야

한 마을에 남의 장점은 보지 못하면서 자기의 장점은 떠벌리고, 자기의 단점은 감추고 남의 단점만 드러내며 나무라고 흉보는 청년이 있었다. 그는 주위 사람들로부터 점점 따돌림을 받다가 나중에는 외톨이가 되었다. 그는 홀로 있는 시간이 무료해 거울 속에 비치는 자신과 대화를 해야만 했다.

"오늘은 뭘 하며 보내지?"

그러던 어느 날 아침에 일어나 보니, 자신의 어깨에 앞뒤로 2개의 가방이 메어져 있었다. 가방을 열어보니 앞의 가방에는 자신의 장점과 남의 단점이 들어 있었다. 그리고 뒤의 가방에는 자신의 단점과 남의 장점이 들어 있었다. 사람들은 보통 자신의 장점과 남의 단점은 앞에 두어 남을 비판하고, 자신의 큰 단점은 남의 장점과 함께 뒤에다 둔 채 그것을 깨닫지 못하고 살아간다. 자신의 단점과 남의 장점을 먼저 생각해야 행복한 생활을 할 수 있다는 것을 알아야 한다. 우리는 어떤 가방을 앞에 매고 있는지 종종 살펴볼 필요가 있다.

남의 착한 행동을 기뻐하라

소강절 선생이 말하였다. "남의 비방을 들을지라도 즉시 성내지 말며, 남의 칭찬을 듣더라도 곧 기뻐하지 말며, 다른 사람의 악한 얘기를 듣더라도 곧 이에 화내지 말라. 다른 사람의 좋은 얘기를 듣거든 나아가 즐겁게 답하고 기뻐하며 따르라." 그의 시에 말하되, "착한 사람 보기를 즐겨하며, 착한 일 듣기를 즐겨하며, 착한 말 하기를 즐겨하며, 착한 뜻 행하기를 즐겨하라. 남의 좋지 못한 것을 듣거든 가시를 몸에 지닌 것같이 하고, 남의 착한 것을 듣거든 향초를 지닌 것같이 하라."

康節邵先生曰 聞人之謗 未嘗怒 聞人之譽 未嘗喜 聞人之惡 未嘗和
강절소선생왈 문인지방 미상노 문인지예 미상희 문인지악 미상화

聞人之善則就而和之 又從而喜之. 其時曰 樂見善人 樂聞善事
문인지선즉취이화지 우종이희지 기시왈 낙견선인 낙문선사

樂道善言 樂行善意 聞人之惡 如負芒刺 聞人之善 如佩蘭蕙
낙도선언 낙행선의 문인지악 여부망자 문인지선 여패난혜

🐝 • • • • • •

불교 지도자인 틱낫한 스님의 『화(Anger)』에 나오는 말이다.

'화는 모든 불행의 근원이다. 화를 안고 사는 것은 독을 품고 사는 것과 마찬가지다. 화는 나와 타인과의 관계를 고통스럽게 하며, 인생의 많은 문을 닫히게 한다. 따라서 화를 다스릴 때 우리는 미움, 시기, 절망과 같은 감정에서 자유로워지며, 타인과의 사이에 얽혀 있는 모든 매듭을 풀고 진정한 행복을 얻을 수 있다.

분노는 평화를 깨뜨린다. 살아가면서 성인이 아닌 이상, 분노가 일어나지 않을 수 없으나 분노가 치민다 해서 그대로 표현했다가는 후회할 일만 생긴다. 그러므로 화를 잘 다스려서 억제할 수 있도록 스스로 훈련해야 한다.'

나의 잘못을 지적해 주는 사람이 스승이다

나의 착함을 말해 주는 사람은 곧 나의 적이요, 나의 좋지 못함을 말해 주는 사람은 곧 나의 스승이다.

道吾善者 是吾賊 道吾惡者 是吾師
도 오 선 자 시 오 적　 도 오 악 자 시 오 사

한 부인이 현자에게 상담을 의뢰해 왔다.

"저는 성격이 너무 급해서 고민입니다. 작은 일에 가끔 폭발하지만 뒤끝은 없습니다. 금방 풀립니다. 성격이 불같아서 그렇지 마음이 꽁해 있지는 않지요. 1분도 안 걸려 그 사람하고 그 자리에서 다 툭툭 털어 버리고 끝납니다."

그러자 현자는 그 부인의 눈을 들여다보면서 정중히 말했다.

"부인, 엽총도 그렇습니다. 한 방이면 끝나지요 그러나 한방만 쏘아도 그 결과는 엄청납니다. 사람은 목숨을 잃게 되고, 모든 것이 다 끝나버립니다."

희로애락의 감정이 없는 사람은 없다. 그런데 감정을 느끼는 정도와 표현하는 여부는 개개인에 따라서 차이가 있다. 어떤 사람은 그 자리에서 즉시 표현하는가 하면, 또 어떤 사람은 두고두고 새기며 감정을 잘 드러내지 않는다. 사람의 감정은 시간이 지날수록 희석되는 것은 분명하다. 행동은 결코 급하게 할 필요가 없다.

언행을 삼가는 것이
최고 무기이다

태공이 말하였다. "부지런히 일하는 것은 값을 매길 수 없는 보배요, 언행을 삼가함은 몸을 지키는 부적이다."

太公曰 勤爲無價之寶 愼是護身之符
태 공 왈 근 위 무 가 지 보 신 시 호 신 지 부

조지아 주립대학 경제학 교수인 토머스 스탠리 박사는 지난 20년간 미국의 백만장자들을 연구하였다. 그 결과로 나온 통계에 의하면, 미국 부자의 80%가 부모의 재산을 물려받은 것이 아니라 중산층이나 노동자층 가정 배경에서 나왔다고 한다. 이 통계는 많은 유산이 반드시 좋은 결과를 가져오지 않는다는 말도 된다. 또한 물질적 유산보다 독립정신이나 근면·정직 같은 정신적 유산을 물려주는 것이 자녀의 장래를 위하여 훨씬 도움이 된다는 뜻도 된다.

우리 속담에 '부자 3대 못 간다'는 말도 있다. 부자가 계속 유지할 수 있으려면 자식에게 표면상의 화려한 이름보다 절제의 미덕을 함께 전해 주어야 한다.

명예욕을 버리기가 정말 어렵다

『경행록』에서 말하였다. "삶을 안전하게 보전하려는 자는 욕심을 적게 하고 몸을 안전하게
보전하려는 자는 세상에 이름을 내려 하지 않으니, 욕심을 없애기는 쉬우나 이름을 내려
하지 않기는 어렵다."

景行錄曰 保生者 寡慾 保身者 避名 無慾 易 無名 難
경 행 록 왈 보 생 자 과 욕 보 신 자 피 명 무 욕 이 무 명 난

미국의 유명한 방송인 에디 칸토는 성공을 위해 정신없이 질주하며 살다
가 어머니가 보낸 짤막한 편지에 큰 충격을 받아 인생관이 바뀌었다.

'내 아들 에디야, 너무 빨리 달리지 말아라. 그렇게 하면 주변의 좋은 경
치를 하나도 보지 못하고 그냥 지나친단다.'

에디 칸토는 어머니의 편지를 받고 자신의 수첩에 네 가지 질문을 적어
놓고 평생 이 질문을 스스로에게 던지면서 살았다.

첫째, 내가 하는 일이 과연 가치 있는 일인가?

둘째, 누구를 위해 일하고 있는가?

셋째, 인생의 참다운 가치를 추구하고 있는가?

넷째, 이웃에게 어떤 유익을 줄 것인가?

명예를 얻기 위해서 노력하는 수고는 공허할 뿐이다. 진정한 명예는 얻
으려 하지 않을 때 사람들로부터 주어지는 것이기 때문이다.

여자, 싸움, 탐욕을 피하라

공자가 말하였다. "군자에게는 세 가지 경계할 것이 있으니 어릴 때는 혈기가 정해져 있지 않아서 경계할 것은 여색에 있고, 몸이 장성함에 이르러선 혈기가 바야흐로 굳세어 경계할 것은 싸움에 있으며, 몸이 늙음에 이르러선 혈기가 이미 쇠하여 경계할 것은 탐욕에 있다."

子曰 君子有三戒 少之時 血氣未定 戒之在色 及其長也 血氣方剛
자 왈 군 자 유 삼 계 소 지 시 혈 기 미 정 계 지 재 색 급 기 장 야 혈 기 방 강

戒之在鬪 及其老也 血氣旣衰 戒之在得
계 지 재 투 급 기 노 야 혈 기 기 쇠 계 지 재 득

수년 전 중국 산시성 산젠 마을 결혼식장에서 34세 남자가 자신을 버린 부인에 대한 복수로 폭탄을 터뜨려 36명이 사망하고 30여 명이 부상했다.

전직 석탄 광산 폭발물 전문가인 그는 결혼식날 아침 마차에 50kg짜리 폭탄을 싣고 가서 폭탄을 터뜨렸다. 그는 지난해 부인이 자신을 버리고 아들을 데려간 후 질투심과 분노에 가득 차 있었다. 그러나 범인의 부인과 아들과 두 딸은 결혼식장에 없었던 것으로 알려졌다.

이처럼 혈기를 이기지 못하는 분노는 사람의 생각을 마비시키고 사리분별을 하지 못하게 만든다. 결국 자신의 생명을 잃고 죄 없는 무고한 많은 사람들을 죽고 다치게 만들었다. 이것은 분노로 인한 돌이킬 수 없는 큰 실수이다. 조급한 마음을 조금만 더 누를 수 있었으면 이런 참상은 벌어지지 않았을 것이다. 만남도 중요하지만 잘 헤어지는 것도 중요하다. 젊은 시절의 혈기를 잘 다스리는 일 또한 안전한 삶을 살 수 있는 지혜이다.

지나친 사색을 하지 말라

손진인의 『양생명』에서 말하였다. "심하게 성을 내면 기운을 상하게 되며, 생각이 많으면 크게 정신을 상한다. 정신이 피로하면 마음이 수고로워지기 쉽고, 기운이 약하면 병이 난다. 슬퍼하고 기뻐하는 것을 심하게 하지 말고, 음식은 마땅히 고르게 하며, 밤에 술 취하는 것을 거듭 금하고, 새벽녘에 성내는 것을 첫째로 삼가라."

孫眞人養生銘云　怒甚偏傷氣　思多太損神　神疲心易役　氣弱病相因
손 진 인 양 생 명 운　노 심 편 상 기　사 다 태 손 신　신 피 심 이 역　기 약 병 상 인

勿使悲歡極　當令飮食均　再三防夜醉　第一戒晨嗔
물 사 비 환 극　당 령 음 식 균　재 삼 방 야 취　제 일 계 신 진

오래 전 미국의 홀트 이반 판사는 살인을 저지른 27세 젊은 여인에게 중형을 언도한 일이 있었다. 홀트 판사는 이 일로 내내 가슴 아파했다.

'아, 너무나 안타깝구나! 조금만 참았더라면……!'

왜냐하면 그 여인의 살인 동기가 너무 사소한 일이었기 때문이었다. 이 여인은 이웃과 5센트, 즉 우리 돈으로 40원 정도 때문에 서로 자기의 것이라고 우기다가 그만 격분을 참지 못하고 총을 들어 상대방을 쏴 죽였던 것이다. 사소한 일이 발단이 되어 엄청난 비극을 일으키는 경우가 얼마나 많은지 모른다. 분을 참는 것은 대단히 중요한 일이다.

급한 성격을 온유하게 다스리고 한 번 생각할 것도 두 번 생각하는 느긋함과 상대방의 마음을 먼저 헤아리는 배려의 마음을 가지면 분노와 화를 통제 불가능 상태로 폭발시키지 않을 수 있다. 때로는 심호흡을 하면서 마음의 완급을 조절할 수 있는 능력을 키워야 한다.

마음이 맑아야 꿈자리가 편하다

『경행록』에서 말하였다. "음식이 깨끗하면 정신이 상쾌하고 마음이 맑으면 편히 잘 수 있다."

景行錄日 食淡精神爽 心淸夢寐安
경 행 록 왈 식 담 정 신 상 심 청 몽 매 안

노벨 물리학상과 화학상을 받은 물리학자 마리 퀴리는 남편 피에르와 함께 라듐을 발견한 이후 심각한 선택의 기로에서 갈등하고 있었다.

'특허를 내서 억만장자가 될 것인가? 아니면 전 세계에 공개를 해서 세상에 유익을 줄 것인가?'

그들은 심각한 고민에 빠졌다. 특허를 내면 자신들은 돈방석에 앉겠지만 과학 발전은 더딜 것이고, 공개하게 되면 돈방석은 사라지고 대신 수많은 사람이 혜택받게 될 것이다. 그들은 며칠의 고민 끝에 마침내 결정을 내렸다.

"라듐은 어느 누가 개인적으로 소유할 수 있는 사유물이 아니다. 창조주의 것인데 우리가 먼저 발견한 것뿐이다. 인류 전체의 소유가 되게 하는 것이 옳다."

욕심 없는 이런 정신이 그들 부부를 단순한 과학자가 아닌 인류의 과학 발전에 공헌한 위대한 인물이 되게 한 것이다.

마음가짐을 바로잡는 게 우선이다

마음가짐을 바로잡고 사물을 대하면 비록 글을 읽지 못하더라도 능히 덕망 있는 군자가 된다.

定心應物 雖不讀書 可以爲有德君子
정 심 응 물 수 부 독 서   가 이 위 유 덕 군 자

바닷가에 한 사람이 살았다. 자주 바닷가에 나가 친해진 해오라기들이 날아와서 어깨나 손 위에 앉곤 했다. 그런 해오라기 얘기를 아내에게 해주었다.

"나도 보고 싶네요. 한 마리만 잡아오세요."

그는 아내가 보고 싶어하는 해오라기를 잡아 올 마음으로 이튿날 바닷가에 나갔다. 그런데 놀랍게도 해오라기는 단 한 마리도 그에게 날아오지 않았다. 이것은 그에게 해오라기를 잡으려는 속셈이 있었기 때문이다.

병자호란 때 인질로 잡혀갔던 소현세자의 시중을 들던 원나라 궁녀 굴씨가 있었다. 조선에 와서 살다 죽은 이 굴씨는 휘파람으로 온갖 새를 불러들이고, 불러들인 새를 손가락 끝으로 마음대로 다루어서 사람들을 놀라게 했다.

"어떻게 그렇게 할 수가 있어요? 무슨 비결이라도 있나요?"

"욕심 없는 순수한 경지에 들면 새는 사람을 피하지 않는답니다."

마음에 품은 욕심은 반드시 어떤 형태로라도 드러나게 되어 있다.

분노와 욕심을 경계하라

『근사록』에서 말하였다. "분노를 징계하기를 옛 성인과 같이 하고 욕심 막기를 물 막듯이 하라."

近思錄云 懲忿 如故人 窒慾 如防水
근 사 록 운 징 분 여 고 인 질 욕 여 방 수

함석헌 선생이 평북 오산학교에서 교편을 잡고 있을 때, 하루는 학교에 큰 소동이 일어났다. 여러 명의 학생들이 교무실에 난입했다. 도저히 있어서는 안 될 일이었다. 학생들은 기물을 부수고 화난 교사들과 난투가 벌어졌다.

그런데 그 난리가 벌어진 가운데서도 유독 함석헌 선생만은 얼굴을 두 팔에 파묻고 책상에 엎드린 채 꼼짝하지 않았다. 그때 함석헌 선생의 그 모습에 많은 학생들이 궁금증을 가졌다.

오랜 세월이 지난 후 학생들 몇 명이 선생을 찾아와 그 연유를 물었다.

"내가 얼굴을 들면 나를 치는 학생들이 누구인지를 보게 될 텐데, 그러면 나도 인간이라 그 학생들을 기억하고 평생 잊지 못할 것 같아서 차라리 보지 않는 것이 낫겠다고 생각했던 것이네."

학생들은 오랜 시간 뒤에야, 학생들에 대한 선입견을 갖지 않기 위해서 취한 스승의 마음을 알 수 있었다.

여색 피하기를
원수 피하듯하라

『이견지』에서 말하였다. "여색 피하기를 원수 피하듯 하고 바람기 피하기를 날아오는 화살
피하듯이 하며, 빈 속에 차를 마시지 말고 밤중에는 밥을 적게 먹으라."

夷堅志云 避色 如避讐 避風 如避箭 莫喫空心茶 小食中夜飯
이 견 지 운 피 색 여 피 수 피 풍 여 피 전 막 끽 공 심 다 소 식 중 야 반

．．．．．．

신라가 삼국을 통일하는 데 기여한 김유신이 젊은 시절 사랑에 빠졌는데
바로 기생인 천관이었다.

가야의 왕족 출신인 어머니가 이를 알고 김유신을 불러 호통을 쳤다.

"나는 이미 늙어서 오직 네가 가문을 빛내기만 바라고 있는데 너는 기생
집에 드나들고 있다니 어찌 그럴 수 있느냐?"

김유신은 크게 뉘우치고 다시는 만나지 않겠다고 어머니에게 약속하였다.

그 후 어느 날 김유신이 술에 취해 말을 타고 돌아오는데 말이 옛길을 따
라 천관의 집으로 갔다. 반가이 맞아주는 천관을 보고 놀라 술이 깬 김유신
은 자신의 말을 칼로 베어버리고 그대로 돌아갔다.

쓸데없는 말을 삼가라

순자가 말하였다. "쓸데없는 말과 급하지 않은 일은 그만두고 다스리지 말라."

荀子曰 無用之辯 不急之察 棄而勿治
순 자 왈 무 용 지 변 불 급 지 찰 기 이 물 치

이스라엘 사람들은 5살부터 유치원 토라교육을 시작한다. 이 교육 중 가장 중요한 것이 말에 대한 것이다. 말을 잘하는 일곱 가지를 지속적으로 가르친다.

1. 항상 나이 많은 연장자에게 먼저 발언권을 준다.
2. 다른 사람이 이야기를 하는 도중에 끼어들지 않는다.
3. 말하기 전에 먼저 생각한다.
4. 정리되지 않은 채 당황하면서 서둘러 대답하지 않는다.
5. 질문과 대답을 장황하게 늘어놓지 않고 간결하게 한다.
6. 처음 할 이야기와 나중에 할 이야기를 구별하여 한다.
7. 잘 알지 못하고 말했거나 잘못 말한 것은 솔직하게 인정한다.

아이뿐만 아니라 어른들도 알아두고 조심하면 일상생활이나 사회생활을 할 때 유익할 것이다. 말조심만 잘해도 크게 망신을 당하거나 남에게 큰 상처를 주는 실수는 예방할 수 있다.

일희일비하지 말고
중심을 가져라

공자가 말하였다. "모든 사람이 좋아할지라도 반드시 살필 것이며, 모든 사람이 미워할지라도 반드시 살펴야 한다."

子日 衆好之 必察焉 衆惡之 必察焉
자 왈 중 호 지 필 찰 언 중 오 지 필 찰 언

어느 나라에 완전히 긍정적인 마인드를 가진 신하가 있었다.

그가 황제의 말이나 지시에 대한 답은 항상 정해져 있었는데, "폐하, 잘된 일입니다." 이것이었다.

하루는 왕과 그 신하가 함께 사냥을 하러 갔는데, 신하가 왕의 총에 총알을 거꾸로 장전해서 왕의 손가락 하나가 잘려 나갔다. 어처구니없는 일을 저지르고 나서 신하가 말했다.

"폐하, 참 잘된 일입니다."

"뭐라고? 이런 고얀……!"

왕은 분노해 그 신하를 감옥에 집어넣었다.

이듬해, 왕이 다시 사냥을 나갔다가 길을 잃어 식인종에게 붙잡혔다.

식인종들이 가만히 살펴보니 왕의 손가락 하나가 없었다.

"쯧쯧, 이 음식은 흠이 있구나. 먹을 수 없겠다."

그들은 왕을 풀어주었다.

식인종에게 풀려난 왕이 감옥에 가서 그 신하에게 말했다.

"자네 덕분에 살았네. 미안하네."

"폐하, 참으로 잘된 일입니다. 제가 감옥에 안 갇혔으면 폐하를 모시고 사냥을 나갔을 것이고 저는 흠 없는 음식이 되어 저들의 밥이 되었을 것입니다."

일희일비하지 말고 여유를 가져야 한다.

기나긴 인생의 여정 속에 온갖 다양한 길목이 있다는 것을 알면 대범하게 살아갈 수 있다.

술 자리에서도 말을 삼가라

술이 취한 중에도 말이 없으면 참다운 군자요, 재물 거래에 분명해야 대장부이다.

酒中不語 眞君子 財上分明 大丈夫
주 중 불 어 진 군 자 재 상 분 명 대 장 부

고대 그리스의 철학자인 피타고라스의 제자가 어느 날 가게에서 신발을 샀다. 주머니 속에 손을 넣어 지갑을 찾던 제자가 낭패한 표정으로 말했다.

"마침 지갑이 없군요. 돈은 내일 주겠습니다."

"네, 그러시지요."

익숙한 얼굴이었기 때문에 서로 그러기로 하였다. 그런데 다음날 이 제자가 돈을 들고 찾아가니 주인이 죽어 있는 게 아닌가.

'아, 그럼 돈은 안 줘도 되는 거야?'

그는 신발을 공짜로 갖게 되었다고 속으로 좋아했다. 그러나 기쁨은 잠깐, 양심의 소리에 눌려서 매일 고통 속에 보내야 했다. 그렇게 좋아 보이던 신발이 흉측한 가시 같았다. 결국 다른 사람이 주인이 된 그 가게를 찾아갔다.

"신발값을 주인의 가족에게 좀 전해 주십시오. 세상 사람들에게는 그가 죽었지만 제게는 살아 있습니다."

너그러운 성격이 복을 부른다

모든 일에 너그러우면 그 복이 저절로 두터워진다.

萬事從寬 其福自厚
만 사 종 관 기 복 자 후

제인 스미스는 미국 노스캐롤라이나 파이에트빌의 맥스 중학교의 교사였다.

그녀는 이 학교 학생인 15세 소년 마이클 카터가 힘겨운 신장투석을 하며 생명을 연장하고 있다는 소식을 듣고 찾아갔다.

"내가 신장을 줄게. 두 개니까 하나를 줘도 괜찮거든."

제인이 학생에게 처음 만나서 한 말이었다.

수술을 통해서 제인의 신장은 성공적으로 학생에게 이식되었다.

수술을 맡은 노스캐롤라이나 대학의 교수인 거버 박사는 '다른 어떤 것보다도 값진 선물' 이라며 교사의 숭고한 희생을 치하했다.

의사들은 마이클이 이식에 따른 거부작용을 막기 위해 약을 복용해야 하지만 수술은 성공적이라고 밝혔다.

제인과 마이클의 신장은 원래 일치하지 않아 이전 같으면 이식이 불가능했다. 하지만 거부작용을 대폭 줄일 수 있는 개발된 약품 덕분으로 이식이 가능했다.

"어느 교사라도 학생들에게 더 나은 삶을 주기 위해서 나와 같은 일을 했을 거예요."

제인은 주위 사람들의 칭찬에 대해 애써 의미를 축소하며 말했다.

이웃 사랑이 몸에 배지 않고서는 결코 할 수 없는 귀한 헌신이다.

남을 향한 손가락질을
나에게 돌려보라

태공이 말하였다. "남을 저울질하려거든 먼저 잠깐 자신을 저울질하라. 남을 상하게 하는 말은 도리어 스스로를 상하게 하는 짓이니, 피를 머금어 남에게 뿜으면 먼저 자기의 입이 더러워진다."

太公曰 慾量他人 先須自量 傷人之語 還是自傷 含血噴人 先汚其口
태 공 왈 욕 량 타 인 선 수 자 량 상 인 지 어 환 시 자 상 함 혈 분 인 선 오 기 구

아프리카의 한 족장이 아들의 생일을 맞아 생일 파티를 열었다. 그는 손님들을 시험해 보기 위해 각자 맛있는 포도주를 가져오도록 부탁했다.

"얼마나 맛있는지 함께 나누어 먹읍시다."

그리고 문 앞에 큰 항아리를 하나 놓아두고 각자가 가져온 포도주를 한데 붓도록 했다. 초대를 받은 손님 중의 한 사람이 꾀를 냈다.

"많은 사람들이 포도주를 가져올 테지? 만약 내가 가죽 부대에 포도주 대신 물을 담아다 붓는다 해도 아무도 모를걸?"

그는 아까운 포도주 대신 물을 가득 담아 단지에 부었다.

생일잔치가 시작되어 족장이 포도주를 손님들의 잔에 일일이 부어 주었다.

"그럼 우리 훌륭한 포도주 맛을 볼까요?"

손님들은 건배를 하였고, 족장은 포도주를 마셨다. 그렇지만 그건 포도주가 아니라 맹물이었다. 모두가 물을 갖다 항아리에 부은 것이다.

부지런해야 보람을 느낀다

모든 놀이는 이로움이 없고 오직 부지런함만이 보람이 있다.

凡戲 無益 惟勤 有功
범 희 무 익 유 근 유 공

• • • • • •

'아시아의 빌 게이츠'로 불리는 스티브 김의 성공 이야기를 담은 책인 '꿈, 희망, 미래'는 가난을 극복하고 아메리칸 드림을 이룬 이야기다.

그는 한국 전쟁 직후 가난한 집에서 태어났지만, 어린 시절부터 희망을 잃지 않고 꿈을 키우며 자랐다.

그리고 1976년, 가난에서 벗어나고 싶다는 일념으로 단돈 2천 달러, 약 200여만 원을 들고 미국으로 건너갔다.

청소하고 차고를 지키는 일 등 온갖 일을 마다하지 않고 일하며 숱한 고생을 했지만, 꿈을 이루려는 열정으로 야간대학원을 다녔다.

3년 후에는 미국의 대기업에 입사할 수 있었고, 그 후 새로운 도전정신으로 중소기업의 세일즈맨을 자청하여 회사를 크게 키우는 데 공을 세웠다.

그러나 거기에 안주하지 않고 친구 집 차고를 빌려 컴퓨터 네트워크 부품업체를 창업했다. 시작은 초라했으나 1년여 만에 제품을 개발하여 나사

(NASA)의 주문을 시작으로 회사는 급속히 성장했다. 그리고 두 번째 기업을 창업하여 3년 만에 직원 1,500명에 60여 개의 해외지사를 둔 명실상부한 글로벌 기업으로 키울 수 있었다.

한국을 떠난 지 20년 만에 그는 아시아 최고의 억만장자가 되어 한국으로 돌아왔다. 그리고 자신이 설립한 '꿈, 희망, 미래 재단'을 통해 그 동안 자신이 일군 성공을 나누고 있다.

이제는 어려운 사람들에게 나누고 베풀면서 꿈과 희망을 심어주는 일을 하고 있다.

오해 받을 행동을 하지 말라

태공이 말하였다. "남의 오이밭을 지날 때는 신을 고쳐 신지 말고, 남의 오얏나무 아래에 선 갓을 고쳐 쓰지 말라."

太公曰 瓜田 不納履 李下 不正冠
태 공 왈 과 전 불 납 리 이 하 부 정 관

옛날 부의라는 사람이 있었다. 한 관청에서 일을 보고 있었는데, 친구 몇과 함께 한 집에서 먹고 자고 하였다.

하루는 친구 한 사람이 휴가를 받아 고향으로 내려갔다.

이 친구가 고향에 내려간 후 이 방에서 도난 사건이 일어났다. 남은 한 친구의 돈주머니가 없어진 것이었다.

친구는 남아 있는 부의를 의심하였다. 부의가 아무리 가져가지 않았다고 말해도 그 말이 통하지 않았다.

부의는 친구에게 물었다.

"얼마를 잃어 버렸나?"

"알면서 묻긴 왜 물어. 30냥이잖아?"

부의는 돈을 빌려서 30냥을 친구에게 주면서 용서를 빌었다.

"미안하게 되었네. 한 번만 용서해 주게."

"앞으론 결코 그런 짓을 하지 말게. 이번만은 용서해 주겠네."

친구는 제법 자비를 베푸는 듯이 돈을 받아 넣었다.

며칠 후, 고향에 내려갔던 친구가 올라왔다. 이 친구는 호주머니에서 돈 30냥을 끄집어내어 돈을 잃어버렸던 친구에게 주면서 말했다.

"대단히 미안하게 됐네. 주머니가 바뀌었지 뭔가."

부의를 의심했던 친구는 즉시 부의에게 사과하였고, 이 일로 인하여 부의는 존경을 받게 되었다.

노동을 하지 않으면 게을러진다

『경행록』에서 말하였다. "마음은 편할지언정 육신은 가히 일을 하지 아니할 수 없고, 도(道)는 즐거울지언정 마음은 가히 우환을 생각하지 않을 수 없으니 육신은 일을 하지 않으면 게을러져서 허물어지기 쉽고, 마음은 우환을 생각하지 않으니 주색에 빠져 행동이 일정치 못하기 때문에, 편안함은 수고로움에서 생겨 항상 기쁠 수 있고, 즐거움은 근심하는 데서 생겨 싫증이 없나니 편안하고 즐거운 자가 근심과 수고로움을 어찌 잊겠는가."

景行錄日 心可逸 形不可不勞 道可樂 心不可不憂 形不勞則怠惰易弊
경 행 록 왈 심 가 일 형 불 가 불 로 도 가 락 심 불 가 불 우 형 불 로 즉 태 타 이 폐

心不憂則荒淫不定故 逸生於勞而常休 樂生於憂而無厭
심 불 우 즉 황 음 불 정 고 일 생 어 로 이 상 휴 낙 생 어 우 이 무 염

逸樂者 憂勞 豈可忘乎
일 락 자 우 로 기 가 망 호

유명한 설교가인 메이어는 매주 금요일 밤 예배당에서 설교를 했는데, 많은 사람들이 몰려들어 설교를 들었다.

그들 가운데 메이어의 설교를 좋아하여 빠지지 않고 참석하는 여인이 있었다. 다른 여자들은 금요일 밤이 되면 안식일에 먹을 음식을 만드느라 바쁜데, 그 여자만은 메이어의 설교를 들으러 나오곤 했다.

메이어는 긴 시간 동안 설교를 했고, 그 여인은 만족한 마음으로 집으로 돌아왔다. 그런데 하루는 남편이 문에서 기다리고 있다가 내일이 안식일인데 음식을 장만하지 않았다면서 크게 화를 냈다.

"도대체 어디를 갔다 왔어?"

"예배당에서 메이어 랍비님의 설교를 듣고 오는 길이에요."

그러자 남편은 더욱 화를 내며 소리쳤다.

"그 랍비의 얼굴에 침을 뱉기 전엔 집에 들어올 생각도 하지 마!"

집에서 쫓겨난 아내는 할 수 없이 친구 집에서 머물렀다.

이 소문을 들은 메이어는 자기의 설교 때문에 한 가정의 평화를 깨뜨렸다고 마음 아파했다. 그러고는 그 여인을 불러 눈이 몹시 아프다고 호소하면서 부탁했다.

"남의 타액으로 씻으면 낫게 된다는데, 당신이 좀 씻어 주시오."

여인은 랍비의 눈에 침을 뱉어 주었다.

"덕망이 높으신 분이 왜 여자가 얼굴에 침을 뱉도록 하셨습니까?"

제자들이 랍비에게 묻자 랍비는 이렇게 말했다.

"가정의 평화를 되찾기 위해선 그보다 더한 일이라도 할 수 있다네."

남의 단점에 귀기울이지 말라

귀로는 남의 그릇됨을 듣지 말고, 눈으로는 남의 결점을 보지 말고, 입으로는 남의 허물을 말하지 않아야만 이것이 군자이다.

耳不聞人之非 目不視人之短 口不言人之過 庶幾君子
이 불 문 인 지 비　목 불 시 인 지 단　구 불 언 인 지 과　서 기 군 자

＊　＊　＊　＊　＊　＊

어느 젊은이가 작은 실수를 저질러 마을 사람들의 비난을 받게 되었다. 그 실수에 대한 소문은 눈덩이처럼 커졌고 마을 사람들이 몰려가 그에게 돌멩이를 던지기 시작했다.

'어쨌든 내가 잘못한 일 아닌가. 잘 견뎌내자. 언젠간 이 실수를 용서해 줄 날이 올 거야. 그리고 나중에 꼭 내 실수를 만회해야지.'

젊은이는 마음을 굳게 먹고 비난과 조소를 견뎌나가고 있었다.

그러던 어느 날, 그 젊은이가 존경하고 믿었던 스승이 지나가게 되었다. 그 스승은 마을 사람들의 눈을 의식했다. 그래서 자신도 뭔가 젊은이를 나무라는 제스처를 취해야겠다는 생각에서 옆에 피어 있던 장미꽃 한 송이를 꺾어 그에게 던졌다.

그러자 무수히 쏟아지는 돌멩이에도 잘 견디어낸 그 젊은이는 그 장미꽃 한 송이에 맞자 그대로 쓰러져 버렸다.

사실 장미꽃은 거의 무게도 없는 가벼운 것이었다. 건장한 청년이 그 장미꽃 한 송이에 맞아 쓰러졌다는 건 어이없는 일이었다.

믿었던 스승이 던진 장미꽃이기 때문에 그 청년에겐 그대로 비수가 되어 꽂혔던 것이다.

믿고 사랑했던 사람이 던지는 비난은 열 배, 스무 배의 힘으로 내리꽂힌다는 것을 알고, 특히 가까운 사람일수록 말과 행동에 조심해야 한다.

화내지 말고 말을 삼가라

채백개가 말하였다. "기뻐하고 노여워하는 것은 마음에 있고 말은 입 밖으로 나가는 것이니 삼가지 아니할 수 없다."

蔡伯皆曰 喜怒在心 言出於口 不可不愼
채 백 개 왈 희 노 재 심 언 출 어 구 불 가 불 신

일본의 연구가 에마토 마사루는 말 한마디의 효력을 밥을 가지고 실험을 했다. 유리병에 새로 지은 밥을 넣고 한 유리병에는 겉에 '감사합니다'라는 라벨을 붙였다. 다른 유리병에는 똑같은 밥을 넣고 '망할 자식'이라는 라벨을 붙여 놓았다. 그리고 초등학생 두 사람에게 하루 세 번, 매일 아침과 점심, 저녁에 각각의 유리병을 바라보고, 한쪽은 "감사합니다. 감사합니다.", 한쪽은 "망할 자식, 망할 자식" 그렇게 말하라고 했다.

한 달 후 그 결과는 '감사합니다' 하고 말해 준 그 병의 밥은 아주 멋진 누룩이 되어서 향기로운 냄새가 나는데, '망할 자식'이라고 한 그 병에 있는 밥은 썩어서 악취가 나고 곰팡이만 잔뜩 피고 말았다.

말의 힘은 이처럼 엄청나게 크다. 크게는 사람의 죽고 사는 일이 혀에 달렸다는 것을 알고, 사랑하는 가족에게, 이웃에게 애정 어린 말, 힘을 주고 위로해 주는 긍정적인 말을 하도록 해야겠다.

썩어버리면 쓸모가 없어진다

재여가 낮잠을 자거늘 공자가 말하였다. "썩은 나무는 새길 수 없고, 더럽고 썩은 흙으로 쌓은 담은 흙손질을 할 수 없다."

宰予晝寢 子曰 朽木 不可雕也 糞土之墻 不可杇也
재 여 주 침 자 왈 후 목 불 가 조 야 분 토 지 장 불 가 오 야

미국 시카고예술대학에는 특이한 그림 한 점이 전시되어 있다. 사람이 죽었을 때 몸을 뉘는 관 뚜껑의 형태를 그린 그림이다. 앞에는 손잡이 같은 것이 그려져 있는 커다란 문 모양의 그림, 한쪽에는 시들어 버린 장례식 화환이 그려져 있고, 많은 상처와 칼자국 같은 것이 있다. 그리고 그 그림 밑에는 특이한 제목이 붙여져 있다.

'했어야 할 일을 하지 못했네!'

하지 못한 것, 이루지 못한 것, 될 수 없었던 것이 우리에게도 많이 있다. 이 모든 것들은 우리들의 게으름 때문이다.

'아, 그때 내가 꼭 그걸 했어야 하는데…….'

후회해도 이미 때는 늦어 버린다. 반드시 해야 할 일이라면, 생각이 떠올랐을 때, 늦었더라도 지금 바로 하는 행동력이 중요하다.

마음으로 경계하고
기운으로 지켜라

자허원군의 『성유심문』에서 말하였다. "복은 깨끗하고 검소한 데서 생기고, 덕은 몸을 낮추고 겸손한 데서 생기고, 도는 편안하고 고요한 데서 생기고, 천명은 화창한 데서 생기고, 근심은 욕심이 많은 데서 생기고, 재앙은 탐욕을 많이 내는 데서 생기고, 잘못은 경솔하고 교만한 데서 생기고, 죄악은 어질지 못한 데서 생기는 것이니, 눈을 경계하여 다른 사람의 그릇됨을 보지 말고, 입을 경계하여 다른 사람의 잘못을 말하지 말고, 마음을 경계하여 스스로 탐내거나 성내지 말며, 몸을 경계하여 나쁜 친구를 따르지 말고, 이롭지 않은 말은 함부로 하지 말고, 자기에게 관계없는 일은 간섭하지 말고, 임금을 높이어 공경하고 부모에게 효도하며 웃지 못하는 것을 꾸짖지 말고, 모든 일은 순리(順理)로 오거든 물리치지 말고, 이미 지났거든 쫓지 말고, 몸이 불우에 처했더라도 억지로 바라지 말고, 일이 이미 지나갔거든 생각하지 말라. 총명한 사람도 때로는 어리석을 때가 있고 계획을 잘 세워 놓았더라도 편의를 잃는다. 남을 손상하면 자기의 허물이요, 권세에 의뢰함은 화가 서로 따른다. 경계하는 것은 마음에 있고 지키는 것은 기운에 있다. 절약하지 않으면 집을 망치고 청렴하지 않음으로써 지위를 잃게 된다. 그대에게 평생을 두고 스스로 경계하기를 권하니, 가히 놀랍게 여겨 생각해야 한다. 위에는 하늘의 살핌이 있고 아래로는 땅의 신령이 살피고 있다. 밝은 이 세상에는 임금의 법이 서로 계승되고 어둔 저 세상에는 귀신이 따라 다닌다. 오직 바른 것을 지키고 마음을 속이지 말 것이니, 경계하고 경계해야 한다."

紫虛元君誠諭心文曰 福生於淸儉 德生於卑退 道生於安靜
자 허 원 군 성 유 심 문 왈　복 생 어 청 검　덕 생 어 비 퇴　도 생 어 안 정

命生於和暢 憂生於多慾 禍生於多貪 過生於輕慢 罪生於不仁
명 생 어 화 창　우 생 어 다 욕　화 생 어 다 탐　과 생 어 경 만　죄 생 어 불 인

戒眼莫看他非 戒口莫談他短 戒心莫自貪嗔 戒身莫隨惡伴 無益之言
계 안 막 간 타 비　계 구 막 담 타 단　계 심 막 자 탐 진　계 신 막 수 악 반　무 익 지 언

莫妄說 不干己事 莫妄爲 尊君王孝父母 敬尊長奉有德 別賢憂恕無識
막 망 설　불 간 기 사　막 망 위　존 군 왕 효 부 모　경 존 장 봉 유 덕　별 현 우 서 무 식

物順來而勿拒 物旣去而勿追 身未遇而勿望 事已過而勿思
물 순 래 이 물 거　물 기 거 이 물 추　신 미 우 이 물 망　사 이 과 이 물 사

聰明多暗昧 算計失便宜 損人終自失 依勢禍相隨 戒之在心 守之在氣
총 명 다 암 매　산 계 실 편 의　손 인 종 자 실　의 세 화 상 수　계 지 재 심　수 지 재 기

爲不節而亡家 因不廉而失位 勸君自警於平生 可歎可警而可思
위 부 절 이 망 가　인 불 렴 이 실 위　권 군 자 경 어 평 생　가 탄 가 경 이 가 사

上臨之以天鑑 下察之以地祇 明有三法相繼 暗有鬼神相隨
상 임 지 이 천 감 하 찰 지 이 지 기 명 유 삼 법 상 계 암 유 귀 신 상 수

惟正可守 心不可欺 戒之戒之
유 정 가 수 심 불 가 기 계 지 계 지

미국 캘리포니아 연안에 위치한 몬트레이 마을은 오랫동안 게으름뱅이 펠리컨들의 천국이었다. 그 이유는 어부들이 그물로 잡은 물고기를 씻을 때, 상품가치가 없는 잔챙이는 모두 개펄에 버렸기 때문이다. 펠리컨들에게는 가만히 앉아서 받아먹을 수 있는 먹이가 생기는 셈이었다. 몬트레이의 펠리컨들은 굳이 먹이를 구할 필요가 없어서 날마다 살이 디룩디룩 쪄 갔다.

그러던 어느 날부터인가 잔챙이 고기들도 통조림이나 어묵 등으로 이용되기 시작하였다. 그러자 펠리컨들이 주워 먹을 만한 것은 더 이상 없어져 버리고 말았다. 그런데도 펠리컨들은 스스로 먹이를 구할 생각은 않고 여전히 버려진 것만 찾아다녔다.

"펠리컨들이 한두 마리씩 굶어 죽기 시작했습니다."

"무슨 방법이 없을까요?"

어부들은 머리를 맞대고 궁리한 끝에 먼 남쪽 지방으로부터 먹이를 스스로 잡을 줄 아는 펠리컨을 몇 마리 데려다가 풀어놓았다. 먹이를 잡는 펠리컨이 먹이를 잡아먹는 것을 본 다음부터 게으른 펠리컨들도 더 이상 굶고 앉아 있지 않았다. 같이 어울려 게으른 펠리컨들도 열심히 뛰어다니며 물고기를 잡기 시작하였다.

안분편
安分篇

분수를 지키라

탐욕을 부리면 근심이 찾아온다

『경행록』에서 말하였다. "족한 줄 알면 가히 즐거울 것이요, 탐욕에 힘쓰면 곧 근심이 있다."

景行錄云 知足可樂 務貪則憂
경 행 록 운 지 족 가 락 무 탐 즉 우

큰 빚을 지고서도 게으름만 피우는 사람에게 한 채권자가 물었다.

"당신은 돈을 갚을 생각이 있긴 합니까?"

"암요, 있고말고요. 당신의 돈을 갚기 위해 세 가지 방법을 생각하고 있는데, 그 세 가지가 다 쉽지 않아서 답답하군요."

"대체 그 세 가지가 뭐요?"

"하나는 당신이 갑자기 죽어서 돈을 받을 수 없게 되면 좋겠고, 둘째는 당신이 가지고 있는 차용증서가 분실되든가 불에 타든가 했으면 하는 것이고, 셋째는 길을 가다가 우연히 많은 돈을 주웠으면 하는 것입니다. 그런데 운이 없는지 그 세 가지 중 하나도 이루어지지 않는군요."

톨스토이는 '게으른 자의 머릿속은 악마가 살기에 가장 좋은 곳'이라고 말했다. 게으름이 낳는 모든 결과와 생각은 악이고, 결국은 깊고 깊은 구렁텅이로 이끌어 간다는 것을 알아야 한다.

만족할 줄 알아야 행복하다

만족함을 아는 사람은 가난하고 천해도 역시 즐겁고, 만족함을 알지 못하는 사람은 부하고 귀해도 또한 근심한다.

知足者 貧賤亦樂 不知足者 富貴亦憂
지 족 자 빈 천 역 락 부 지 족 자 부 귀 역 우

• • • • • • •

　'이 세상에서 가장 부유한 사람은 가장 적은 것으로 만족할 줄 아는 사람이다.'

　철학자 소크라테스가 한 말이다.

　하지만 세상에는 만족할 줄 아는 사람보다 그렇지 못한 사람들이 더 많다. 미국의 대부호였던 하워드 휴즈 역시 만족을 모르는 불행한 사람이었다.

　그는 젊은 나이에 엄청난 재산을 모아 주위 사람들의 부러움을 샀다.

　요즘 세계적으로 명성을 날리고 있는 할리우드 영화도 하워드 휴즈가 벌인 초창기 프로젝트 중의 하나였다. 또 최고의 인기를 누리고 있는 뉴욕 브로드웨이 연극과 뮤지컬 사업 역시 그에 의해 상업적인 성공을 거두기 시작한 분야라고 할 수 있다.

　여기에 미국 최대의 텔레비전 방송국 가운데 하나인 ABC 방송국과 TWA 항공사의 지분까지 소유한 그는 가장 젊은 나이에, 그리고 가장 짧은 시간에 재벌로 급부상한 사람이었다.

그가 남긴 유산은 당시로서는 천문학적인 액수였다.

그런 그에게 어떤 기자가 찾아와서 이렇게 물었다.

"사람이 행복해지려면 얼마나 돈을 벌어야 한다고 생각하십니까?"

"무조건 지금보다 더 가져야 행복합니다."

그렇게 큰 부를 쌓고도 만족하지 못했던 하워드 휴즈. 그의 장례식에 참석한 사람의 숫자는 열 손가락으로 헤아리고도 남을 정도였다고 한다.

쓸데없는 생각은
정신을 어지럽힌다

쓸데없는 생각은 다만 정신을 상할 뿐이고, 분수없이 망령된 행동은 도리어 화를 불러일으킨다.

濫想 徒傷身 妄動 反致禍
남상　도상신　망동　반치화

⁙ • • • • • •

중국 한나라의 궁궐에는 수천 명의 미인들이 왕을 위해 살고 있었다.

오직 왕 한 사람만을 바라보며 평생을 살아야 했던 미인들은 왕이 자신을 찾도록 하기 위해 갖은 수단을 강구했다.

왕은 황실 화가로 하여금 후궁들의 모습을 그려 바치게 했고, 그림을 보고 후궁들을 선택했다. 그러자 후궁들의 운명은 자연 화가의 붓끝에 달릴 수밖에 없었다.

"왕의 총애만 받게 해주세요. 후하게 사례할게요."

미녀들은 아끼지 않고 갖은 패물을 화가에게 주었다.

돈맛을 본 화가는 뇌물의 많고 적음에 따라 미녀들의 아름다움을 조작해서 그렸다.

어느 해, 한나라의 왕 원제는 외교상의 필요에 의하여 그 당시 걸핏하면 자기 나라 변경을 어지럽히는 흉노족의 왕 호한야선우에게 궁궐 미인들 중에서 한 사람을 선물로 주기로 했다.

"가장 못생긴 이 여인을 흉노족에게 주어라."

왕은 흉노족의 사신에게 그 후궁에 대해서 입이 마르도록 거짓 칭찬을 하였다.

그런데 왕은 작별 인사차 들른 후궁을 보고는 아연실색하지 않을 수 없었다. 동서고금을 통틀어 찾아볼 수 없는 절세미인이 아닌가?

그녀가 바로 양귀비, 서시, 초선과 함께 중국의 역사상 4대 미인으로 손꼽히는 왕소군이었다. 왕소군은 화가에게 뇌물을 주지 않았는데, 이 때문에 초상화를 형편없이 그렸던 것이다.

왕은 아깝기 이루 말할 수 없었으나 황제라는 체면 때문에 어쩔 수 없었다.

뇌물을 탐해 최고의 미인을 추녀로 그려낸 모연수는 끝내 죽음을 당하고 말았다.

넉넉한 줄 알고 항상 만족하라

넉넉한 줄을 알고 항상 만족하면 종신토록 욕되지 않고, 그칠 줄을 알고 항상 그치면 종신토록 부끄러움이 없다.

知足常足 終身不辱 知止常止 終身無恥
지 족 상 족　종 신 불 욕　지 지 상 지　종 신 무 치

• • • • • •

어떤 가족이 여행 도중에 한 마을에 들렀다. 지나가다 보니 어떤 집 문 앞 난간에 중년의 남자가 편안하게 앉아 쉬고 있었다. 그것을 본 아버지가 한숨을 쉬며 말했다

"아, 나도 저렇게 맨날 문 밖에 가만히 앉아 쉴 수 있다면 얼마나 좋을까?"

이 말을 듣고 있던 아들이 대뜸 물었다.

"아버지, 난간에 기대 놓은 목발을 보셨어요?"

사람은 자기의 형편에 자족할 줄 모른다. 남의 손에 있는 떡이 더 커 보이는 것이다. 가장 좋은 것을 소유하고도 남이 가진 것을 탐내는 것이 사람이다. 욕심을 채우려고 애쓰기보다는 욕심을 내려놓으려고 노력해야 한다. 내게 주어진 것에서 행복을 찾으면 분에 넘치는 탐욕에서 벗어날 수 있다. 자신의 분수 안에서 만족을 찾자. 소박한 행복, 소박한 감사를 통해 진짜 행복한 사람이 될 수 있다.

가득 차면 다음은 줄어들게 된다

『서경』에서 말하였다. "가득한 것은 줄어들고 겸손하면 이익을 얻는다."

書曰 滿招損 謙受益
서 왈 만 초 손 겸 수 익

록펠러는 석유사업으로 거부가 되었다. 그러나 53세 때 그만 불치병에 걸리고 말았다. 회복이 불가능하다는 선고를 받은 그는 우울한 나날을 보내야 했다. 어떤 일을 봐도 기쁘지 않았고 웃음도 나지 않았다.

'1년 뒤에 죽을 텐데…….'

돈을 벌기 위해 낮밤을 잊고 열심히 일했는데, 죽음 앞에서 돈은 아무런 힘이 되지 못했다. 억울하고 분했다.

'내가 죽고 나면 사람들은 나를 뭐라 평할까? 나는 사람들에게서 어떤 평가를 받을까?'

생각해 보니 아찔했다. 절대로 좋은 평가가 나올 것 같지 않았다.

'돈밖에 몰랐던 사람? 돈을 벌기 위해 죽어라 일만 했던 바보?'

그는 벌떡 일어났다. 죽을 때 죽더라도 그런 평가를 받으며 죽을 수는 없었다.

'그래, 기왕에 죽을 바에는 다 베풀고 죽자. 빈손으로 떠나자.'

그는 가진 재산을 학교에, 자선단체에, 종교단체에, 사회단체에 기증했다. 그리고 생각과 삶의 방향을 완전히 바꾸었다.

그랬더니 놀라운 일이 일어났다. 보람된 일을 찾아서 바삐 일하는 사이, 불치병에서 빠져나오게 된 것이다. 그 후 그는 44년을 더 살았다.

사람은 욕심을 버리고 움켜쥔 손을 펴는 순간 마음의 굴레를 벗고 진정한 자유를 느끼게 된다.

편안한 마음으로 분수를 지켜라

「안분음」에 말하였다. "편안한 마음으로 분수를 지키면 몸에 욕됨이 없을 것이고, 세상 돌아가는 형편을 잘 알면 마음이 스스로 한가하니 비록 인간 세상에 살지라도 도리어 인간 세상에서 벗어난 것이다."

安分吟曰 安分身無辱 知機心自閑 誰居人世上 却是出人間
안 분 음 왈　안 분 신 무 욕　지 기 심 자 한　수 거 인 세 상　　각 시 출 인 간

사람의 욕심은 끝이 없다. 말을 타면 종을 부리고 싶고, 앉으면 눕고 싶은 것이 사람의 심리다. 자전거 한 대만 있으면 소원이 없겠다던 사람이 막상 자전거를 갖고 보면 날렵한 자가용이 눈앞에서 떠나지 않는다. 단칸방이라도 좋으니 두 다리 쭉 뻗고 마음 편히 쉴 내 집 하나만 있으면 여한이 없겠다고 큰 소리쳐도 막상 집을 마련하게 되면, 단칸방 창문 너머 보이는 쑥쑥 하늘로 뻗은 30평 고층 아파트가 눈에 들어오는 것이다.

적당한 욕심은 의욕을 불러일으켜 주고, 발전을 가져온다는 것을 모르는 사람은 없다. 그러나 욕심을 조종하는 브레이크가 없다는 데 문제가 있다. 점점 더 질주하다가 끝내 콰당, 부딪쳐야 멈추게 된다. 승용차도 액셀러레이터보다 브레이크의 성능을 더 자주 점검해야 한다. 좀 천천히 가도 생명에 지장은 없지만 벼랑 앞에서 멈추지 못하면 목숨을 잃게 되고 만다.

존심편
存心篇

마음을 보존하라

마음을 다스리는 것이 가장 어렵다

『경행록』에서 말하였다. "밀실에 앉았다 할지라도 마치 네거리에 앉은 것처럼 하고, 작은 마음을 제어하기를 여섯 필의 말을 부리듯 하면 가히 허물을 면할 수 있다."

景行錄云 坐密室 如通衢 馭寸心 如六馬 可免過
경 행 록 운 좌 밀 실 여 통 구 어 촌 심 여 육 마 가 면 과

⚙ • • • • • •

경영학을 전공하고 백화점에 입사시험을 친 두 청년이 있었다.

어려운 입사시험에 합격했기 때문에 두 청년의 마음은 부풀어올랐다. 눈 앞에 펼쳐질 성공의 대로를 꿈꾸며 두 청년은 첫 출근을 하였다.

그런데 회사에서 처음 주어진 일이 엘리베이터에서 손님 안내하는 일이었다. 두 사람 다 당황스럽기는 마찬가지였다.

"아니, 날 어떻게 보고 이런 일을 하라고 하지? 이런 대접을 받고 일할 순 없다구!"

한 청년은 그 길로 회사 밖으로 뛰쳐나가 버렸다.

그러나 다른 한 청년은 엘리베이터에서 손님 안내역을 맡았어도 성실하게 일했다. 정성껏 엘리베이터에서 손님을 안내하면서 손님들이 하는 이야기를 귀담아들었다. 백화점 엘리베이터 안은 고객들이 마음을 털어놓는 장소였다. 청년은 얼마 안 가서 굉장한 지식을 얻을 수 있었다.

아침 일찍 출근해 저녁까지 엘리베이터에서 일하는 그의 모습은 사장의 눈에 띄었다.

'흠, 참 성실한 청년이로군.'

사장은 이 청년을 눈여겨보고 과장, 국장, 그 다음에는 높은 자리 매니저까지 승진시켰다.

그가 매니저에 올라가서 열심히 일을 해서 그 백화점을 성공시키고, 나중에는 백화점을 여러 개 세워서 백화점 왕이 되었는데, 그 사람 이름이 J.C. 페니이다.

그는 백화점 엘리베이터 안내원으로 첫 임무가 주어졌지만 원망하지 않고 충성했다. 자기가 맡은 일에 충성을 다함으로써 성공의 길을 걸을 수 있었다.

작은 일에 성실해야 큰일도 맡겨진다는 것을 알아야 한다.

부귀는
지혜와 힘으로 구할 수 없다

『격양시』에서 말하였다. "부귀를 지혜와 힘으로 구할 수 있는 것이라면 중니도 젊은 나이에 마땅히 제후에 봉해졌을 것이다. 세상 사람들은 푸른 하늘의 뜻을 알지 못하고 헛되이 몸과 마음으로 하여금 한밤중에 근심하게 한다."

擊壤詩云 富貴 如將智力求 仲尼 年少合封侯
격 양 시 운 부 귀 여 장 지 력 구 중 니 년 소 합 봉 후

世人 不解靑天意 空使身心半夜愁
세 인 불 해 청 천 의 공 사 신 심 반 야 수

❀ • • • • • •

어떤 배 위에서 손님들이 모여 자기 자랑을 하기 바빴다. 손님들은 모두 내로라하는 큰 부자들이었기 때문이다.

그중에는 랍비가 한 사람 타고 있었다. 부자들은 서로 자기들의 재산을 자랑하며 랍비를 재촉했다.

"당신도 재산이 있소?"

그러자 랍비가 말했다.

"내가 제일 부자라고 생각하지만, 지금은 내 재산을 여러분에게 보여줄 수가 없습니다."

마침 그때 악명 높은 해적이 배를 습격했다.

부자들은 금은보석 등 자기들의 모든 재산을 잃었고 겨우 목숨만을 건졌다.

해적이 사라진 뒤, 배는 어떤 낯선 항구에 닿았다.

랍비는 학식과 교양이 높다는 것이 알려져 그곳 학교에서 학생들을 가르쳐 달라는 부탁을 받았다.

얼마 뒤 랍비는 함께 배를 탔던 지난날의 부자들과 만났으나, 모두 비참한 가난뱅이로 전락해 있었다.

그 사람들은 부러워하며 말했다.

"그때는 무슨 뜻인지 몰랐지만 지금은 확실히 압니다. 지식은 강도도 빼앗아 갈 수 없다는 것을요. 당신이 가장 부자입니다."

학식이나 지식은 눈에 보이는 물질이 아니므로 빼앗길 위험이 없다. 자녀들을 잘 교육시켜 안전한 재산을 물려줘야 한다.

남을 꾸짖듯이 스스로를 꾸짖어라

범충선공이 아들을 훈계하여 말하였다. "비록 지극히 어리석은 사람일지라도 남을 꾸짖는 것은 밝고, 비록 총명할지라도 자기를 용서함에는 어두우니 너희들은 마땅히 남을 꾸짖는 마음으로써 자기를 꾸짖고, 자기를 용서하는 마음으로써 남을 용서한다면 성현의 경지에 이르지 못한 것을 근심할 것이 없다."

范忠宣公 戒子第日 人雖至愚 責人則明 雖有聰明 恕己則昏 爾曹
범 충 선 공　계 자 제 왈　인 수 지 우　책 인 즉 명　수 유 총 명　서 기 즉 혼　이 조

但當以責人之心責己 恕己之心恕人則 不患不到聖賢地位也
단 당 이 책 인 지 심 책 기　서 기 지 심 서 인 즉　불 환 부 도 성 현 지 위 야

• • • • • •

어느 대학의 졸업식장에서 차례로 학생들이 졸업장을 받고 있었다. 순서가 진행되는 것을 바라보는 한 축하객에게 눈에 거슬리는 장면이 있었다. 어느 학생이 한 손을 호주머니에 넣고 한 손으로 졸업장을 받고 총장에게 악수도 받지 않고 지나가는 것이었다. 축하객은 언짢은 듯 중얼거렸다.

"어허, 저런 건방진 청년을 보겠나. 한 손으로 졸업장을 받다니! 이 학교는 4년 동안 무얼 가르쳤단 말인가?"

그러자 옆에 있던 한 재학생이 얼른 말해 주었다.

"그게 아닙니다. 저분은 한 팔이 의수입니다. 의수로 4년 동안 공부를 마친 훌륭한 학생입니다."

그러자 눈에 보이는 대로만 보고 비난했던 축하객은 얼굴을 붉히며 부끄러워하였다.

겸손함을 유지하라

공자가 말하였다. "총명하고 생각함이 뛰어날지라도 어리석은 체해야 하고, 공적이 천하를 뒤덮을지라도 사양하는 마음으로써 이를 지켜야 하고, 용맹이 세상을 떨칠지라도 두려워하는 마음으로써 이를 지켜야 하고, 부유함이 사해(四海)에 있을지라도 겸손으로써 지켜야 한다."

子曰 聰明思睿 守之以愚 功被天下 守之以讓
자 왈 총 명 사 예 수 지 이 우 공 피 천 하 수 지 이 양

勇力振世 守之以怯 富有四海 守之以謙
용 력 진 세 수 지 이 겁 부 유 사 해 수 지 이 겸

프랜시스 수도회의 한 경건한 수도사가 영안이 열려, 천국 보좌 가운데 빛난 좌석이 비어 있는 것을 보고 누가 저 보좌를 차지할까 궁금했다.

그러자 천사가 대답해 주었다.

"하나님께서 겸손한 프랜시스에게 주겠다고 하십니다."

천사의 대답을 듣자 그 사람은 너무나 신기하여 스승인 프랜시스를 시험해 보고 싶었다. 하루는 프랜시스와 같이 길을 걷게 되자 물었다.

"선생님은 스스로 어떤 사람으로 생각합니까?"

"나는 세상 사람 중에 제일 악한 사람으로 생각하네."

"말도 안 됩니다. 세상에 악한이 많은데 어찌 그런 자와 비교하십니까?"

"세상에 악한이 적지 않지만, 내가 받은 은혜를 저들이 받았다면 나보다 만 배나 사랑하고 봉사했을 걸세. 내 어찌 그들에게 비교할 수 있겠는가?"

이 말을 들은 제자는 프랜시스의 겸손에 감탄하였다.

어려웠던 시절을 잊지 말라

『소서』에서 말하였다. "박하게 베풀고 후한 것을 바라는 자에게는 보답이 없고, 몸이 귀하게 돼서 천했던 때를 잊는 자는 오래 계속하지 못한다."

素書云 薄施厚望者 不報 貴而忘賤子 不久
소 서 운 박 시 후 망 자 불 보 귀 이 망 천 자 불 구

한 심리학자가 흥미로운 실험을 했다. 한 동네를 정해서 집집마다 매일 100달러씩 갖다놓은 후 그 결과를 관찰하기로 한 것이다. 실험 첫날 사람들은 그가 미친 사람이 아닌가 하면서도 슬그머니 돈을 집어갔다. 사흘이 지나자 100달러씩 집 앞에 놓고 가는 사람 이야기로 동네가 떠들썩했다. 둘째 주쯤 되자 현관 앞에 나와 돈을 기다리는 사람이 있었고, 셋째 주쯤 되자 돈을 받는 것을 이상해 하지 않았다. 넷째 주가 되었을 때는 아주 당연한 것처럼 돈을 집어갔다. 실험 기간인 한 달이 지나자 학자는 돈을 집 앞에 놓지 않고 그냥 동네를 지나갔다. 그러자 사람들은 길을 막으며 따지고 들었다.

"왜 오늘은 돈을 안 주고 그냥 갑니까?"

사람들은 이유 없이 베풀었던 은혜를 당연한 것처럼 생각하게 되었고, 고마워하기는커녕 오히려 주지 않는 것을 서운해 하고 불쾌해 했던 것이다. 은혜와 고마움을 아는 사람이 되어야 한다.

은혜는
보답을 바라고 베푸는 것이 아니다

은혜를 베풀거든 그 보답을 받을 것을 생각하지 말고, 남에게 주었거든 후에 뉘우치지
말라.

施恩勿求報 與人勿追悔
시 은 물 구 보 여 인 물 추 회

퇴근시간 무렵 일기예보에도 없었던 비가 쏟아졌다. 도로 위의 사람들은
비를 피하기 위해 한 건물의 좁은 처마 밑으로 뛰어들었다.

그곳에는 이미 먼저 자리를 차지한 청년, 그리고 빗방울이 굵어지기 시
작하자 할아버지 한 분이 가세하였다. 그런 다음 중년 아저씨 한 분이 들어
왔고, 마지막으로 아주머니 한 분이 비좁은 틈으로 끼어들었다.

"금세 그치지 않으려나?"

처마 밑은 사람들로 금세 꽉 찼다. 그런데 갑자기 뚱뚱한 아줌마 한 분이
뛰어오더니 덥석 뛰어들었다. 구르는 돌이 박힌 돌을 빼낸다고 했던가? 아
주머니가 그 큼직한 엉덩이를 들이대면서 무리의 대열에 끼어들자 그 바람
에 맨 먼저 와 있던 청년이 얼떨결에 튕겨 나갔다. 그 청년은 어이가 없다는
표정으로 사람들을 한번 훑어보았다. 모두들 딴 곳을 바라보며 모른 척하
고 있는데, 할아버지가 한마디 하였다.

"젊은이, 세상이란 게 다 그런 거라네."

그 청년은 물끄러미 할아버지를 쳐다보더니 길 저쪽으로 뛰어갔다.

한 4, 5분쯤 지났을까? 아까 그 청년이 비에 흠뻑 젖은 채로 비닐우산 5개를 옆구리에 끼고 나타났다. 그리고 사람들에게 하나씩 건네주며 할아버지에게 이렇게 말했다.

"어르신, 세상은 절대 그런 게 아닙니다."

담대하되 욕심을 작게 하라

손사막이 말하였다. "담력은 크게 갖되 마음가짐은 작게 하고, 지혜는 원만함을 바라되 행동은 바르고 점잖게 가져야 한다."

孫思邈曰 膽欲大而心欲小 知欲圓而行欲方
손 사 막 왈 담 욕 대 이 심 욕 소 지 욕 원 이 행 욕 방

에밀 쿠에 박사는 병원에 있는 환자들에게 날마다 이 말을 하도록 시켰다. "나는 강하다. 나는 매일 조금씩 모든 면에서 나아지고 있다."

환자 중 절반 정도가 박사의 말을 따라 매일 자신에게 긍정적인 말을 하며 긍정적으로 생각했다. 그 결과 얼마 후, 놀라운 일이 일어났다. 박사의 말을 따른 환자들은 다른 환자들보다 40% 이상 빠른 회복을 보였던 것이다. 한 대뇌학자는 우리의 뇌세포는 98%가 말의 지배를 받는다고 했다. 말로써 사람을 살리기도 하고 죽이기도 하는 것이다. 우리 속담에도 '말 한마디로 천냥 빚을 갚는다' 는 말이 있지 않은가. 말을 조심하지 않아서 화를 입은 경우를 주위에서도 흔히 볼 수 있다.

성공학자인 데일 카네기에 의하면, 성공한 사람들은 '없다, 잃었다, 한계가 있다' 는 세 가지 말을 절대로 안한다고 한다. 생각도 말도 긍정의 에너지가 넘치는 생활을 해야 한다.

생각은 치열하게 하라

생각하는 것을 매일 싸움터에 나아가는 것같이 하고, 마음은 항상 다리를 건너는 때와 같이 해야 한다.

念念要如臨戰日 心心常似過橋時
염 염 요 여 임 전 일　심 심 상 사 과 교 시

오스트레일리아는 날씨가 온화하여 연중 꽃이 피어 있다. 한데 꽃에 따르기 마련인 꿀벌이 없다. 그 버려진 자원에 눈독을 들인 사람들이 유럽에서 가장 양질의 꿀벌을 풀어놓았다. 많은 꿀을 기대하면서……. 꿀벌들은 신이 나 꽃밭을 누비며 훌륭한 꿀을 따 모았다. 한데 그 벌들의 노동은 겨우 1년 이상 계속되지 않았다. 배가 부를 대로 부른 벌들은 벌집 속에서 편안히 졸고만 있었다. 꽃을 찾아다닐 기미를 보이지 않았다. 그럴 수밖에 없을 것이다. 꽃이 연중 어느 한 시기에만 핀다면 꽃이 피지 않는 때를 위해 꿀을 모아두지 않을 수 없게 된다. 개미가 겨울을 위하여 뜨거운 여름날 열심히 먹이를 저장하듯이 말이다. 하지만 연중 꽃이 피어 있다면 힘들여 꿀을 모아둘 필요가 없다. 그래서 오스트레일리아의 꿀벌들은 꿀을 저장하지 않는다. 그날 양식은 그날로 족하다고 생각하고 모을 줄을 모른다. 보릿고개가 뭔지도 모르는 요즘 세대의 사람들이 바로 오스트레일리아의 꿀벌이 되어가고 있는 게 아닌가 걱정이 된다.

법을 두려워하라

법을 두려워하면 언제나 즐거울 것이고, 나랏일을 속이면 날마다 근심이 된다.

懼法朝朝樂 欺公日日憂
구 법 조 조 락　기 공 일 일 우

미국의 소설가 드라이저의 작품 『아메리카의 비극』이란 책을 보면, 분수에 맞지 않는 생활 태도와 욕심의 결과가 어떤 것인가를 알게 된다.

클라이드 그리피스란 청년은 가난한 집에서 태어났다. 다른 사람들의 호화로운 생활을 볼 때마다 어떻게 하든지 돈을 벌어야 하겠다고 결심을 했다.

그래서 그는 초등학교를 졸업한 후 바로 약방의 사환으로 취직을 한 후에 조금 자라서는 캔자스 시에서 가장 큰 호텔의 보이가 되었다. 호텔 보이로 있는 동안 주급 이외에도 손님들이 던져주는 팁이 제법 많았다. 그 팁으로 자기 마음대로 친구들과 어울려 놀았다.

하루는 여자들과 어울려 남의 차를 훔쳐 타고 야외로 놀러 갔다가 돌아오는 길에 어린아이를 치는 교통사고를 내고 차는 크게 부서졌다. 클라이드는 경찰에 체포될 것이 두려워 그 길로 공장을 경영하고 있는 숙부의 집으로 찾아가 직공으로 일하게 되었다. 공장 주인의 조카라는 체면을 지키며 숙부의 명예를 더럽히지 않으려고 열심히 일하며 의복도 단정하게 입으려고 하였지만 실제로는 값싼 월급쟁이에 불과했다.

그러던 중 숙부의 집과 친밀하게 지내던 상류계급의 한 처녀를 사귀게 되었고, 빠르게 결혼단계에 이르게 되었다. 그러나 클라이드는 이미 결혼을 약속하고 임신까지 한 공장 여직공인 애인이 있었다. 고민을 하던 클라이드는 애인을 연못에 밀어 넣어 죽게 한 후 부잣집 딸에게 찾아갔으나 그를 기다리고 있는 것은 부귀영화가 아니라 살인사건의 발각과 함께 사형대인 전기의자였다.

욕망을 자제하지 못한 결과는 비참할 뿐이다.

함부로 입을 놀려서는 안 된다

주문공이 말하였다. "입을 지키는 것을 병과 같이 하고, 뜻을 막기를 성을 지키는 것같이 하라."

朱文公曰 守口如瓶 防意如城
주 문 공 왈 수 구 여 병 방 의 여 성

말의 힘은 막강하다. 말은 행동을 끌어오고 새로운 에너지를 스스로 불러일으켜 준다는 것을 알아야 한다. 유명한 학자인 이어령 교수는 말하기를, 우리나라가 오늘날 이만큼 잘살게 된 이유가 코흘리개 아이들 때문이라고 한다. 요즘은 찾아볼 수 없지만 예전에는 코를 주르르 흘리고 빨아 먹는 아이들을 참 흔히 볼 수 있었다. 혀로 빨고 소매로 닦는 아이들을 보고 부모나 이웃 사람이 코를 닦아줄 생각으로 손수건이나 휴지를 코에 대주고 "야! 코, 흥 해라! 흥!", "흥해라 흥!" 이렇게 말했다. '흥하라'는 것은 잘되라는 말인데, 시골이나 도시 할 것 없이 부모들이 자식들 보고 "흥하라. 흥! 흥하라 흥!" 하니까 자식들이 모두 다 흥해서 이렇게 잘살게 되었다는 것이다. 유머를 담고 있긴 하지만 사실이 그렇다. 흥하라는 그 말을 입으로 시인하면 그대로 되는 것이다. 더 나은 인생을 꾸려 나가기 위해서, 하루 중에 내가 어떤 말을 가장 많이 하고 있는지 점검해 볼 필요가 있다.

마음이 떳떳하게 하라

마음이 남에게 부끄러움이 없으면 얼굴은 부끄러운 기색이 없다.

心不負人 面無慙色
심 불 부 인   면 무 참 색

． ． ． ． ． ．

17세기경에 큰 존경을 받는 인물로, 훗날 수도원 원장까지 된 사람이 있다. 그는 평신도로서 한 수도원의 부엌에서 일하던 니콜라스 헤르만이었다. 사람들은 그를 '로렌스 형제'라고 불렀다. 그는 항상 일상의 작은 일들에서 사람들에게 감동을 주는 지혜가 있었다.

수도원을 찾은 방문객들이 그에게 물었다.

"당신은 매일 부엌에서 청소하고 그릇 씻고 음식 만드는 일만 하는데 그것 때문에 불평한 일이 없습니까?"

"나는 음식을 만들면서 계속 기도합니다. '이 음식을 먹는 자에게 하나님의 평강을 채우소서.' 청소할 때는 '하나님의 아름다운 동산을 더욱 아름답게 하소서.' 하고 말이지요."

사람들은 그를 '부엌의 성자'라고 불렀다.

'꼭 큰일을 해야 할 필요가 없다. 나는 프라이팬의 작은 계란 하나라도 하나님을 사랑하는 마음으로 뒤집는다. 그 일도 끝나고 더 할 일이 없으면 나는 바닥에 엎드려서 하나님을 경배한다.'

나중에 수도사들조차도 그에게 가서 이야기 듣기를 원해 그 소문이 널리 퍼져나갔다.

그는 계속 부엌에서 일만 했다. 불 때고 청소하고 그릇 씻고 음식을 만들었다.

그 모든 순간순간을 사명이라고 생각하며 살았다.

천 년 살듯이 계획하지 말라

사람은 백 살을 사는 사람이 없건만 부질없이 천 년의 계획을 세운다.

人無百歲人 枉作千年計
인 무 백 세 인 왕 작 천 년 계

오래 전 프랑스에 부유하고 욕심 많은 한 귀족이 살고 있었다. 그는 그의 재산을 안전하게 보관하기 위하여 성의 구석진 곳, 아무도 모르는 밀실에 숨겨두었다. 밀실에 이르는 통로는 좁고 깊었고, 입구는 철문으로 되어 있어 문이 닫힐 때면 저절로 잠기게 만들었다.

여러 해 동안 이 수전노는 시간이 날 때면 밀실을 찾아와서 돈을 만지작거리며 혼자 말할 수 없는 행복감에 빠져들곤 했다.

어느 날 밤이 되기를 기다려 밀실 금고로 소작료가 들어 있는 돈주머니를 가져갔다. 언제나 그렇듯이 돈을 만지작거리며 만족한 시간을 보냈다.

그런데 방에서 나오려고 열쇠를 찾으니 열쇠를 밖에 두고 온 것이 아닌가. 공포에 떨며 외치고 두드려도, 소리나 빛이 외부와 완전히 차단된 그 방으로 달려와 구해 줄 사람이 없었다.

집안사람들은 갑작스러운 그의 실종을 이상하게 생각했지만 재물을 노린 납치 살해사건으로 결론을 내리고 말았다.

수개월 후, 자물쇠를 만드는 어떤 노인이 백작의 실종 소식을 듣고 20여 년 전에 그가 특수한 자물쇠를 고안하여 달아 준 그 견고한 방을 떠올렸다. 그 노인이 가족과 함께 그 밀실의 문을 열고 들어갔더니 방 안에는 백작의 부패한 시체가 돈더미 위에 있었다.

지나친 탐욕의 끝은 언제나 비참하다는 것을 알아야 한다.

7 존심편(存心篇) : 마음을 보존하라

후회하기 전에 좀 더 생각하라

구래공의 『육회명』에서 말하였다. "관직에 있으며 제멋대로 왜곡한 건 직함을 잃고 후회하고, 부자로 헤프게 산 건 부를 잃고 후회하고, 예능인은 어려서 공부하지 않음을 나이들고 나서 후회하고, 일을 맞닥뜨리고 나서야 공부하지 않음을 후회하고, 취중망언은 깨고 나면 후회하고, 잘 나간다고 쉼없이 까불고 나대다 병을 얻고 나서야 후회한다."

寇萊公六悔銘云 官行私曲失時悔 富不儉用貧時悔 藝不少學過時悔
구 래 공 육 회 명 운　관 행 사 곡 실 시 회　부 불 검 용 빈 시 회　예 불 소 학 과 시 회
見事不學用時悔 醉後狂言醒時悔 安不將息病時悔
견 사 불 학 용 시 회　취 후 광 언 성 시 회　안 부 장 식 병 시 회

R.L. 스미스는 후회할 것이 없는 일곱 가지를 꼽았다.

1) 나이 든 사람에게 친절을 베푸는 일

2) 화나서 쓴 편지를 찢어 버리는 일

3) 우정을 살리기 위해서 사과하는 일

4) 남의 명성을 파손시키고 있었던 추문을 정지시키는 일

5) 어린 소년이 자기 자신을 발견할 수 있도록 도와주는 일

6) 어머니에게 효성을 베풀 시간을 가지는 일

7) 무슨 문제건 자기에 대한 하나님의 심판을 받는 일

일을 저지른 다음에 후회하기보다는 후회하지 않도록 신중하게 행동하는 지혜가 필요하다.

작은 집이라도
걱정 없이 사는 게 행복이다

『익지서』에서 말하였다. "아무 걱정 없이 집은 가난할지언정 걱정 있는 부잣집이 되지 말고, 아무 걱정 없이 이엉이나 띠 따위로 이은 작은 집에 살망정 걱정 있으면서 좋은 집에서 살지 말 것이고, 차라리 병 없이 거친 밥을 먹을망정 병이 있어 좋은 약을 먹지 말라."

益智書云 寧無事而家貧 莫有事而家富 寧無事而住茅屋
익 지 서 운 영 무 사 이 가 빈 막 유 사 이 가 부 영 무 사 이 주 모 옥

不有事而住金屋 寧無病而食鴓飯 不有病而服良藥
불 유 사 이 주 금 옥 영 무 병 이 식 추 반 불 유 병 이 복 양 약

한 해 동안에 8천만 달러를 벌어들였던 독일의 카레이서 미하엘 슈마허는 여덟 살과 여섯 살 된 두 자녀에게 매주 2유로의 용돈을 주었다고 한다. 우리나라 돈으로 1년에 800억 원을 버는 사람이 자녀들에게는 1주일에 약 2,600원씩 용돈을 주는 셈이다. 그러나 그는 지난번 쓰나미 피해 성금으로 천만 달러, 약 100억 원을 기부하여 많은 사람들에게 박수를 받았다.

자녀에게 가장 좋은 선물을 주고 싶은 것은 모든 부모의 마음일 것이다. 그러나 사랑하는 마음을 전하는 데 서투른 사람일수록 그것을 물질로 대신하고 만다는 것을 알아야 한다.

자녀들을 최고의 인격을 가진 사람으로 키우고 싶다면 재물 대신 바른 삶의 가치관을 심어주어야 한다. 부모가 이 세상을 떠난 후에도 자녀가 안전하게 존경을 받고 살 수 있는 방법은 재물에 있지 않고 인격에 있다.

도덕을 가르치는 일, 오래오래 진정으로 자녀를 사랑하는 귀한 방법이다.

마음을 편히 하라

마음이 편안하면 오두막집도 안락할 것이고, 타고난 본성이 어질면 나물국도 향기롭다.

心安茅屋穩 性定菜羹香
심 안 모 옥 온   성 정 채 갱 향

어느 날 공자가 길을 가다가 좀 이상해 보이는 노인을 만났다.

이 노인은 줄곧 빙그레 웃고 이따금 춤도 추며 기뻐하는 것이었다. 그런데 더 이상한 것은 지나가는 모든 사람들이 그 노인에게 공손히 인사를 하고 지나가는 것이었다.

공자는 속으로 생각했다.

'중국에서는 그래도 나를 모르는 사람은 거의 없고, 또 다들 나를 존경하는 터인데, 나를 보고서는 인사도 안하고 얼핏 보기에 정신 나간 듯 보이는 저 노인에게는 인사를 하니 웬일일까?'

그러나 원래 겸손한 공자는 즉시 마음을 달리하여 그 노인이 즐거워하는 비법을 배우고자 공손히 절을 한 다음 물었다.

"노인께서는 어떻게 그렇게도 생을 즐거워하시며, 또 모든 사람에게 존경을 받으시는지 배우고 싶습니다."

"호, 젊은 양반이 무던히도 배우고 싶어하는구면."

노인은 대견해 하며 대답하였다.

"첫째로 조물주께서 나를 세상에 내실 때 짐승으로도 내실 수 있었는데, 만물의 영장인 사람으로 내신 것을 생각할 때 그저 감사하고, 둘째는 내가 90세인데 이렇게 건강하게 지내니 이 얼마나 감사한 일이 아닌가. 셋째는 나이가 많아도 즐겁게 일할 수 있으니 너무 감사해서 일하다가 쉴 때는 즐거워서 춤도 추는 것일세."

공자는 참으로 좋은 것을 배웠다고 기뻐했다.

스스로를 쉽게 용서하지 말라

『경행록』에서 말하였다. "남을 꾸짖는 자는 사귀지 못할 것이고, 스스로 용서하는 자는 허물을 고치지 못한다."

景行錄云 責人者 不全交 自恕者 不改過
경 행 록 운 책 인 자 부 전 교 자 서 자 불 개 과

약 100여 년 전, 영국의 한 시골 소년이 런던의 큰 교회를 찾아갔다. 소년은 집이 몹시 가난해 더 이상 공부를 할 수 없게 되자 교회의 도서관에서 잔심부름을 하면서 틈틈이 공부를 하기 위해 무작정 올라온 것이었다.

소년은 목사가 외출하고 없자 서재에서 기다렸다. 소년의 등 뒤에는 수많은 책들이 가득했다. 흥분한 소년은 책을 둘러보다가 한쪽 구석에 두껍게 먼지가 쌓인 책 한 권을 발견했다.

'책에 먼지가 앉다니! 먼지라도 털어 놓아야지.'

소년은 먼지를 털려고 책을 집었다가 차츰 그 내용에 빠려들게 되었다. 그 책은 페브리에의 『동물학』이었다. 소년은 서서 그 책을 열심히 읽었다. 마침내 마지막 장을 읽었을 때 뒷장에 이런 메모가 남겨져 있었다.

'이 책을 끝까지 읽어주셔서 고맙습니다. 즉시 런던법원으로 가서 1136호의 서류를 가지십시오.'

놀란 소년은 곧장 법원으로 달려가 서류를 받았다. 그런데 놀랍게도 그 서류엔 소년에게 400만 달러의 유산을 상속한다는 내용이 적혀 있었다.

'이것은 나의 유언장입니다. 당신은 나의 저서를 처음으로 읽어주신 분입니다. 나는 평생을 바쳐 동물학을 연구하고 책을 썼지만 아무도 관심을 가져주지 않았습니다. 그래서 한 권의 책만 런던에서 가장 오래된 교회 도서관에 기증하고 나머지 책은 모두 불살랐습니다. 당신이 그 교회의 내 유일한 저서를 읽어주셨으니 내 전 재산을 드리겠습니다.'

그 사건은 영국에서 큰 화제가 되었다. 모두들 엄청난 유산에 관심이 쏠렸다. 소년은 페브리에의 뜻을 기려 영국 전역에 도서관을 세웠다. 그리고 좋은 책을 보급하는 데 힘썼으며, 가난한 사람들을 도우며 평생을 보냈다. 책 한 권이 소년에게 놀라운 행운과 변화를 가져다 준 것이다.

효자는 반드시 하늘이 도와준다

아침에 일찍 일어나서부터 밤에 잠들 때까지 충효를 생각하는 자는 남들이 알지 못하나 하늘이 반드시 이를 알 것이고, 배불리 먹고 따뜻하게 입고 제 몸만 힘써 지키는 자는 몸은 비록 편안하나 그 자손은 어찌할 것인가.

夙興夜寐 所思忠孝者 人不知 天必知之
숙 흥 야 매　소 사 충 효 자　인 부 지　천 필 지 지
飽食煖衣 怡然自衛者 身雖安 其如子孫 何
포 식 난 의　이 연 자 위 자　신 수 안　기 여 자 손　하

⚜ • • • • • •

옛날에 어떤 새가 살았는데 별명이 '날만 새면' 이었다.

따뜻한 낮에는 마음껏 놀아도 밤이 되면 추워서 견딜 수가 없었다. 새끼 새들이 아빠 새를 원망하였다.

"아빠, 우리도 남들처럼 낮에 집을 지어요. 그러면 밤에 따뜻하게 지낼 수 있잖아요."

"오냐, 잘못했다. 날만 새면 집을 지으마."

추워서 오들오들 떨며 밤을 보내고 나면, 아빠 새는 집을 짓기로 한 약속을 잊어버렸다.

"하룻밤이야 못 참겠느냐? 우선 즐겁게, 재미나게 놀고 보자꾸나."

아빠 새는 자식들을 데리고 또 재미있게 하루를 보냈다.

초조한 아들 새가 아버지에게 말했다.

"아빠, 벌써 오후예요. 집을 지어야지요."

"괜찮다. 해질녘에 시작해도 늦지 않다."

정작 해질녘이 되자 어두워서 아무것도 보이지 않는다면서 또 다음날로 미루었다. 오들오들 떨면서, "날이 새면, 날이 새면, 날이 새면⋯⋯." 꼭 집을 짓겠다고 맹세하였다.

그러다가 갑자기 맹추위가 몰아친 어느 날 밤, 가엾은 새 가족은 전부 얼어 죽어 버렸다.

그래서 지금은 지구상에서 그런 새를 볼 수가 없게 되었다.

처자를 사랑하듯 부모를 섬겨라

처자를 사랑하는 마음으로 어버이를 섬긴다면 그 효도는 마음과 정성을 다할 것이고, 부귀를 보전하려는 마음으로 임금을 받든다면 그 어느 때나 충성하지 않을 수 없을 것이요, 남을 꾸짖는 마음으로 자기를 꾸짖는다면 허물이 적을 것이고, 자기를 용서하는 마음으로 남을 용서한다면 온전히 사귐을 할 수 있다.

以愛妻子之心 事親則曲盡其孝 以保富貴之心 奉君則無往不忠
이 애 처 자 지 심　사 친 즉 곡 진 기 효　이 보 부 귀 지 심　봉 군 즉 무 왕 불 충
以責人之心 責己則寡過 以恕己之心 恕人則全交
이 책 인 지 심　책 기 즉 과 과　이 서 기 지 심　서 인 즉 전 교

⚙ • • • • • •

일본의 전설에 이런 이야기가 있다. 어느 홀어머니를 모시고 있는 아들이 자라서 한 여자를 사랑하게 되어 결혼까지 하기로 약속하였다. 사랑이 한창 불붙어 뜨거운데, 불행히도 이 여자가 무서운 병에 걸렸다. 이 병은 시간을 다투는 병이었다. 더구나 이 병을 고치는 약은 매우 구하기 어려운 것이었다. 왜냐하면 산 사람의 간(肝)을 먹어야 낫는다는 병이었기 때문이다.

이 청년은 자기의 애인을 살리려는 욕심에 그만 어머니를 살해하고 말았다. 그는 어머니의 간을 꺼내 보자기에 싸 가지고 자기 애인이 있는 곳으로 정신없이 달려갔다. 그때 어머니의 목소리가 들렸다.

"애야, 너무 빨리 뛰어가다가 넘어질라!"

마음이 혼비백산하여 눈앞도 잘 보이지 않았다.

어머니의 혼이 나타나 말하였다고 한다. 전설이지만 너무 애절한 이야기가 아닐 수 없다.

잘못된 계획은 후회를 부른다

너의 꾀함이 옳지 못하면 후회한들 어찌 되며, 너의 보는 것이 뛰어나지 못하면 가르친들 무슨 이로운 바가 있겠는가. 자기의 이익만 생각하면 오로지 도(道)에 어그러지고, 사사로운 일을 위하는 뜻이 굳으면 큰일을 다하지 못할 것이다.

爾謀不藏 悔之何及 爾見不長 教之何益
이 모 부 장 회 지 하 급 이 견 부 장 교 지 하 익

利心專則背道 私意確則滅公
이 심 전 즉 배 도 사 의 확 즉 멸 공

영국의 에드워드 7세는 식사 예법에 몹시 엄격한 왕이었다.

그래서 어린 왕자들은 할아버지 왕과의 식사 시간을 무서워하곤 하였다.

어느 날 아침, 식사를 하던 요크 왕자는 갑자기 말을 더듬거렸다.

"식사 중에는 이야기를 하지 말라고 했지!"

왕이 버럭 화를 내자 요크 왕자는 깜짝 놀라서 그만 입을 다물고 말았다.

식사 후 에드워드 7세는 요크 왕자를 조용히 불러서 이렇게 물었다.

"그래, 아까 무슨 말을 하려고 했느냐?"

"이제는 늦어버렸어요."

"늦어? 무슨 일이었는데?"

"그때 할아버지 음식에 벌레가 들어갔었어요."

조급하게 화를 내고 성내는 것은 이롭지 못하다는 것을 알아야 한다. 특히 자기 자신에게 해롭다.

일을 만들어 하지 말라

일은 만들어 하면 일이 생기고, 일을 덜면 없어진다.

生事事生 省事事省
생 사 사 생   성 사 사 성

커다란 강가에 수많은 낚시꾼들이 있었지만 바구니는 거의 비어 있었다. 대부분의 사람들이 한자리에 붙박이처럼 앉아 낚싯대를 드리우고 있었다.

"허참, 왜 이렇게 고기가 안 잡히지?"

모두들 돌아가면서 투덜거렸다. 그런데 아까부터 홀로 멀리 떨어져 낚시를 하다가, 다시 배를 타고 강가 깊숙한 곳에 들어가 낚시를 하던 한 청년이 큰 어항에 대어들을 가득 채우고 사람들 사이를 지나갔다.

"도대체 어떻게 이렇게 많은 고기를 잡을 수 있었습니까?"

청년은 별 대수롭지 않은 듯 빙긋 웃자 더욱 궁금해진 사람들이 물었다.

"도대체 그 신기한 비결이 무엇입니까?"

"뭐, 별 거 아닙니다. 기다리지 말고 찾아나서는 것입니다. 그것은 모든 삶에 적용되는 법칙이니까요."

적극적인 삶의 태도가 많은 열매를 거두게 한다.

계성편
戒性篇

성품을 경계하라

쏟아진 물은 다시 담을 수 없다

『경행록』에서 말하였다. "사람의 성품은 물과 같아서 물이 한 번 기울어지면 돌이킬 수 없고, 성품이 한 번 방종해지면 바로잡을 수 없을 것이니, 물을 막으려면 반드시 제방을 쌓아야 되고, 성품을 옳게 하려면 예법으로써 해야 한다."

景行錄云 人性 如水 水一傾則不可復 性一從則不可反
경 행 록 운   인 성   여 수   수 일 경 즉 불 가 복   성 일 종 즉 불 가 반

制水者 必以堤防 制性者 必以禮法
제 수 자   필 이 제 방   제 성 자   필 이 예 법

미국 켄터키 주의 한 산기슭에 브라운가와 스미스가의 두 가족이 나란히 살고 있었다. 그런데 사소한 일로 총격전이 벌어져 브라운가의 가장이 죽었다.

브라운가의 맏아들 빌은 아버지의 원수를 갚으리라고 굳게 결심했으나, 곧 군대에 가게 되었다. 아들이 군대에 간 뒤 그의 어머니는 가족을 부양하느라 모진 고생을 했다.

그러던 어느 크리스마스 날, 스미스 가족은 오랜만에 교회에 출석하였다. 그 날의 설교는 이 땅에 오신 예수 그리스도에 관한 것이었다. 스미스는 큰 감동을 받았고, 브라운가의 가장을 죽인 죄를 회개했다. 그리고 남몰래 그들을 도와주어야겠다는 생각을 하고는, 한 꼬마를 시켜 날마다 브라운가에 양식과 필요한 것들을 전해 주었다.

어느덧 세월이 흘러 복수의 칼을 갈던 빌이 제대해서 집으로 왔다. 그는

누군가가 매일 양식을 전해 준다는 말을 듣고는 꼬마를 기다렸다.

'빨리 그 고마운 분을 만나 인사를 드려야지.'

꼬마의 뒤를 밟아 간 곳은 바로 스미스가였다. 분노와 의심의 눈초리로 그를 보고 있는 빌을 향하여, 스미스는 웃으면서 말했다.

"빌, 원한다면 나를 쏘게."

잠시 뒤에 빌은 말했다.

"아닙니다. 내가 군대에 있는 동안 가족을 돌보아 주신 분께 감사인사를 드리려고 왔습니다."

순간의 분노를 참으면
백 날이 편하다

한때의 분함을 참으면 백 날의 근심을 면할 수 있다.

忍一時之忿 免百日之憂
인 일 시 지 분   면 백 일 지 우

· · · · · ·

인생을 살아가다 보면 화나는 일이 많지만 분노하지 않는 편이 절대로 이롭다. 최근의 생리학 연구에서는 분노의 메커니즘을 밝혀내어 이렇게 결론을 내렸다.

첫째, 화를 내면 건강을 해치게 된다. 화를 내면 뇌 속에서 해로운 물질이 분비된다. 끝까지 화를 내는 것은 독극물을 조금씩 계속 마시고 있는 것과도 같다.

둘째, 노화를 촉진시킨다. 분노는 활성 산소를 만들어 낸다. 활성 산소는 호흡을 통해서 몸 안으로 들어간 산소가 변화한 것인데, 강렬한 노화 촉진 인자이다. 항상 화만 내고 있으면, 피부는 쭈글쭈글해지고 검버섯이 생기며 탄력이 없어진다.

셋째, 분노는 때로는 감정을 자제할 수 없게 되어 인생을 파괴하는 수도 있다. 화가 난 나머지 상대방에게 욕설을 퍼붓다가 살해당하거나 큰 부상을 당하기도 한다.

넷째, 분노는 대체로 즐겁지 않다. "넌 바보야!"라는 말을 듣거든 "아, 그래? 충고해 줘서 고마워." 하고 마음을 바꾸는 것이 좋다. 그러면 뇌 속에서 쾌감 물질이 나온다.

프랑스의 철학자이자 비평가인 알랭은 이렇게 말했다.

"항상 유쾌한 기분을 잃지 않는 것이 가장 좋은 건강법이고, 최고로 인생을 즐기는 비결이다."

참고 경계하면 복이 온다

참을 수 있거든 참고, 경계할 수 있거든 경계하라. 참지 못하고 경계하지 않으면 작은 일
이 크게 된다.

得忍且忍 得戒且戒 不忍不戒 小事成大
득 인 차 인　득 계 차 계　불 인 불 계　소 사 성 대

목수와 그의 제자가 함께 큰 숲을 지나갔다. 그들이 크고 아름다운 떡갈
나무를 보았을 때, 목수가 제자에게 물었다.

"너는 무엇 때문에 이 나무가 이렇게 우람하게 자라고 마디가 있으며 아
름다운지 알고 있느냐?"

제자는 스승을 쳐다보며 말하였다.

"모르겠습니다. 왜 그렇습니까?"

그러자 목수는 말하였다.

"왜냐하면 이 떡갈나무는 유용하게 쓸 수 없기 때문이란다. 이 나무가 만
일 쓸모가 있었다면 이미 오래 전에 베어져서 탁자나 의자로 만들어졌을
것이다. 그러나 이 떡갈나무는 아무 쓸모가 없기 때문에 이렇게 크고 아름
다운 나무로 자라서, 이제는 이 나무의 그늘에 앉아 휴식을 취할 수 있도
록 도움을 주는 나무가 된 것이지!"

마음 위에 화를 더하지 말라

어리석고 똑똑하지 못한 자가 성을 내는 것은 다 이치를 알지 못하기 때문이다. 마음 위에 화를 더하지 말고 다만 귓전을 스치는 바람결로 여기라. 장점과 단점은 집집마다 있고 따뜻하고 싸늘한 것은 곳곳이 같다. 옳고 그름이란 본래 실상(實相)이 없어서 마침내는 모두 가 빈 것이 된다.

愚濁生嗔怒　皆因理不通　休添心上火　只作耳邊風　長短家家有
우 탁 생 진 노　개 인 이 불 통　휴 첨 심 상 화　지 작 이 변 풍　장 단 가 가 유

炎涼處處同　是非無相實　究竟摠成空
염 량 처 처 동　시 비 무 상 실　구 경 총 성 공

한번은 사람들이 벤저민 프랭클린에게 질문했다.

"당신은 수많은 장애에도 불구하고 어떻게 성공할 수 있었습니까?"

그러자 프랭클린은 좋은 일을 하면서도 절망에 빠진 모든 사람들이 가슴속에 새겨야만 할 말을 했다.

"여러분, 여러분들은 일하는 석공을 자세히 관찰해 보신 적이 있으십니까? 석공은 아마 똑같은 자리를 백 번 정도 두드릴 것입니다. 갈라질 징조가 보이지 않더라도 말입니다. 하지만 백한 번째 망치로 내리치면 돌은 갑자기 두 조각으로 갈라지고 맙니다. 이처럼 돌을 두 조각 낼 수 있었던 것은 한 번의 두들김 때문이 아니라, 바로 그 마지막 한 번이 있기 전까지 내리쳤던 백 번의 망치질이 있었기 때문인 것입니다."

우리 눈에 아름다운 꽃은 뿌리와 줄기와 잎새를 거치는 과정과 노력의 결실이라는 것을 알아야 한다.

모든 행실의 근본은
참는 것이 으뜸이다

자장이 떠나고자 공자께 하직을 고하면서 말하였다. "몸을 닦는 가장 아름다운 길을 말씀해 주시기 원합니다." 공자가 말하였다. "모든 행실의 근본은 참는 것이 그 으뜸이 된다." 자장이 말하였다. "어찌하면 참는 것이 됩니까?" 공자가 말하였다. "천자가 참으면 나라에 해가 없고, 제후가 참으면 큰 나라를 이룩하고, 벼슬아치가 참으면 그 지위가 올라가고, 형제가 참으면 집안이 부귀하고, 부부가 참으면 일생을 해로할 수 있고, 친구끼리 참으면 이름이 깎이지 않고, 자신이 참으면 재앙이 없다."

子張欲行 辭於夫子 願賜一言爲修身之美 子曰 百行之本 忍之爲上
자장욕행 사어부자 원사일언위수신지미 자왈 백행지본 인지위상

子張曰 何爲忍之 子曰 天子忍之 國無害 諸侯忍之 成其大 官吏忍之
자장왈 하위인지 자왈 천자인지 국무해 제후인지 성기대 관리인지

進其位 兄弟忍之 家富貴 夫妻忍之 終其世 朋友忍之 名不廢
진기위 형제인지 가부귀 부처인지 종기세 붕우인지 명불폐

自身忍之 無禍害
자신인지 무화해

'실낙원'을 쓴 존 밀턴은 매우 다정다감하고 정직한 사람이었다. 그는 왕당파 부자의 가정에서 성장한 메리라는 여성과 결혼했다.

그러나 메리는 결혼한 지 한 달 만에 친정으로 돌아가고 말았다. 그녀는 밀턴의 청교도적인 삶이 싫었던 것이다.

"나는 풍요롭고 자유분방한 가정에서 성장했어요. 당신의 엄격한 청교도적 삶은 견딜 수가 없어요."

밀턴은 인내심을 갖고 아내를 기다렸다.

2년 후, 메리는 밀턴에게 돌아와 눈물로 용서를 빌었다. 당시 메리의 가

정은 완전히 몰락한 상태였다.

반면 밀턴은 사회적으로 상당한 명성을 얻고 있었다. 아내는 모든 것을 잃은 후에야 남편에게 돌아왔다.

밀턴의 불행한 신혼시절은 '실낙원'을 집필하는 데 결정적인 소재가 됐다. 자신의 낙원을 잃음으로써 비로소 명작을 완성한 것이다.

우리는 소중한 것을 얻기 위해 때로는 많은 것을 잃기도 한다. 그러나 인내심을 갖고 기다리면 반드시 결실을 볼 수 있다.

사람이기 때문에
참고 또 참아야 한다

자장이 물었다. "참지 않으면 어떻게 됩니까?" 공자가 말하였다. "천자가 참지 않으면 나라가 공허하게 되고, 제후가 참지 않으면 그 몸을 잃어버리고, 벼슬아치가 참지 않으면 형법에 의하여 죽게 되고, 형제가 참지 않으면 각각 헤어져서 따로 살게 되고, 부부가 참지 않으면 자식을 외롭게 하고, 친구끼리 참지 않으면 정과 뜻이 서로 갈리고, 자신이 참지 않으면 근심이 덜어지지 않는다." 자장이 말하였다. "참으로 좋고도 좋으신 말씀이다. 아, 참는 것은 정말로 어렵다. 사람이 아니면 참지 못할 것이고, 참지 못할 것 같으면 사람이 아니로구나."

子張日 不忍則如何 子日 天子不忍 國空虛 諸侯不忍 喪其軀 官吏不忍
자장왈 불인즉여하 자왈 천자불인 국공허 제후불인 상기구 관리불인

刑法誅 兄弟不忍 各分居 夫妻不忍 令子孤 朋友不忍 情意疎 自身不忍
형법주 형제불인 각분거 부처불인 영자고 붕우불인 정의소 자신불인

患不除. 子張日 善哉善哉 難忍難忍 非人不忍 不忍非人
환부제 자장왈 선재선재 난인난인 비인불인 불인비인

스코틀랜드의 부르스왕이 싸움에서 패배하고는 실의에 빠져 깊은 산골 오두막에 숨어 있었다. 싸움에 몹시 지친 왕은 절망 속에서 비통해 있었다.

"아, 정말 피곤하다. 이젠 내 몸만 아니라 왕실의 운명까지도 끝장이다."

슬픔과 탄식으로 지내던 어느 날 해질 무렵이었다. 거미 한 마리가 처마 끝에서 나오더니 열심히 거미줄을 치고 있었다. 그러나 처마 밑이 미끄러운지 거미줄 안쪽 끝이 좀체로 달라붙지 않았다. 한 번, 두 번, 다섯 번, 열 번……. 거미는 끈질기게 시도한 끝에 마침내 성공하여 거미집을 지었다.

'내가 저 거미만도 못해서야 되겠는가!'

왕은 다시 용기내어 군사를 규합하고 훈련시켜 전쟁을 승리로 이끌었다.

지는 것이 이기는 것이다

『경행록』에서 말하였다. "굽히는 자는 중요한 지위에 오를 수 있으며, 이기기를 좋아하는 자는 반드시 적을 만나게 된다."

景行錄云 屈己者 能處重 好勝者 必遇敵
경 행 록 운 굴 기 자 능 처 중 호 승 자 필 우 적

베들레헴에 가면 예수께서 태어나신 곳을 기념해서 기원후 4세기에 지은 큰 예배당이 지금까지 남아 있다. 돌로 튼튼히 잘 지었는데 안으로 들어가 보면, 화려하고 아름다운 모자이크로 성화를 그렸고, 강단 밑에는 바로 예수께서 나신 곳이라고 대리석에 별표를 만들어 놓았다.

그러나 예배당의 특색은 들어가는 문이 하나밖에 없는데 그것도 매우 낮으며 작다는 것이다. 그래서 안내자에게 그 이유를 물어보았다.

"이 예배당에 들어오는 사람은 겸손해야 하기 때문에 작고 낮게 만들었습니다."

아닌 게 아니라 낮고 작은 문으로 들어가려면 머리를 숙이고 허리를 굽혀야만 들어갈 수 있다. 허리를 뻣뻣이 세우고는 들어갈 수 없고, 겸손해야 들어갈 수 있다.

남을 욕하는 것은
하늘에다 침 뱉는 것과 같다

악한 사람이 착한 사람을 꾸짖거든 착한 사람은 전연 대꾸하지 말라. 대꾸하지 않는 사람은 마음이 맑고 한가하나, 꾸짖는 자는 입에 불이 붙는 것처럼 뜨겁게 끓는다. 마치 사람이 하늘에다 대고 침을 뱉는 것 같아서 그것이 오히려 자기 몸에 떨어진다.

惡人 罵善人 善人 摠不對 不對 心淸閑 罵者 口熱沸 正如人唾天
악인 매선인 선인 총부대 부대 심청한 매자 구열비 정여인타천

還從己身墜
환종기신추

⸙ • • • • • •

어떤 철학자에게 성품이 고약한 친구가 있었다. 하루는 철학자에게 마구 비난과 욕설을 퍼부어댔다. 그러자 철학자는 이렇게 말하는 것이었다.

"고맙네, 친구! 자네 같은 사람에게 칭찬을 받았다면 아마 나는 수치스러워 죽었을 것이네. 자네가 이렇게 욕을 해주니 얼마나 고마운지 모르겠네."

사람들은 칭찬보다는 비난하고 흉보는 데 더 익숙해져 있다.

'나는 단숨에 치명적인 타격을 가할 수 있는 힘과 기술이 있다. 나는 상대방을 죽이지 않고도 승리할 수 있다. 나는 가정과 국가, 어떤 조직도 파괴할 수 있고, 수많은 사람을 파멸시킬 수 있다. 나는 바람의 날개를 타고 여행한다. 아무리 순결한 사람이라도 내게는 무력하고, 아무리 깨끗한 사람이라도 내게는 더럽다. 나는 바다보다 더 많은 노예를 거느리고 있고, 나는 결코 망각하지 않으며, 결코 용서하지 않는다. 내 이름은 비난이다.'

모간 블레이즈의 글이다.

8 계성편(戒性篇) : 성품을 경계하라

마음이 평온하면 욕도 사라진다

내가 만약 남에게 욕설을 듣더라도 거짓 귀먹은 체하고 시비를 가려서 말하지 말라. 비유하건대 불이 아무것도 없는 허공에서 타다가 끄지 않아도 저절로 꺼지는 것과 같아서, 내 마음은 아무것도 없는 허공과 같거늘 너의 입술과 혀만은 모두 쉬지 않고 엎쳤다 뒤쳤다 하는구나.

我若被人罵 洋聾不分說 譬如火燒空 不救自然滅
아 약 피 인 매   양 롱 불 분 설   비 여 화 소 공   불 구 자 연 멸
我心等虛空 摠爾飜脣舌
아 심 등 허 공   총 이 번 순 설

삼국지에 보면 도원결의를 맺고 운명을 같이하기로 약속한 동생 관우가 오나라의 흉계에 걸려 비참한 죽음을 당했다는 소식을 들은 촉한의 황제 유비는 즉시 백만대군을 몰아 오나라로 쳐들어갔다.

한 개인을 위한 복수전으로 이보다 더 큰 전쟁은 없었다.

절체절명의 위기를 당한 오나라는 젊은 서생인 육손을 발탁해서 방어의 임무를 맡겼다. 대임을 맡은 육손은 사령관으로 취임하는 그날부터 촉군과 일체의 전투행위를 금지시켰다.

가장 혈기왕성한 사람들이 군인이요, 무엇보다 용기를 최고의 덕목으로 삼고 사는 사람들 또한 군인이다. 이들에게 싸우지 말라는 것은 엄청난 형벌이었다.

"즉시 싸우게 해주십시오!"

용사들은 싸워야 한다고 성화를 부리는데 육손은 앉은 자리에서 꼼짝을

하지 않았다.

촉나라 군사들은 온갖 모욕적인 언사들을 던져왔다. 그러나 육손은 초인적인 인내력을 발휘하여 묵묵히 다 받아들일 뿐이었다.

이렇게 오랜 세월이 지난 어느 날, 드디어 계획한 때가 되었다고 생각한 육손은 떨치고 일어났다.

"공격하라!"

육손의 명령이 떨어지자마자 오나라의 용사들은 유비의 백만대군을 순식간에 격파하고, 700여 리에 걸친 촉군의 진지를 완전히 유린해 버렸다.

기다릴 줄 안다는 것은 이처럼 무서운 힘을 내면에 응축시키는 것이다.

인정을 베풀면 복이 온다

모든 일에 인자하게 정을 남겨두면, 뒷날 만났을 때는 좋은 낯으로 서로 보게 된다.

凡事 有人情 後來 好相見
범 사 유 인 정 후 래 호 상 견

왕부지는 중국 고대철학의 집대성자로 불린다.

망해가던 조국 명나라를 위해 헌신했지만 두 번이나 세상의 큰 외면을 당하였다.

30여 년이 넘는 세월 동안 은둔생활을 해야 했지만 왕부지는 포기하지 않고, 후대를 위하여 자신의 학문적 이념과 이론들을 계속해서 정리하고 책으로 써서, 110여 종, 400여 권에 이르는 방대한 양의 책을 남겼다.

대표작으로『독통감론』,『주역외전』등을 저술했는데, 책을 써낼 종이와 먹과 벼루를 마련하기 어려워서 빌려가면서 책을 집필하였다.

집필한 책들도 따로 정리하거나 모아두지 않고, 종이와 붓을 빌려준 인물들에게 곧 바로 책을 주어버려, 당시에는 알려지지 못했지만 사후 200여 년이 지나서 그의 경세치용적 사상과 학문은 각광을 받고 널리 퍼지게 되었다.

사람이 보통 이겨낼 수 없는 큰 좌절을 겪고 나면 모든 것을 포기하고 싶어진다.

그런데 왕부지는 포기하지 않고 세상을 위해 자신이 할 수 있는 최선의 노력을 다하였다.

그에게서 포기하지 않는 안간힘이 느껴진다.

어려운 일을 만났을 때, 포기하고 싶은 인생의 골짜기 앞에서 옛 선인들의 인내의 삶을 돌이켜보면 새 힘을 얻을 수 있을 것이다.

근학편
勤學篇

배우기를 부지런히 하라

널리 배우고
뜻을 돈독하게 하라

공자가 말하였다. "널리 배워서 뜻을 두텁게 하며 묻기를 절실히 하여 생각을 가까이하면 어짊이 그 가운데 있다."

子曰 博學而篤志 切問而近思 仁在其中矣
자 왈 박 학 이 독 지 절 문 이 근 사 인 재 기 중 의

사람이 지식을 넓히면 도리에 밝아지고 신념이 굳으면 행동이 바르게 된다. 또 모르는 것을 물어서 깨닫고 깊이 생각하는 태도를 가진다면 인(仁)에 도달할 수 있다는 뜻이다.

여러 사람들이 찾아와 랍비에게 배움을 청했다.

그러자 랍비는 가르칠 만한 제자를 뽑기 위해 질문을 던졌다.

"길에서 황금을 줍는다면 어찌하겠는가?"

한 사람이 대답했다.

"당장 주인에게 돌려주어야지요."

그러자 고개를 가로저었다.

다른 이가 대답했다.

"보는 이가 없다면 제가 갖겠습니다!"

역시 고개를 가로저었다.

또 다른 이가 대답했다.

"갖고 싶겠지만, 어찌 갖고 싶다고 가질 수 있겠습니까? 유혹을 물리치기 위하여 기도하겠습니다."

랍비는 그를 제자로 삼았다고 한다.

그 이유는 배움을 얻고자 하면, '나' 라는 생각하는 실체가 있어야 하고, 그릇되었다가도 이를 반성하고 거듭나기 위해 노력하는 마음이 있어야 하기 때문이다.

배우고 지혜를 넓혀라

장자가 말하였다. "사람이 배우지 않으면 재주 없이 하늘에 오르려는 것과 같고, 배워서 아는 것이 멀면 상서로운 구름을 헤치고 푸른 하늘을 보며 산에 올라 사해(四海)를 바라보는 것과 같다."

莊子日 人之不學 如登天而無術
장 자 왈 인 지 불 학 여 등 천 이 무 술

學而智遠 如披祥雲而覩靑天 登高山而望四海
학 이 지 원 여 피 상 운 이 도 청 천 등 고 산 이 망 사 해

⋇ • • • • • •

훌륭한 학자 아키바는 어느 부잣집의 머슴이었다. 그런데 일하는 중에 주인집 딸과 사랑을 하게 되었다. 이 사실이 발각되어 그 집 주인딸과 같이 쫓겨 나와서 결혼을 하였다. 아키바의 부인은 남편의 무식함을 한탄하면서 지금부터라도 학교에 다니도록 권하였으나 그는 거절하였다.

"내 나이 이미 마흔이 넘었는데 어찌 공부할 수 있겠소?"

그 후 계속 양을 치는 일로 세월을 보내던 중, 어느 날 목이 말라 개울에 가서 엎드려 물을 마시는데 눈앞에 있는 바위를 바라보니 물이 흘러 떨어진 곳이 움푹 파여 있었다. 아키바는 깨달았다.

'아, 물 한 방울은 약하지만 오랜 세월을 두고 흐르니 바위도 뚫을 수 있구나! 나도 오랫동안 꾸준히 노력하고 배우면 되겠구나!'

그 후 그는 열심히 공부해 훌륭한 학자가 되었다.

옥도 다듬어야 보석이 된다

『예기』에 말하였다. "옥은 다듬지 않으면 그릇이 되지 못하고, 사람은 배우지 않으면 의(義)를 알지 못한다."

禮記曰　玉不琢　不成器　人不學　不知義
예 기 왈　옥 불 탁　불 성 기　인 불 학　부 지 의

세계 1위 부호이자 마이크로소프트의 창업자인 빌 게이츠는 세 자녀를 두고 있다. 올해 21살, 18살, 14살 된 세 자녀에게 IT 기기 사용을 엄격히 제한하기로 유명하다. 그의 자녀들은 컴퓨터 사용 시간이 하루 45분으로 제한되어 있고, 13살이 되어야 첫 휴대폰을 가질 수 있다.

이런 교육관은 그의 아버지가 쓴 저서 『게이츠가 게이츠에게』에 담겨 있다. 변호사였던 아버지는 '텔레비전을 보지 않도록 하고 책 읽는 시간을 늘려 스스로 생각하는 법을 기르게 하려고 애썼다'고 밝히고 있다. 컴퓨터 게임, 스마트폰 사용을 제한하는 것은 게이츠 가문의 교육법이었다.

빌 게이츠는 미성년 자녀의 통제에 대해선 아버지보다 더 엄격하다. 그는 자녀들이 성인이 될 때까지 인터넷을 통해 무엇을 보고 있는지 부모가 살펴봐야 한다는 생각을 밝혔다. 자녀의 이메일이나 페이스북 비밀번호 보호가 자녀의 독립 이후 이뤄져야 한다는 보수적 입장도 밝힌 바 있다.

배우면
어둠을 헤쳐나갈 수 있다

태공이 말하였다. "사람이 배우지 않으면 어둡고 어두운 밤길을 가는 것과 같다."

太公曰 人生不學 如冥冥夜行
태 공 왈 인 생 불 학 여 명 명 야 행

어느 날 한 제자가 아인슈타인에게 질문을 했다.

"선생님께서는 이미 알고 계신 게 너무 많은데, 왜 계속 공부를 하시는 겁니까?"

그러자 아인슈타인은 미소를 지으며 이렇게 대답했다.

"내가 아는 것을 원이라고 생각해 보세. 그러면 원의 바깥은 모르는 것들이겠지. 공부를 하면 할수록 나의 원은 커질 걸세. 그런데 원이 커질수록 외부와 닿는 부분도 넓어지지 않겠나. 즉 지식이 커진다고 해서 무지함이 줄어드는 것이 아니라 더 커지기 마련이네. 그런데 어찌 배우는 것을 게을리할 수 있겠는가?"

배운다는 것은 끝이 없는 일이다.

학교에는 졸업이 있지만 배움에는 졸업이 없고 죽을 때까지 우리는 배워야 하는 것이다.

역사를 아는 것은 인간의 본질이다

한문공이 말하였다. "사람이 고금의 성인의 가르침을 알지 못하면 금수에 옷을 입힌 것과 같다."

韓文公曰 人不通古今 馬牛而襟裾
한 문 공 왈 인 불 통 고 금 마 우 이 금 거

기원후 70년경 예루살렘은 로마군에 의해서 함락되었다.

예루살렘성은 완전히 파괴되고, 성전은 불태워지고, 성 안에 살고 있던 9만 명이 참사를 당했다.

나머지 사람들은 예루살렘을 떠나야 했던 그런 비극 앞에서 예루살렘 시민들의 지주가 되어준 사람이 랍비 벤 자카이였다.

예루살렘이 함락될 때 벤 자카이는 로마군 사령관을 찾아가서 부탁했다.

"당신의 요구에 순종할 테니 나와 함께 랍비 10명이 기거할 수 있는 방 한 칸만 마련해 주십시오."

방 한 칸만 파괴하지 말아달라는 그의 제의는 받아들여졌다.

그 후 예루살렘의 모든 집들이 불태워지고 파괴되었지만, 벤 자카이와 랍비 10명이 살고 있는 작은 한 칸만은 남아 있었다. 이 사실을 알고 이스라엘 사람들은 벤 자카이를 '민족의 배신자'라고 비난했다.

그러나 벤 자카이는 아무 말 없이 동료 랍비 10명과 함께 20년 동안 작업한 것이 있었다.

바로 『탈무드』이다.

'시대는 달라지고, 사람은 죽고, 태어나고, 새사람이 나타나고, 인류의 문명, 물질의 세계, 집이나 건물, 이런 것이 다 없어지고 파괴될지라도 하나님의 말씀은 영원히 남는다.'

이렇게 생각한 벤 자카이가, 후손들에게 전해줄 생각으로 20년 동안 만든 것이 이스라엘 백성들의 교훈집인 『탈무드』이다.

9 근학편(勤學篇) : 배우기를 부지런히 하라

배우고 또 배워서 보배가 되라

주문공이 말하였다. "집이 만약 가난하더라도 가난한 것으로 인해서 배우는 것을 버리지 말고, 집이 만약 부유하더라도 부유한 것을 믿고 학문을 게을리 해선 안 된다. 가난한 자가 만약 부지런히 배운다면 몸을 세울 수 있고, 부유한 자가 만약 부지런히 배운다면 이름이 더욱 빛날 것이다. 오직 배운 자가 훌륭해지는 것을 보았으며 배운 사람으로서 성취하지 못하는 것은 보지 못했다. 배움이란 곧 몸의 보배이고, 배운 사람이란 곧 세상의 보배다. 그러므로 배우면 군자가 되고 배우지 않으면 천한 소인이 될 것이니 후에 배우는 자는 마땅히 각각 힘써야 한다."

朱文公日 家若貧 不可因貧而廢學 家若富 不可恃富而怠學 貧若勤學
주 문 공 왈 가 약 빈 불 가 인 빈 이 폐 학 가 약 부 불 가 시 부 이 태 학 빈 약 근 학

可以立身 富若勤學 名乃光榮 有見學者顯達 不見學者不成
가 이 입 신 부 약 근 학 명 내 광 영 유 견 학 자 현 달 불 견 학 자 무 성

學者 乃身之寶 學者 乃世之珍
학 자 내 신 지 보 학 자 내 세 지 진

是故 學則乃爲君子 不學則爲小人 後之學者 宜各勉之
시 고 학 즉 내 위 군 자 불 학 즉 위 소 인 후 지 학 자 의 각 면 지

• • • • • • •

1947년 전보배달원으로 일하던 12세 소년이 있었다. 그는 열심히 전보를 들고 집집마다 배달을 해주었다.

그런데 보통 배달을 하면 다른 사람은 그냥 전보를 받고 고맙다는 말을 하고, 그냥 문을 닫고 들어간다.

한 집에 전보배달을 하는데 사람이 나와서 전보를 받고 난 다음 머리를 쓰다듬으면서 격려해 주었다.

"애, 너 굉장히 똑똑하고 총명하게 보이는구나. 지금은 전보배달을 하지

만 세월이 지나면 너는 온 세계에 희망을 주는 사람이 되겠다."

그 말 한 마디가 소년의 마음에 큰 충격을 주었다.

스코틀랜드에서 이민 와서 가난한 처지에 있던 전보배달원 소년의 마음 속은 끓어올랐다.

'야, 이분이 나를 알아주는구나. 지금은 전보배달을 하고 있지만 장차는 온 세계가 알아주는 희망을 주는 사람이 되어야지.'

휘파람이 절로 나오고 자신감이 생겼다.

그가 뒤에 세계적인 부호가 된 미국의 강철왕 카네기이다.

우리도 오늘 누구를 만나든 격려하고 힘을 북돋아 주는 말을 할 수 있어 야겠다.

공부는 보석을 만드는 길이다

휘종 황제가 말하였다. "배운 사람은 낟알 같고 벼 같고, 배우지 않은 사람은 쑥 같고 풀 같도다. 아아, 낟알 같고 벼 같음이여, 나라의 좋은 양식이요 온 세상의 보배로다. 그러나 쑥 같고 풀 같음이여, 밭을 가는 자가 보기 싫어 미워하고 밭을 매는 자가 수고롭고 더욱 힘이 든다. 다음 날에 서로 만날 때에 뉘우친들 이미 그때는 늦었구나."

徽宗皇帝曰 學者 如禾如稻 不學者 如蒿如草 如禾如稻兮
휘종황제왈 학자 여화여도 불학자 여호여초 여화여도혜

國之精糧 世之大寶 如蒿如草兮 耕者憎嫌 鋤者煩惱
국지정량 세지대보 여호여초혜 경자증혐 서자번뇌

他日面墻 悔之已老
타일면장 회지이노

춘추전국시대에 거문고 연주로 유명한 온여춘이 오래된 절을 지나는데 한 도인이 거문고를 옆에 두고 툇마루에 앉아 명상에 잠겨 있었다. 온여춘이 실력도 뽐낼 겸 연주를 해보겠다고 나섰다. 마음껏 연주했으나 도인은 빙그레 웃기만 하였다. 화가 난 온여춘이 말했다.

"거문고를 잘 타시는 모양인데, 어디 한 곡조 들려주시겠습니까?"

도인이 연주를 시작하자 온여춘은 자연 속으로 빨려 들어가는 것 같은 마음에 넋을 잃고 무언가에 홀린 사람처럼 앉아 있었다. 연주가 끝나자 온여춘이 벌떡 일어나 큰절을 올리며 제자로 받아줄 것을 간청했다.

배운 것은 또 다른 것을 배우기 위한 밑거름으로 써야 한다. 배우려고 하면 어디에서건 스승을 발견하고 배울 수 있다.

배우기를 게을리하면 안 된다

『논어』에서 말하였다. "배우기를 항상 모자란 듯이 여기고, 배운 것을 잃을까 두려워해야 한다."

論語日 學如不及 惟恐失之
논 어 왈   학 여 불 급   유 공 실 지

벤저민 프랭클린, 그는 가난한 청교도 집안에서 태어나 평생 학교라고는 1년밖에 다녀보지 못한 사람이다. 그러나 그는 어머니의 청교도 교육에 많은 영향을 받았다. 어려서부터 열심히 일하는 것과 방대한 양의 독서로 많은 지식을 쌓았다. 그는 미국의 철학회 창시자가 되었고, 피뢰침의 발명가가 되었으며, 초대 프랑스 대사로 파견되기도 했다. 그는 "재산을 얻기 위해 덕을 팔지 말고, 권력을 얻기 위해 자유를 팔지 말라."는 뼈있는 말을 남겼다.

또한, 그는 어릴 때부터 13가지 덕목을 정해서 평생 지켰다. 그 덕목의 첫 번째는 '절제'이다. 절제하는 자는 덕을 세우는 것이며, 덕을 세우는 자는 절제하는 자이다. 그는 시험에 빠지지도 않으며, 시험 들게 하지도 않는다. 덕성은 사람을 세우는 힘을 가지고 있다. '미는 멸망해도 덕은 멸망하지 않는다.'는 미국의 속담도 있다.

- 10 -

훈자편
訓子篇

자식을 가르치라

자식을 가르치는 것은 부모의 책임이다

『경행록』에서 말하였다. "손님이 오지 않으면 집안이 저속해지고, 서경을 가르치지 않으면 자손이 어리석어진다."

景行錄云 賓客不來門戶俗 詩書無敎子孫愚
경 행 록 운 빈 객 불 래 문 호 속   시 서 무 교 자 손 우

⋇ • • • • • •

어느 귀족의 집에 바보 하인이 있었다. 일을 시키면 제대로 해내지 못하고 말썽만 일으켜서 쫓아낼 생각이었다.

귀족은 하인에게 지팡이 하나를 주며 말했다.

"이 지팡이를 갖고 나가거라. 다니다가 너보다 더 미련한 바보를 만나면 주도록 해라."

바보 하인이 여기저기 돌아다녀 봐도 자기보다 더 바보는 없었다.

수년이 흐른 어느 날, 그는 옛 주인이 병들어 위독하다는 소문을 들었다. 비록 자기를 내쫓은 주인이지만 지난날의 정 때문에 주인을 찾아갔다.

"주인님! 아주 많이 아프시군요."

"그래, 나는 곧 떠나야 할 것 같다."

"어디로 떠나시는데요?"

"이 세상이 아닌 다른 세계로 가야 한다."

"거기가 어딘데요? 먼가요? 언제쯤 오시는데요?"

"이 바보야! 세월이 흘러도 너는 여전히 바보구나. 이 세상을 떠난다는데 언제 오느냐고 묻다니! 나는 결코 돌아올 수 없다."

"그럼 그곳에 가시기 위해 무엇을 준비하셨나요?"

"아무것도 준비한 것이 없다."

"정말 아무것도 준비하지 않으셨어요? 그러면 이 지팡이를 갖고 가세요. 전 단지 이 땅의 것만을 소홀히 했으나 당신은 영원한 것을 소홀히 했으니까요."

자식 교육을 게을리하지 말라

장자가 말하였다. "일이 비록 작더라도 하지 않으면 이루지 못하고, 자식이 비록 어질지라도 가르치지 않으면 현명하지 못하게 된다."

莊子曰 事雖小 不作 不成 子雖賢 不敎 不明
장 자 왈 사 수 소 부 작 불 성 자 수 현 불 교 불 명

존 록펠러는 손자들에게 금전교육을 엄격히 시킨 사람으로 알려져 있다. 맨해튼 은행장이었던 데이비드는 할아버지가 자신에게 금전교육을 어떻게 시켰는지를 즐겨 말했다. 그는 어렸을 때 할아버지로부터 용돈으로 주급 25센트를 받았다고 한다. 그리고 주말이면 그 돈을 사용한 내역을 할아버지와 결산했다. 바르게 사용했으면 할아버지는 손자에게 5센트를 더 주었다. 그리고 잘못 사용했으면 냉정하게 5센트를 깎았다고 한다. 그리고 할아버지는 손자에게 용돈을 주면서 반드시 그중 10%는 자선사업에 사용해야 한다는 조건이었다. 그것이 할아버지가 어린 손자에게 가르쳤던 엄격한 금전교육이다. 그래서 그는 성장한 후 미국 맨해튼 은행장이 되었다.

오늘날 많은 사람이 자녀에게 용돈을 줄 줄은 알지만 그 사용처를 확인하거나 어떻게 써야 한다고 가르치는 일은 없다. 금전에 대한 바른 인식을 정립해 주면 자라서 금전에 관한 사고를 일으키지 않는다.

10 훈자편(訓子篇) : 자식을 가르치라

가르치는 것이
천금을 주는 것보다 낫다

『한서』에서 말하였다. "황금이 상자에 가득 차 있다고 해도 자식에게 경서(經書) 하나를 가르치는 것만 같지 못하고, 자식에게 천금을 물려준다 해도 기술 한 가지를 가르치는 것만 같지 못하다."

漢書云 黃金滿 不如敎子一經 賜子千金 不如敎子一藝
한 서 운 황 금 만 불 여 교 자 일 경 사 자 천 금 불 여 교 자 일 예

마오쩌둥, 빌 게이츠, 손정의, 나폴레옹, 윈스턴 처칠, 빌 클린턴, 오프라 윈프리, 토머스 에디슨……. 이들의 공통점은 독서광이라는 것이다. 마오쩌둥은 전쟁 속에서도 책 읽기를 게을리 하지 않았고 포춘지가 선정한 최고의 영향력 있는 여성 3위에 오른 '토크쇼의 여왕' 오프라 윈프리는 독서광으로서 미국에 독서 열풍을 일으킨 주역이다. 유럽을 평정했던 프랑스의 나폴레옹은 전쟁터의 말 위에서도 책을 읽었다는 일화를 남길 정도로 대단한 독서광이었다.

역사에 선명한 획을 그은 유명인들은 이처럼 책의 위력을 일찌감치 활용한 사람들이다. 오늘 배우지 않아도 내일이 있다는 생각을 하면 안 된다. 과거는 이미 지나갔고 미래는 내 손에 아직 잡히지 않는 시간이다. 오직 현재만을 살 수 있는 우리는 현재의 시간을 값지게 써야 한다.

독서의 즐거움은 무한하다

지극히 즐거움은 책을 읽는 것만 같음이 없고, 지극히 필요한 것은 자식을 가르치는 것만
같음이 없다.

至樂 莫如讀書 至要 莫如敎子
지 락 막 여 독 서 지 요 막 여 교 자

미국의 노예해방을 이끈 대통령 에이브러햄 링컨은 어린 시절 책이 없어
서 책 한 권을 빌리기 위해 몇 km씩 걷곤 했다.

어린 시절 아버지는 농사일에 전념하면 된다고 생각해서 링컨이 독서하는
것을 못마땅하게 생각했다.

"또 책을 들여다보고 있니? 어서 삽 들고 따라와라."

"아버지, 제발 조금만 더 읽고 나갈게요."

"당장 나오지 못할까?"

아버지가 책 읽는 것을 꾸짖을 때마다 링컨은 호주머니에 책을 넣고 삽
을 들곤 했다. 밭을 갈다가도 말이 잠시 쉬는 틈을 이용해 책을 읽었다.

어린 시절 링컨이 읽은 책 중에 가장 큰 영향을 준 책은 바로 『워싱턴 전
기』였다. 이웃집에서 빌려 읽은 이 책은 링컨에게 조국에 대한 사랑과 애국
심을 일깨워주었다.

지혜로운 부모와
엄한 스승을 따르라

여영공이 말하였다. "집안에 지혜로운 어머니와 형이 없고 밖으로 엄한 스승과 벗이 없으면, 능히 뜻을 이룰 수 있는 자가 드물다."

呂滎公曰 內無賢父兄 外無嚴師友而能有成者 鮮矣
여 영 공 왈　내 무 현 부 형　외 무 엄 사 우 이 능 유 성 자　선 의

한 소년이 '위대한 스승'을 만나기 위해 오랫동안 방황했다. 소년은 깊은 숲과 황량한 사막을 헤맸으나 '위대한 스승'을 찾지 못했다. 소년은 너무 지쳐서 나무 밑에 앉아 쉬고 있었다. 그때 한 노인이 나타나 소년에게 물었다.

"소년아, 왜 그렇게 방황하고 있느냐?"

"위대한 스승을 찾고 있습니다."

"네가 찾는 위대한 스승이 어디에 있는지 가르쳐주마. 지금 곧장 너희 집으로 돌아가라. 그러면 한 사람이 신발도 신지 않은 채 뛰어나올 것이다. 그 사람이 바로 네가 찾는 위대한 스승이란다."

소년은 위대한 스승을 빨리 만나고 싶어 집으로 달려갔다. 소년이 대문을 두드리자 한 여인이 신발도 신지 않은 채 뛰어나와 소년을 맞았다. 그 위대한 스승은 바로 소년의 어머니였다. 어머니는 최선의 교육자다. 어머니는 이 세상에서 가장 위대한 스승이다.

교육할 때를 놓치지 말라

태공이 말하였다. "남자가 가르침을 받지 못하면 자라서 반드시 미련하고 어리석어지며, 여자가 가르침을 받지 못하면 자라서 반드시 거칠고 솜씨가 없게 된다."

太公曰 男子失敎 長必頑愚 女子失敎 長必麤疎
태 공 왈 남 자 실 교 장 필 완 우 여 자 실 교 장 필 추 소

독일의 작곡가 헨델이 어느 날 가발을 잃어버렸다. 당시에 가발은 매우 중요한 물건이었다. 헨델이 난처해 하고 있을 때, 한 아름다운 아가씨가 그의 가발을 찾아주었다. 알고 보니 그녀는 이발관에서 일하는 아가씨였다.

고마운 마음에 헨델은 그녀를 자주 찾아갔다. 그러다 보니 그녀와 사랑하는 사이가 되었다. 헨델은 사랑하는 여인에게 자신의 오라토리오 '메시아' 의 친필 악보를 선물로 주었다. 헨델은 그녀와 결혼할 생각이었다.

그러던 어느 날 헨델은 이발관에 들렀다. 그 아가씨는 헨델이 온 줄 모르고 있었다. 이발을 하러 온 한 손님의 머리를 만지고 있던 그녀는 무심코 다른 이발사에게 말했다.

"머리를 말게 악보 몇 장만 갖다 주세요."

그 말을 들은 헨델은 조용히 이발관을 나왔고, 그 후 그 이발관에 가지 않았다. 악보의 소중함을 모르는 여인과는 한평생을 보낼 수 없었던 것이다.

풍류 가무를 멀리 하라

남자가 자라거든 풍류나 술을 익히지 못하도록 하고, 여자가 자라거든 놀러 다니지 못하게 하라.

男年長大 莫習樂酒 女年長大 莫令遊走
남 년 장 대 막 습 낙 주 여 년 장 대 막 령 유 주

⠿ • • • • • •

젊은 재상이 왕에게 와서 물었다.

"폐하, 어떻게 하면 집중하여 맡은 일을 잘 감당할 수 있을까요?"

왕은 기름이 가득 찬 잔을 주면서 한 시간 안에 지시하는 거리를 돌아오라고 했다. 기름을 쏟거나 시간이 늦으면 엄벌에 처하겠다면서 칼을 든 군인이 뒤따르게 했다.

젊은 재상은 땀을 흘리며 기름을 쏟지 않고 제 시간 안에 도착했다.

왕은 만족하다는 듯이 웃으며 칭찬해 주었다. 그리고는 물었다.

"길모퉁이의 구둣가게를 보았는가?"

"못 보았습니다."

"그럼 쌀가게는?"

"못 보았습니다."

"그럼 가구점은?"

"죄송합니다. 기름에 집중하느라 아무것도 못 보았습니다."
그렇다. 맡은 일에 집중하다 보면 시험에 들 겨를이 없다.

토머스 에디슨의 노년에 한 젊은이가 물었다.
"선생님, 살아오시는 동안 시험에 든 적이 없으십니까?"
"시험? 나는 평생 너무 바쁘게 살다 보니 시험에 들 여가가 없었다네."

게임이나 도박에 자꾸 눈이 가는 사람은 혹 한가한 시간이 많지 않은지 살펴봐야 한다.

자식은 엄하게 가르쳐라

엄한 아버지는 효자를 길러내고, 엄한 어머니는 효녀를 길러낸다.

嚴父 出孝子 嚴母 出孝女
엄 부　출 효 자　엄 모　출 효 녀

일본의 오토다케 히로타다가 쓴 『오체불만족』이라는 책을 보면, 그는 세상에 태어날 때 선천성 사지절단 장애인으로 태어났다. 팔다리가 없는 장애아였다. 성장하면서 그 팔다리는 겨우 10센티미터 남짓 자라났다.

출산 때 의사는 깜짝 놀랐다.

'아기 어머니가 이걸 보면 아마 기절할 텐데…….'

그래서 황달을 핑계로 한 달 동안 아이를 못 보게 했다.

한 달 후에 어머니와 아들이 첫 상봉을 하였다. 모두들 걱정하며 주시하고 있었는데, 놀랍게도 어머니의 반응은 전혀 예상 밖이었다.

"어머, 귀여운 우리 아기……!"

어머니는 조금도 그늘 없이 아이를 양육해 나갔다. 사랑하고 자랑스럽게 여기고, 귀하게 여겼다.

오토다케는 대학 다닐 때까지 그는 자기가 장애인이라는 것을 몰랐다고 한다. 집에서 조금도 별다르지 않게, 편안하게 키워주었기 때문이다.

'남과 다르다. 남에게 있는 것이 하나가 없다.'는 것뿐, 장애인이라고는 생각하지 못했다는 것이다.

부모는 그에게 모든 일을 하도록 가르쳤다.

심지어는 달리기와 야구, 농구, 수영도 즐기게 했다. 컴퓨터, 붓글씨 등 거의 못하는 것이 없다.

그러면서 명랑하게 자라났다.

그는 이렇게 고백했다.

'장애는 특별한 개성일 뿐이다.'

위대한 사람이다.

미운 자식 떡 하나 더 준다

아이를 사랑하거든 매를 많이 주고, 아이를 미워하거든 먹는 것을 많이 주라.

憐兒 多與棒 憎兒 多與食
연 아 다 여 봉 증 아 다 여 식

한 노인이 외아들과 함께 깊은 산 속에서 살고 있었다. 아들은 성격이 매우 활달하고 용감했다. 노인은 아들 걱정으로 잠을 이루지 못했다.

'저렇게 사방을 돌아다니다가 맹수에게 잡혀 먹히지는 않을까.'

"너는 우리 가문의 혈통을 이을 사람이다. 맹수들의 공격으로 목숨을 잃을 수도 있으니 이제부터 사냥을 금한다."

노인의 훈계를 들은 아들은 그날부터 집에만 머물렀다. 노인은 매일 맹수의 위험성을 설명했고 아들은 점점 겁쟁이로 변했다.

어느 날 사자가 공격해 왔다. 아들은 겁에 질려 오들오들 떨고만 있다가 결국 사자의 먹이가 되고 말았다. 그제야 노인은 통곡하며 후회했다.

"맹수와 싸워 이기는 훈련을 시킬 것을……! 용감하게 키울 것을!"

자녀를 엄하게 가르치되 세상에 겁을 먹게 해서는 안 된다. 과보호는 자녀를 나약한 존재로 전락시키고 만다.

어진 자식이 보석보다 낫다

사람들은 모두 귀중한 주옥(珠玉)을 사랑하지만, 나는 자손이 어진 것을 사랑한다.

人皆愛珠玉 我愛子孫賢
인 개 애 주 옥   아 애 자 손 현

네 명의 자녀를 둔 어머니가 유명한 현인을 찾아가 물었다.

"어떻게 하면 자녀들을 잘 키울 수 있습니까?"

현인은 어머니에게 정원에 있는 네 그루의 나무를 한번 뽑아보라고 말했다. 어머니는 갓 심어놓은 첫 번째 나무를 아주 쉽게 뽑았다. 두 번째 나무는 심은 지 얼마 되지 않아 약간의 힘으로 가능했다. 세 번째는 심은 지 꽤 지난 나무라 땀을 뻘뻘 흘리며 겨우 그것을 뽑았다. 그러나 네 번째 나무는 이미 견고하게 뿌리를 내리고 있었다. 어머니가 옷소매를 걷어붙이고 힘을 쏟았으나 나무는 움직이지 않았다. 그때 현인이 어머니에게 말했다.

"자녀교육도 이 나무와 같습니다. 오랜 습관은 깊은 뿌리를 내려서 그것을 바꾸기가 어렵지요. 어린 자녀에게 좋은 습관을 갖게 하십시오."

부모가 자녀에게 물려줄 수 있는 최고의 유산은 건강한 심성과 좋은 습관이다. 참된 교육은 시련을 만나면 더욱 빛을 발한다.

-11-
성심편
省心篇

마음을 살피라

써도 써도 닳지 않는 효도

『경행록』에서 말하였다. "보화는 쓰면 다함이 있고 충성과 효성은 누려도 다함이 없다."

景行錄云 寶貨 用之有盡 忠孝 享之無窮
경 행 록 운 보 화 용 지 유 진 충 효 향 지 무 궁

화목하기로 소문난 가정에 한 친구가 찾아와서 그 비결을 물었다. 주인은 대답하기에 앞서 장남을 불렀다.

"얘야, 뒤뜰 감나무에 가서 감 한 광주리만 따오거라."

친구는 깜짝 놀랐다. 감 딸 시기가 아니었기 때문이다.

'이제 막 열매가 달리기 시작했는데, 과연 아들이 시키는 대로 할까?'

그러나 주인의 장남은 아버지에게 아무런 대꾸도 하지 않고 그저 순종하여 시키는 대로 했다. 또 주인은 차남을 불렀다.

"외양간에 가서 소를 끌어다가 지붕에 올려 놓거라."

이번에도 친구는 이해할 수 없는 심부름에 깜짝 놀랐으나, 주인의 차남은 사다리를 놓고 소를 지붕으로 올리는 것이었다.

'아, 가정이 화목한 비결이 바로 아버지의 권위에 대한 아들들의 순종에 있었구나!'

효자 하나가 집안을 일으킨다

집안이 화목하면 가난해도 괜찮지만, 정의가 좋지 않으면 부유한들 무엇하랴. 효도하는 자식 하나가 불효하는 여러 자손보다 낫다.

家和貧也好 不義富如何 但存一子孝 何用子孫多
가 화 빈 야 호　불 의 부 여 하　단 존 일 자 효　하 용 자 손 다

장공예의 집안은 9대를 내려오면서 세간을 나지 않고 한 집에서 살아 식구가 수백 명이나 되었다. 그러나 그 가정은 언제나 화목하고 화평하여 당나라 고종 황제의 귀에까지 그 소문이 들어갔다. 고종은 이를 기특하게 여겨 그 집에 직접 행차하여 주연을 베풀어주었다.

"9대가 함께 다투지 않고 화목하게 지내는 방법이 무엇이오?"

고종이 장공예에게 묻자, 장공예는 종이와 붓을 가져다 놓더니 참을 인(忍) 자를 백 개나 꽉 차게 써넣었다. 그리고 이렇게 말하였다.

"많은 사람들이 살면서 화목하지 못함은 어른들의 의복과 음식이 고르지 못하다든지 젊은이들의 예절이 잘못되었다든지 하는 데서 비롯되는데, 저희 집안은 오직 참는 것을 법으로 삼고 있습니다. 누구나 서로 이해하고 참는 데서 자연스럽게 다툼 없고 화목하게 됩니다."

술을 삼가하고 말을 많이 하지 말라

아버지가 근심하지 않음은 자식이 효도하기 때문이고, 남편이 번뇌가 없는 것은 아내가 어질기 때문이다. 말이 많아 말에 실수함은 술 때문이고, 의가 끊어지고 친함이 갈라지는 것은 오직 돈 때문이다.

父不憂心因子孝 夫無煩惱是妻賢 言多語失皆因酒 義斷親疎只爲錢
부 불 우 심 인 자 효　부 무 번 뇌 시 처 현　언 다 어 실 개 인 주　의 단 친 소 지 위 전

알베르트 아인슈타인 교수에게 한 학생이 물었다.

"교수님 같은 위대한 과학자가 될 수 있는 비결이 무엇입니까?"

교수는 짧게 대답하였다.

"입을 적게 움직이고, 머리를 많이 움직이게."

자신의 일에 깊이 몰두한 사람은 말을 많이 하지 않는다. 어설프게 일을 잡고 있는 사람들의 눈에는 타인들의 흠만 보인다. 그리고 타인들을 향해 독설을 퍼붓는다. 사람이 태어나서 말을 배우는 데는 2년이 걸리지만, 침묵을 배우기 위해서는 60년이 걸린다. 지혜로운 사람은 말하기 전에 반드시 두 번 생각한다. 입빠른 사람의 위험을 생각하여 늘 신중하게 말해야 한다.

큰 즐거움 뒤엔
근심이 도사리고 있다

이미 심상치 못한 즐거움을 가졌거든 모름지기 헤아릴 수 없는 근심을 방비해야 한다.

旣取非常樂 須防不測憂
기 취 비 상 락   수 방 불 측 우

언제나 즐거운 얼굴로 지내는 꽃장수 할머니가 있었다.

어느 날 단골손님이 할머니에게 물어 보았다.

"언제나 즐거워하시는 것을 보니 할머니는 걱정 근심이 없나 봐요."

"천만에요. 걱정 근심이 없는 사람이 어디 있나요. 내게도 고통스러운 일, 짜증나는 걱정거리가 생긴답니다."

"그런데 어떻게 그리도 매일 즐겁게 사실 수가 있어요?"

"나는 '3일의 비밀'을 가지고 산답니다."

"'3일의 비밀'이라니요? 그게 무엇입니까?"

"'3일의 비밀'이란, 근심이 생길 때마다 하나님께 그 문제를 해결하도록 맡겨버리고 조용히 3일을 기다리는 것이라오. 시간이 지나면서 마음도 진정되고 걱정은 줄어들기 마련이거든."

사랑받고 편안할수록 조심하라

사랑을 받거든 욕됨을 생각하고, 편안함에 거하거든 위태함을 생각해야 한다.

得寵思辱 居安廬危
득 총 사 욕   거 안 려 위

리처드 칼슨은 심리학자로, 그가 이런 일을 하게 된 것은, 아주 친했던 친구의 죽음을 본 후부터였다. 친구와 그는 열심히 살겠다며 아침에 일찍 일어나고 저녁에는 늦게 자며 열심히 일을 했다. 그런데 그 친구가 결혼 날짜를 잡아 놓고 결혼식 직전에 덜컥 죽어 버린 것이다. 거기에 굉장한 충격을 받았다. 아침에 일찍 일어나고 저녁에 늦게 자며 열심히 살아보려고 남다른 노력을 기울였는데 순식간에 친구는 죽어버리고 이 세상에서 사라졌다.

'아, 인생은 쉬지 않고 고생을 하며 노력만 한다고 잘사는 것이 아니구나. 여유를 가지고 살아야 되겠다.'

그래서 그는 사는 방식을 완전히 바꾸었다. 빨리빨리 대신에 삶의 속도를 늦추고 여유를 가지면서 오히려 예전보다 더 생산적이고 더 효과적으로 일할 수 있는 자신을 발견했다는 것이다. 빨리 한다고 반드시 일이 잘되는 것이 아니고 행복한 것이 아니라는 것이다. 생활에 여유를 가져야 한다.

큰 이익은 큰 손해를 부른다

영화가 가벼우면 욕됨이 얕고, 이익이 많으면 손해도 깊어진다.

榮輕辱淺 利重害心
영 경 욕 천 이 중 해 심

제2차세계대전의 중심인물인 히틀러, 무솔리니, 처칠을 풍자한 이야기가 있다. 어느 날 이들은 정원의 연못에 있는 물고기를 잡는 내기를 했다. 먼저 히틀러는 권총을 뽑아 발사했으나 탄환은 빗나갔다. 무솔리니는 연못에 직접 들어가 고기를 잡으려 했지만, 요리조리 빠져나가 실패할 수밖에 없었다. 마지막으로 처칠의 차례가 왔다. 처칠은 연못의 물을 퍼냈다. 물고기는 당연히 가장 부드러운 방법을 사용한 처칠에게 잡혔다.

제2차세계대전의 결과는 어떠했는가? 강자였던 히틀러, 무솔리니는 생의 종말도 비참했지만 사후에도 단죄의 소리가 높다. 그러나 처칠은 웨스트민스터 사원에 이름이 새겨져 있고, 런던 피커딜리 공원에 동상이 서 있다.

자연계도 이와 마찬가지다. 금잔디와 클로버, 어떤 것이 강할까? 잔디가 강한 듯해도 잔디밭에 여린 클로버가 뿌리를 내리면 잔디밭은 변해 버린다. 땅을 정복할 사람은 이 세상의 권력자가 아니라 온유한 사람들이다.

아무리 좋은 것도 지나치지 않게 하라

사랑이 심하면 반드시 심한 소모를 가져오고, 칭찬받음이 심하면 반드시 심한 헐뜯음을 가져온다. 기뻐함이 심하면 반드시 심한 근심을 가져오고, 뇌물 탐함이 심하면 반드시 심한 멸망을 가져온다.

甚愛必甚費 甚譽必甚毁 甚喜必甚憂 甚贓必甚亡
심 애 필 심 비 심 예 필 심 훼 심 희 필 심 우 심 장 필 심 망

중국의 노자는 상창이라는 스승에게서 도를 배웠다.

어느 날 상창이 늙어서 죽게 되자 노자는 스승을 찾아가서 부탁을 했다.

"사부님, 사부님께서 세상을 뜨실 날이 얼마 남지 않은 것 같습니다. 부디 제게 마지막 가르침을 주십시오."

상창은 얼마 동안 노자의 얼굴을 보더니 입을 벌리고는 물었다.

"내 이가 있느냐?"

"없습니다."

노자가 대답하자, 다시 상창이 물었다.

"내 혀는 있느냐?"

"사부님, 혀는 있습니다."

노자가 대답하자 상창은 고개를 끄덕이더니 말했다.

"자, 이제 알겠느냐?"

"사부님, 잘 알겠습니다. 감사합니다."

노자는 큰절을 올리고는 물러 나왔다.

이들이 주고받은 이야기는 간단 명료한데, 노자가 무엇을 알고 무엇을 깨달았다는 것일까?

이 세상에서 이빨처럼 굳고 강하고 날카로워서 입술과 혀를 물어서 피를 내는 것은 부러지고 깨지고 빠져나가고 없어진다. 사람을 물어서 피를 내는 강하고 굳고 날카로운 것은 부러지고 빠져나가서 다 없어지고 만다. 그러나 혀처럼 부드러운 것은 남아 있다.

노자는 온유하고 겸손한 사람만이 오래 살아남는다는 진리를 깨달았던 것이다.

11 성심편(省心篇) : 마음을 살피라

바다에 가야 파도를 알 수 있다

공자가 말하였다. "높은 낭떠러지를 보지 않으면 어찌 굴러 떨어지는 환란을 알며, 깊은 샘에 가지 않으면 어찌 빠져 죽을 환란을 알며, 큰 바다를 보지 않으면 어찌 풍파가 일어나는 무서운 환란을 알겠는가.

子曰 不觀高崖 何以知顚墜之患 不臨深泉 何以知沒溺之患
자 왈 불 관 고 애　하 이 지 전 추 지 환　불 임 심 천　하 이 지 몰 익 지 환
不觀巨海 何以知風波之患
불 관 거 해　하 이 지 풍 파 지 환

태레사 수녀가 미국을 방문했을 때 한 여인이 찾아와 고민을 얘기했다.

"제 삶은 너무 권태롭습니다. 인생의 의미를 느끼지 못하겠어요. 차라리 죽어버리고 싶어요."

"제가 살고 있는 인도에 오시면 진정한 삶을 드리겠습니다. 죽기 전에 꼭 한번 와 보세요."

그 후 그 여인은 인도로 갔고, 그 곳에서 굶어 죽어 가는 사람들, 질병으로 움직이지도 못한 채 앓고 있는 사람들, 도움의 손길을 필요로 하는 많은 연약한 사람들을 보았다. 그 여인은 테레사 수녀와 같이 그들을 돕고 보살피는 일에 전념하기 시작했고, 하루하루 삶의 의욕이 생기기 시작했다.

자기가 해야 할 일을 발견하고, 인생의 진정한 의미를 깨닫게 될 때, 우리의 삶은 새로운 기쁨과 능력을 경험할 수 있다. 남을 위해 봉사하고 땀을 흘릴 때 진정한 삶이 시작되고 기쁨과 보람을 느낄 수 있다.

과거는 미래의 거울이다

미래를 알려거든 먼저 지나간 일을 살펴보라.

慾知未來 先察已然
욕 지 미 래   선 찰 이 연

조선조 태종은 세 명의 왕자를 두었다. 양녕대군이 왕세자이고, 그 다음이 효령대군, 충녕대군 순이었다. 양녕과 효령은 부왕인 태종이 막내인 충녕에게 왕위를 승계하고 싶어함을 잘 알고 있었다. 왕권 찬탈을 위한 권력 투쟁이 불 보듯 뻔한 상황이었다. 그런데 양녕대군은 주색잡기에 빠졌고, 왕자답지 않은 언행으로 왕위계승 가시권의 밖으로 맴돌았다. 둘째 효령도 불교에 심취, 가출을 일삼으며 왕권에서 멀어졌다. 결국 왕위는 충녕대군에게 돌아갔다. 그가 바로 세종대왕이다. 세종대왕이 왕위에 오른 것은 우리 역사의 복이다. 하지만 양녕과 효령의 공로를 인정하지 않을 수 없다. 본래가 일탈적인 성격의 소유자들이었다는 인색한 평가도 많지만, 세종으로 하여금 선정을 베풀도록 양보하고 결단한 면모도 분명히 있었다. 왕위란 쉽게 포기할 수 있는 자리가 아니다. 우리 역사와 사회에서도 양녕과 효령처럼 양보와 결단으로 뒷선에 물러선 이들이 있다. 이들도 돌아볼 줄 아는 배려가 필요하다.

과거를 알아야 현재를 알 수 있다

공자가 말하였다. "밝은 거울로 얼굴을 살필 수 있고, 지나간 일로써 현재를 알 수 있다."

子曰 明鏡 所以察形 往者 所以知今
자 왈 명 경 소 이 찰 형 왕 자 소 이 지 금

• • • • • •

비가 쏟아지는 날, 어느 가구점 밖에서 다리를 저는 할머니가 물건을 구경하면서 누군가를 기다리고 있었다. 한 젊은 점원이 뛰어나가 말했다.

"할머니, 밖에 서 계시지 말고 비도 피하실 겸 들어오셔서 보세요."

"나는 물건을 살 사람이 아닌데요."

"괜찮습니다. 어서 들어가시지요."

점원은 웃으며 할머니를 안으로 모셔와 자기 자리에 앉아 기다리게 했다. 며칠 후, 이 가구상에 놀랄 만한 편지 한 통이 배달되었다. 그것은 강철왕 카네기로부터의 친필 편지였다.

'일전에 비 오는 날, 나의 어머니에게 베푸신 친절에 감사드립니다. 어머니의 요청으로 지금 짓고 있는 저택과 플랜트 회사에서 쓸 가구 일체를 당신의 상점으로부터 구입하고 싶습니다.'

친절은 하루아침에 이루어지지 않는다. 따뜻한 품성이 쌓인 인격이다.

11 성심편(省心篇) : 마음을 살피라

앞날은 아무도 모른다

지나간 일은 밝은 거울 같고 미래의 일은 어둡기가 칠흑과 같다.

過去事 如明鏡 未來事 暗似漆
과 거 사 여 명 경 미 래 사 암 사 칠

자동차 왕으로 불리는 헨리 포드가 맨 처음 자동차를 만들었을 때 신문과 사람들로부터 심한 조롱과 비웃음을 당했다. 그것은 미처 후진기어를 만들지 않았기 때문이다. 말을 타고 다녔던 시절에 동물이나 사람의 힘이 아닌 기계의 힘으로 움직이는 획기적인 발명품을 만들어 놓고 의기양양했던 헨리 포드는 순간 당황했지만, 그러나 얼마 후에 세계는 자동차로 뒤덮이게 되었다.

다가오는 인류의 미래를 어둡게 하는 세 마디 말이 있다.

'다 그런데 뭐', '나 하나쯤이야', '다른 사람 하는 대로'

어둠을 빛으로 바꾸어야 한다.

'다 그래도……', '나 하나만은……', '다른 사람 하지 않아도 나는……'

미래를 희망차게 하는 세 마디 말로 바꿔볼 수 있다.

11 성심편(省心篇) : 마음을 살피라

한 치 앞을 모르는 것이 인생이다

『경행록』에서 말하였다. "내일 아침의 일을 저녁 때에 가히 그렇게 된다고 알지 못할 것이요, 저녁 때의 일을 오후 4시쯤 가히 꼭 그렇게 된다고 알지 못할 것이다."

景行錄云 明朝之事 薄暮 不可必 薄暮之事 哺時 不可必
경 행 록 운 명 조 지 사 박 모 불 가 필 박 모 지 사 포 시 불 가 필

어느 날 학교에서 교사가 아이들에게 자신의 꿈을 설계해 보라는 숙제를 내주었다.

학생들 중에 말 조련사 아버지를 둔 소년이 있었다. 소년은 평소에 아버지가 일하는 모습을 눈여겨보면서, 이 다음에 100만 평에 달하는 거대한 목장의 주인이 되리라는 꿈을 꾸었다.

7장의 종이에 그 꿈을 이루기 위한 구체적인 계획과 일정을 꼼꼼히 작성하여 다음날 선생님에게 제출하였다.

선생님은 소년의 숙제에 빨갛게 가위표를 치며 말했다.

"애야, 네 아버지는 지금 너무 가난하단다. 이 꿈을 이루기 위해서는 엄청난 돈을 모아야 하는데, 그게 가능하겠니? 좀 더 현실적인 계획표를 작성해 오면 그때 다시 점수를 주겠다."

하지만 소년은 당당하게 말했다.

"선생님! 그냥 0점을 주세요. 점수와 제 꿈을 바꾸지 않겠어요."

그로부터 30년 후, 소년은 그의 꿈대로 100만 평의 목장 주인이 되었다.

어느 날 한 늙은 노인이 찾아왔다.

그리고 100만 평에 달하는 엄청난 목장의 규모를 보고 벌어진 입을 다물 줄 몰랐다.

그리고 그는 목장 주인의 손을 덥석 잡으며 이렇게 말하는 것이었다.

"이보게! 나를 기억하겠나? 30년 전 자네의 100만 평 꿈에 가위표를 했던 선생이라네. 아, 나는 수많은 아이들의 꿈에 가위 표시를 한 꿈 도둑이네, 꿈 도둑! 아, 오직 자네만이 내게 꿈을 도둑맞지 않았구먼."

아침의 화가 저녁 때 복이 된다

하늘에는 예측할 수 없는 비바람이 있고, 사람은 아침저녁으로 화(禍)와 복(福)이 있다.

天有不測風雨 人有朝夕禍福
천 유 불 측 풍 우   인 유 조 석 화 복

윌리엄 셰익스피어는 이런 말을 했다.

"세상에 절대적으로 좋거나 나쁜 것은 없다. 다만 우리의 생각이 그렇게 만들 따름이다."

에이브러햄 링컨의 말도 있다.

"우리는 우리가 행복해지려고 마음먹은 만큼 행복해질 수 있다. 우리를 행복하게 만드는 것은 우리를 둘러싼 환경이나 조건이 아니라 늘 긍정적으로 세상을 바라보며 아주 작은 것으로부터 행복을 찾으려는 우리 자신의 생각에 있다."

또 윈스턴 처칠도 말했다.

"비관적인 사람은 모든 기회에서 어려움을 발견한다. 그러나 낙관적인 사람은 모든 어려움에서 기회를 발견할 것을 안다."

관 뚜껑을 닫아야
그 사람을 알 수 있다

석 자 되는 흙 속으로 돌아가지 않고는 백년의 몸을 보전하기 어렵고, 이미 석 자 되는 흙 속으로 돌아가선 백 년 동안 무덤을 보전하기 어려울 것이다.

未歸三尺土 難保百年身 已歸三尺土 難保百年墳
미 귀 삼 척 토　난 보 백 년 신　이 귀 삼 척 토　난 보 백 년 분

독일 함부르크 대학의 바이올린 교수였던 골드슈타인은 러시아에서 망명 온 음악인이었다. 그는 위암으로 두 번 수술을 받았는데 마취를 거절한 채 수술을 받았다. 이유는 마취를 하게 되면 암기해둔 악보가 망각될 것이라는 것이었다. 장기간 투병 끝에 세상을 떠났는데 죽기 전 그는 자기 손으로 부고를 만들어 화제를 남겼다. 부고 내용은 다음과 같다.

첫째, 조화를 가져오지 마시오.

둘째, 조화 대신 부의금으로 해주시오.

셋째, 부의금은 현금으로 해주시오.

넷째, 모아진 부의금은 전액 장애자 시설을 위해 써주시오.

다섯째, 장례식에 참석 못한 사람은 은행계좌로 부의금을 송금해 주시오.

골드슈타인은 생전에 그가 연주했던 음악보다 더 멋지게 자신의 인생을 마무리했다. 선한 마음으로 살면서 마무리에도 소홀히 하면 안 된다.

뿌리가 튼튼해야 잎이 무성하다

『경행록』에서 말하였다. "나무를 잘 기르면 뿌리가 튼튼하고 가지와 잎이 무성해서 동량의 재목을 이루고, 수원(水源)을 잘 만들어 놓으면 물줄기가 풍부하고 흐름이 길어서 관개의 이익을 나누게 되고, 사람을 기르면 마음과 기상이 뛰어나고 식견이 밝아져서 충의의 선비가 나온다. 어찌 기르지 않을 것인가."

景行錄云 木有所養則根本固而枝葉茂 棟梁之材成
경 행 록 운 목 유 소 양 즉 근 본 고 이 지 엽 무 동 량 지 재 성

水有所養則泉源壯而流派長 灌漑之利博
수 유 소 양 즉 천 원 장 이 유 파 장 관 개 지 이 박

人有所養則志氣大而識見明 忠義之士出 可不養哉
인 유 소 양 즉 지 기 대 이 식 견 명 충 의 지 사 출 가 불 양 재

🦋 • • • • • •

토정 이지함의 스승은 화담 서경덕이다. 화담은 매우 자상하게 토정을 가르쳤다. 화담 선생이 죽을 때가 되어 토정에게 현실적인 가르침을 주려고 팔도를 함께 유랑하던 중 밀양에 이르렀다.

며칠째 굶주리던 화담 일행이 요기를 하려고 주막에 갔더니 빗장이 걸려 있었다. 어느 작은 절에도 가봤으나 거기도 텅 비어 있었다. 내려오다 보니 나무다리 위에 40세쯤 되어 보이는 포졸이 힘없이 꾸벅거리고 앉아 있었다. 연유를 물으니 대답이 이러했다.

"주위에 염병이 퍼져 이곳이 위험합니다. 그래서 과객들이 이곳을 지나가지 못하도록 막고 있는 중입니다. 처음에는 열 명이 있었는데, 다 도망가고 혼자만 남았습니다."

"그렇게 위험한데 왜 당신은 도망가지 않고 있습니까?"

포졸은 이렇게 대답했다.

"저까지 도망가면 누가 여기를 지킵니까? 내 비록 먹을 게 없어 포졸 노릇을 시작했지만 맡은 일은 끝까지 해내야 되지 않겠습니까?"

그 후 화담 선생은 염병 환자들을 보살피러 가면서 제자들에게 말했다.

"저런 이의 운명은 감정할 수도 없다. 운명에 맞서 저렇게 의연한 이는 하늘도 어쩌지 못하고 비켜가는 법이다."

스스로를 믿는 자는 남도 나를 믿게 한다

스스로를 믿는 자는 남도 또한 자기를 믿나니 오나라와 월나라와 같은 적국 사이라도 형제와 같이 될 수 있고, 스스로를 믿지 못하는 자는 남도 또한 자기를 믿어주지 않으니 자기 이외에는 모두 원수와 같은 나라가 되고 만다.

自信者 人亦信之 吳越 皆兄弟 自疑者 人亦疑之 身外皆敵國
자 신 자 인 역 신 지 오 월 개 형 제 자 의 자 인 역 의 지 신 외 개 적 국

서한(西漢)을 세운 후 초한전의 승패 원인을 분석하며 유방이 말했다.

"무릇 장막 안에서 계획을 세우고 천리 밖에서 승리를 거두게 하는 능력은 내가 장량만 못하고, 나라를 다스리고 백성을 어루만지면서 군사들에게 군량 공급을 끊이지 않게 하는 능력에서는 내가 소하만 못하다. 백만 대군을 이끌면서 싸우면 반드시 이기고, 공격하면 반드시 빼앗는 점에서는 내가 한신만 못하다. 이 세 사람은 모두 뛰어난 인재인데 나는 이들을 중용할 줄 알았다. 이것이 내가 천하를 얻게 된 이유다. 항우에게는 범증이 있었지만 제대로 쓸 줄 몰랐다."

사람을 의심하지 말라

사람을 의심하거든 쓰지 말고, 사람을 쓰거든 의심하지 말라.

疑人莫用 用人勿疑
의 인 막 용 용 인 물 의

워털루전쟁의 영웅인 웰링턴 장군이 승전기념 파티를 열었다. 육해공군의 장성과 공을 세운 장교들이 모두 모였다.

웰링턴은 많은 하객 앞에서 보석이 촘촘히 박힌 지갑을 자랑하고 싶었다. 그런데 방금까지 주머니 속에 있던 지갑이 꺼내려고 손을 집어넣자 없는 것이었다.

얼굴이 하얘진 웰링턴은 하객들을 향해 소리쳤다.

"보석지갑을 훔쳐간 범인을 잡겠다. 문을 닫아라!"

하객들은 호주머니 검사를 하자고 소리쳤다. 그때 한 노장군이 호주머니 검사를 반대했다. 사람들은 노장군을 의심의 눈빛으로 바라보았다. 노장군은 황급히 문을 박차고 밖으로 나갔다. 결국 노장군이 범인으로 몰렸다.

1년 후 다시 파티가 열렸다. 외투를 입던 웰링턴은 깜짝 놀랐다. 도둑맞은 줄 알았던 보석지갑이 외투 주머니에 들어 있었다.

웰링턴은 황급히 노장군을 찾아가 용서를 구했다.

"그때 왜 검사를 거부했습니까?"

노장군은 이렇게 대답했다.

"그날 밤 제 가족이 굶고 있었습니다. 제 주머니에는 가족에게 줄 빵 몇 조각이 들어 있었습니다."

웰링턴은 통곡을 하며 다시 용서를 구했다.

웰링턴이 호화스런 잔치를 여는 동안 부하의 가족들은 굶주림에 고통받고 있었던 것이다.

그날 이후 웰링턴은 다시는 그 어떤 것도 자랑하지 않았다.

11 성심편(省心篇) : 마음을 살피라

세 길 물 속은 알아도
한 길 사람 마음은 모른다

「풍간」에서 말하였다. "물 속 깊이 있는 고기와 하늘 높이 떠서 날아다니는 기러기는 쏘고 낚을 수 있거니와 오직 사람의 마음은 바로 지척 간에 있음에도 이 지척 간에 있는 마음은 가히 헤아릴 수 없다."

諷諫云　水底魚天邊雁　高可射兮低可釣
풍 간 운　수 저 어 천 변 안　고 가 사 혜 저 가 조

惟有人心咫尺間　咫尺人心不可料
유 유 인 심 지 척 간　지 척 인 심 불 가 료

· · · · · ·

한 스승이 바구니 안에 꽃을 담고 제자들에게 물었다.

"이것이 무슨 바구니인가?"

제자들은 너무나 당연하다는 듯이 꽃바구니라고 대답했다. 그러자 스승은 꽃을 들어내고 생선을 바구니에 담고 똑같이 물었다.

제자들은 생선 바구니라고 대답했다.

"맞다. 중요한 것은 겉이 아니고 내용물이다. 똑같은 바구니지만 꽃을 담으면 꽃바구니요, 생선을 담으면 생선바구니가 된다. 마찬가지로 사람도 그 안에 쓰레기가 담겨 있으면 쓰레기 같은 사람이지만, 그 안에 향기나는 꽃이 담겨 있으면 향기가 나는 사람이 된다."

언제나 향기나는 꽃만 마음속에 담겨 있는 사람은 없다. 다양한 감정의 편린들이 우리를 지배하기 때문이다. 그러나 좋은 사람이 되도록 노력하면 악취는 점점 줄어들 것이다.

얼굴을 안다고
마음을 아는 것은 아니다

범을 그리되 모양은 그릴 수 있으나 뼈는 그리기 어렵고, 사람을 알되 얼굴은 알지만 마음은 알지 못한다.

畵虎畵皮難畵骨 知人知面不知心
화 호 화 피 난 화 골　지 인 지 면 부 지 심

로마 공화정 말기의 정치가인 마르쿠스 브루투스는 이성적인 사람이었다. 카이사르는 브루투스를 양아들처럼 아꼈다. 그 전에도 브루투스는 카이사르의 적인 폼페이우스의 편인 적도 있었지만, 폼페이우스가 죽고 난 후, 카이사르가 사면해 주었다. 하지만 카이사르는 나름대로, 브루투스에게 약간의 경계심을 가진 것 같다. 그를 암살하려는 자들이 있다는 소문이 퍼졌다.

"아마 그 주모자는 안토니우스일 것입니다."

주변 사람들의 말에 카이사르는 고개를 흔들며 말했다.

"내 부하인 안토니우스보다는 브루투스와 카시우스가 더 걱정된다네."

당시 로마는 공화국으로 왕이 없었다. 그런데 카이사르가 공공연히 로마의 황제가 되려는 야심을 드러내고 있었기 때문에, 공화국 체제 유지를 위해서 암살했다고 한다. 카이사르의 마지막 말은 유명하다.

"브루투스, 너마저도……!"

마음의 거리는 헤아릴 수 없다

얼굴을 맞대고 서로 이야기는 하지만 마음은 천산(千山)을 사이에 둔 것처럼 멀리 떨어져 있다.

對面共話 心隔千山
대 면 공 화 심 격 천 산

⁂ • • • • • •

링컨이 하원의원으로 출마했을 때, 그의 경쟁자로 한 목사가 입후보한 적이 있었다. 합동유세 중에 일요일이 되자 링컨이 경쟁자인 목사가 설교 하는 교회에서 예배를 드리게 되었다. 목사는 교인들을 향해 말했다.

"천국에 가고 싶으신 분은 손을 들어보십시오."

모든 성도가 손을 들었다. 이어서 그가 말했다.

"지옥에 가고 싶은 분은 손을 들어보십시오."

그러자 아무도 손을 들지 않았다. 그런데 뒤를 돌아보니 링컨이 의자에 서 졸고 있었다. 조느라고 아무 반응을 보이지 않았던 것이다. 기회를 잡은 그 후보는 링컨에게 망신을 줄 생각으로 큰 소리로 외쳤다.

"링컨씨! 당신은 어디에 가고 싶습니까?"

그러자 링컨이 의자에서 벌떡 일어나면서 큰 소리로 대답했다.

"네! 저는 할 수 있다면 국회에 가고 싶습니다!"

11 성심편(省心篇) : 마음을 살피라

사람의 마음 속은
바다보다 더 깊다

바다는 마르면 마침내 그 바닥을 볼 수 있으나 사람은 죽어도 그 마음을 알지 못한다.

海枯終見底　人死不知心
해 고 종 견 저 　 인 사 부 지 심

⁂ • • • • • •

어느 날 저녁 왕과 신하들이 궁전의 뜰을 걷고 있었다. 하늘에는 달도 별도 보이지 않아서 칠흑같이 어두웠다.

왕은 한 신하에게 물었다.

"저쪽에 떠 있는 아름다운 별이 보이는가?"

"네, 폐하, 잘 보입니다. 반짝이는 게 정말 아름답습니다."

왕은 다른 신하에게 똑같이 물었다.

"뚜렷이 보입니다. 저토록 빛나는 걸 보니 조만간 나라 안에 큰 경사가 있을 듯합니다."

왕은 또 다른 신하에게도 물었다.

"폐하, 저 별빛에 책도 읽을 수 있을 것 같습니다."

왕은 다시 뒤처져 따라오는 한 신하에게 물었다.

"자네 눈에도 저 별이 영롱하고 찬란하게 보이는가?"

"죄송합니다, 폐하. 제 눈에는 별이 보이지 않습니다."

"저 별이 정말 안 보인단 말인가?"

"네, 아무리 봐도 캄캄한 하늘뿐입니다."

그날 이후 왕은 별이 안 보인다는 신하를 신임하고 자주 그의 조언을 들었다.

거짓과 기만이 횡행하고 있는 오늘날, 인간의 긍지를 갖고 어려워도 정직하게 양심을 지키며 살아야 한다.

섣불리 사람을 예단하지 말라

태공이 말하였다. "무릇 사람은 앞질러 점칠 수 없고, 바닷물은 가히 말(斗)로 될 수 없다."

太公曰 凡人 不可逆相 海水 不可斗量
태 공 왈 범 인 불 가 역 상 해 수 불 가 두 량

나폴레옹이 큰 전투를 하루 앞두고, 서산에 지는 노을을 바라보며 깊은 상념에 잠겼다.

'내게 여호수아처럼 저 태양을 두 시간만 멈추게 할 힘이 있다면…….'

그의 군대가 전투에서 승리하기 위해서는 맑은 날씨가 필요했다. 용맹을 자랑하는 그의 포병 사단은 맑고 밝은 대낮에는 막강한 힘을 발휘하지만 흐린 날씨에는 힘을 잃었다.

나폴레옹의 바람에도 불구하고 해는 어김없이 서산으로 기울고 말았다.

드디어 다음날 전투가 시작됐다. 갑자기 천둥과 번개가 치고 소나기가 퍼부었다. 그러자 길은 온통 수렁으로 변했고 나폴레옹이 자랑하던 대포는 진흙탕에 박혀 무용지물이 되고 말았다. 분노에 차서 그가 하늘을 노려보았으나 어찌할 수가 없었다. 이것이 바로 하늘 높은 줄 모르고 날뛰던 나폴레옹의 권세를 단숨에 무너뜨린 위털루 전투다.

착한 일을 해야 스스로를 돕는다

『경행록』에서 말하였다. "남과 원수를 맺는 것은 재앙의 씨를 심는 것이고, 착한 것을 버리고 착한 일을 하지 않는 것은 스스로를 해치는 것이다."

景行錄云 結怨於人 謂之種禍 捨善不爲 謂之自賊
경 행 록 운 결 원 어 인 위 지 종 화 사 선 불 위 위 지 자 적

하루는 톨스토이의 집에서 일하던 두 종이 서로 싸우고 있었다.

"무슨 일 때문에 싸우느냐?"

"제가 좀 뚱뚱하다고 곰이라고 부르지 뭡니까!"

"먼저 제 얼굴이 홀쭉하다고 원숭이라고 부른 사람이 누군데요!"

톨스토이는 빙그레 미소를 띠고 두 사람 사이를 중재해 나갔다.

"너는 저 사람이 곰이기 때문에 곰이라고 부른 것이 아니다. 네 마음속에 곰과 같은 마음이 있기 때문이다."

그리고 이번에는 곰이란 별명을 가진 뚱뚱한 종에게도 말했다.

"너도 저 사람이 원숭이이기 때문에 원숭이라고 부른 게 아니라, 네 마음속에 원숭이 같은 마음이 있기 때문이야."

마음속에 있는 것이 입으로 나오는 법. 선한 것과 좋은 것만 생각하고 배려의 마음이 있다면 입으로 나오는 말도 고운 말, 남을 기쁘게 해주는 말이 될 것이다.

한쪽 말만 믿으면 안 된다

만약 한편 말만 들으면 문득 친한 사이가 멀어짐을 볼 것이다.

若廳一面說 便見相離別
약 청 일 면 설   편 견 상 이 별

한 아첨꾼이 있었다. 우연찮은 기회에 고을의 군수를 찾아뵙는 기회를 얻게 되었다. 그래서 군청에 다니는 사람을 찾아가서 군수에 대해 물었다.

"어떻게 하면 군수님의 환심을 살 수 있을까요?"

"당신이 그분의 마음에 들고 싶으면 그분을 본받으시오."

그는 군수를 만나기 위해 기다리다가 군수가 한쪽 눈을 실룩거린다는 것을 알게 되었다. 그래서 그는 자기도 한쪽 눈을 실룩거렸다.

그것을 본 군수가 말했다.

"눈병이 났습니까, 아니면 눈 안에 티끌이라도 들어갔습니까?"

"군수님, 눈병도 티끌이 들어간 것도 아닙니다. 다만 군수님의 마음에 들고자 군수님을 따르고 있는 것뿐입니다."

"어허, 줏대없는 사람!"

군수는 몹시 화가 나서 그를 내쫓아 버렸다.

어려움을 알면 도를 행할 수 있다

배부르고 따뜻한 곳에서 호강하고 살면 음욕(淫慾)이 생기고, 굶주리고 추운 곳에서 고생하며 살면 바르고 착한 길을 따르려는 도심(道心)이 일어난다.

飽煖 思淫慾 飢寒 發道心
포 난 사 음 욕 기 한 발 도 심

하루는 김구 주석이 거울에 비친 자신의 얼굴을 가만히 들여다보았다. 관상학적으로 볼 때 한 임시정부를 맡을 만한 큰 인물이라는 암시가 하나도 없었다. 그래서 다음에는 수상(手相)을 봤고, 그것도 별 볼일 없어서 족상(足相)까지 봤다. 그러나 거기에도 나라의 중책을 맡을 만한 근거가 없었다.

한참을 생각하다 김구 선생님이 내리신 결론은 바로 심상(心相)이었다.

'사람은 어떤 마음을 가지고 있느냐에 따라서 운명이 결정되는구나!'

사람의 마음속에 있는 양심이 깨끗해야 그 사람의 삶이 깨끗하다. 가장 중요한 것은 늘 맑은 양심을 유지하는 일이다. 어린아이들의 영혼은 얼마나 맑은가. 요즘 텔레비전에서 선풍을 일으키고 있는 아기들의 프로그램에 시청자가 열광하는 이유를 알아야 한다. 그들의 모습이 바로 예전 우리들의 모습이 아닌가. 그렇게 천진했고, 그렇게 맑았고, 그렇게 순수했다. 그때를 회복하려는 노력만은 줄여서는 안 되겠다.

재물은 허물을 짓게 만든다

소광이 말하였다. "어진 사람이 재물이 많으면 그 뜻을 손상하고, 어리석은 사람이 재물이 많으면 허물을 더하게 된다."

疎廣曰 賢人多才則損其志 愚人多才則益其過
소 광 왈   현 인 다 재 즉 손 기 지   우 인 다 재 즉 익 기 과

일본의 신학자 우치무라 간조는 돈에 대하여 이렇게 기록하고 있다.

'돈이 있으면 침대는 살 수 있지만 잠은 살 수 없다.

돈이 있으면 책은 살 수 있지만 두뇌는 살 수 없다.

돈이 있으면 음식은 살 수 있지만 입맛은 살 수 없다.

돈이 있으면 장식품은 살 수 있지만 미는 살 수 없다.

돈이 있으면 약은 살 수 있지만 건강은 살 수 없다.

돈이 있으면 사치스러운 생활은 살 수 있지만 교양은 살 수 없다.

돈이 있으면 유흥은 살 수 있지만 행복은 살 수 없다.

돈이 있으면 십자가는 살 수 있지만 구세주는 불가능하다.

돈이 있으면 종교의 사원은 지을 수 있지만 하늘나라는 불가능하다.'

불가능하다는 단정적인 표현 속에 돈에만 묶이지 말라는 간절함이 보인다. 글 속에 담긴 지혜를 알아서 현명하게 돈을 활용하여 행복해져야 한다.

가난하면 지혜가 짧아진다

사람이 가난하면 지혜가 짧아지고, 복이 이르면 마음이 영묘하게 잘 통하게 된다.

人貧智短 福至心靈
인 빈 지 단　복 지 심 령

프랑스의 어느 도둑들이 현금을 싣고 가던 차를 습격하여 350만 달러를 빼앗았다. 우리나라 돈으로 49억 원이나 되는 큰돈이었는데, 그러나 한 가지 문제가 생겼다. 그 훔친 돈이 모두 동전이었기 때문이다. 무려 17톤이나 되었다. 도둑들은 헛수고만 한 셈이다. 액수는 어마어마한 큰돈이지만 그 동전으로는 집을 살 수도 없고, 차를 살 수도 없다. 이미 온 나라 안에 동전을 탈취당한 사실이 다 알려졌고, 도둑들이 구두 한 켤레만 사려고 해도 커다란 동전자루를 들고 가야 될 텐데 어찌 의심의 눈길을 피할 수 있겠는가. 신고가 되면 당장 잡혀 감옥에 들어갈지 모른다. 도둑들은 아마도 탈취한 동전을 티가 안 나도록 한 번에 몇 개씩 평생 써도 다 못 쓸 것이다. 말하자면 도둑들은 동전만 많은 가난뱅이가 된 것이다. 그들은 부자가 되었지만 그 부로 할 수 있는 것은 거의 없다. 마음을 졸이며 동전을 지키는 사람으로 살아갈 것이다. 가장 가난한 사람은 가진 재산이 돈밖에 없는 사람이다.

지혜는 경험에서 자란다

한 가지 일을 겪지 않으면 한 가지의 지혜가 자라지 않는다.

不經一事 不張一智
불 경 일 사 　 부 장 일 지

필리핀이 좋은 나라가 되려면 공무원의 부패와 부정을 근절해야 한다고 주장하며 필리핀의 대통령이 되었던 막사이사이는 겸손하고 성실한 사람이었다.

그는 루손도의 한 대장장이의 아들로 태어났으나, 가난에 지지 않고 꿋꿋한 기상을 키우며 자라났다. 그의 가슴 속에는 어릴 때부터 보고 겪고 느끼는 필리핀 민족의 슬픔과 불행을 어떻게 해서든지 행복으로 바꿔주고 싶다는 생각이 있었다.

거짓 없고 올바른 사람이 되겠다는 그의 결심은 자동차 운전수 노릇을 하는 동안에도 옳지 않은 동료들에게 물들지 않게 했다. 착실하고, 근면하며, 성실한 그의 인품이 인정을 받아 양코 버스 회사의 지배인이 되고, 제2차세계대전 후 국방장관을 거쳐, 마침내는 대통령이 되었다.

그때 그의 나이는 겨우 46세였다.

대통령이 되었다고 해서 달라진 점은 아무것도 없었다.

'직책은 대통령이지만 마음은 이 나라의 한 병사이다.'

이것은 곧 막사이사이가 늘 품고 있는 신념이었다. 그러므로 그는 늘 국민들과 같은 처지에서 살고, 같은 곳에 있었으며, 또 같은 마음을 지니고 있을 수 있었던 것이다.

'우리나라의 국민들이 유난히 더 고생하는 까닭이 무엇인가?'

그는 골똘히 생각한 결과, 공무원들이 권력을 사사로이 남용하기 때문이라는 것을 깨달았다. 그래서 이러한 폐단을 없애기 위해 그는 공무원들의 재산을 모조리 등록하게 했고, 부정한 뇌물을 받는 일이 없게 했다.

시비에 연연하지 말라

시비가 종일토록 있을지라도 듣지 않으면 저절로 없어진다.

是非終日有 不聽自然無
시 비 종 일 유 불 청 자 연 무

J. 에인젤은 38년 동안 미시간 대학의 총장을 지낸 인물로 누구보다 더 자신을 조율할 줄 알았다. 그는 언제나 자신이 먼저 나서서 말하기보다 많은 사람의 말을 듣고 난 후 말하였다.

그가 은퇴할 즈음 한 기자로부터 이런 질문을 받았다.

"그 오랜 시간 동안 어려운 총장 자리를 지킬 수 있었던 비결이 무엇입니까?"

에인젤은 이렇게 대답했다.

"나팔보다 안테나를 높이는 데 있었습니다."

그의 아들도 심리학자로, 예일대학의 총장을 16년간 지냈다.

입으로 말하기보다 듣는 귀를 쫑긋 세워 다른 사람의 의견에 귀 기울이는 사람이 되어야 한다.

고자질하는 사람이
바로 시비거는 사람이다

와서 시비(是非)를 말하는 자가 곧 시비하는 사람이다.

來說是非者 便是是非人
내 설 시 비 자   편 시 시 비 인

인도에 아주 겸손한 왕이 있었는데, 누구에게나 머리를 숙여 백성들의 존경을 받았다. 신하가 이를 못마땅해 하다가 왕에게 고했다.

"왕은 이 나라의 지존입니다. 머리는 가장 귀중한 곳이니 함부로 숙이면 안 됩니다."

왕은 신하에게 고양이·말·사람 해골을 하나씩 주면서 시장에 가서 팔아오라고 하였다.

사람들은 고양이 해골을 걸어두면 쥐가 없어진다며 사가고, 말의 해골을 걸어두면 병에 걸리지 않는다고 사갔다. 그러나 사람 해골은 팔지 못했다.

왕은 그 신하에게 말하였다.

"사람의 머리가 귀한 것은 그 머리 속에 착함과 의로움이 들어 있기 때문이네. 아무것도 없는 빈 해골이라면 고양이나 말의 해골만도 못하다네."

길가는 사람의 말이
비석보다 낫다

『격양시』에서 말하였다. "평생에 눈썹 찡그릴 일을 하지 않으면 세상에 이를 갈 원수 같은 사람이 없을 것이다. 크게 난 이름을 어찌 뜻 없는 돌에 새길 것인가. 길가는 사람의 입이 비석보다 나을 것이다."

擊壤詩云 平生 不作皺眉事 世上 應無切齒人
격 양 시 운 평 생 부 작 추 미 사 세 상 응 무 절 치 인

大名 豈有鐫頑石 路上行人 口勝碑
대 명 기 유 전 완 석 노 상 행 인 구 승 비

어떤 청년이 이웃집과 나란히 살면서 농사를 지었다.

어느 날 청년이 이웃집 아저씨와 농사일로 크게 싸웠다. 화가 난 이 청년은 밤에 이웃 아저씨의 밭에 몰래 잡초씨를 뿌려버렸다. 시간이 흐르자 그 밭에서 잡초가 무성하게 자라났다. 이웃집 아저씨는 해마다 잡초를 뽑느라 아무 일도 못하고 매달려야 했다.

'헤, 고소하구나.'

그 모습을 볼 때마다 이 청년은 웃음이 났다. 그러다 이 청년이 이웃집 아저씨의 딸과 사랑에 빠져서 결혼을 하게 되었다. 아저씨는 지참금으로 그 청년에게 잡초밭이 된 그 밭을 주었다. 이 청년은 그 밭에서 잡초를 완전히 제거하는 데 30년이 걸렸다. 사람들은 자기의 생각대로 원수를 갚아 보지만 결국 마지막에는 자신에게 돌아오는 것은 뼈아픈 통한뿐이다. 악은 악으로 되돌아오고, 선은 선으로 되돌아온다. 그것이 우리네 인생의 이치이다.

명예는 감출수록 드러난다

사향을 지녔으면 저절로 향기로운데 어찌 반드시 바람이 불어야만 향기가 나겠는가.

有麝自然香 何必當風立
유 사 자 연 향　하 필 당 풍 립

꽃이 가만히 있어도 사방에 그 향기를 발하듯이, 마음속에 관용과 겸손, 배려의 분위기가 있으면 그 분위기가 은연중에 뿜어져 나온다. 사람들을 만나서 대화를 할 때, 마음속에 담긴 넉넉한 인품에서 우러나오는 편안한 분위기에서는 좋은 일이 생겨나는 것이다. 그 사람 곁에는 비슷한 취미와 인생관을 가진 사람들이 저절로 모여든다. 그러나 마음이 암울하고 분노가 꽉 들어차 있고 미움과 저주가 들어차 있으면 참으려고 해도 부정적인 말, 비평적인 말만 튀어나온다. 주위까지도 답답하고 짜증스럽게 만들어 사람들이 물러나게 된다. 끼리끼리 모이는 습관대로 부정적인 사람들이 모인 집단에서 벌이는 일이 잘될 수가 없다. 패배와 절망은 또 다른 파멸을 불러일으킨다. 밝고 희망찬 분위기를 우리가 먼저 만들어 나가야 한다. 한 사람, 한 사람이 건전한 정신으로 양보하는 마음으로 미소 가득한 얼굴로 생활해 나간다면 그 행복한 전파력은 강하게 사회 안으로 퍼져 나갈 것이다.

교만과 사치는 파멸을 부른다

복이 있다 해도 다 누리지 말라. 복이 다하면 몸이 빈궁해질 것이다. 권세가 있다 해도 함부로 부리지 말라. 권세가 다하면 원수와 서로 만나게 된다. 복이 있거든 항상 스스로 아끼고 권세가 있거든 항상 스스로 겸손하라. 사람에 있어서 교만과 사치는 처음은 있으나 흔히 나중에는 없는 것이다.

有福莫享盡 福盡身貧窮 有勢莫使盡 勢盡冤相逢.
유복막향진 복진신빈궁 유세막사진 세진원상봉

福兮常自惜 勢兮常自恭 人生驕與侈 有始多無終
복혜상자석 세혜상자공 인생교여치 유시다무종

미국의 심리학자 셰드 헴스테더 박사는 인간은 하루에 5만에서 6만 가지 생각을 하는데, 75%는 부정적인 생각이고, 25%만 긍정적인 생각이라고 한다.

우리는 생각을 관리하지 않고 그냥 놓아두면, 부정적인 생각과 부정적인 말을 할 수밖에 없다. 인간의 이러한 성향 때문에 사람들이 모이기만 하면 비평하고 욕하기를 즐긴다. 모여서 남에게 상처를 주는 이야기를 하며 재미를 느끼고, 남을 칭찬하고 남 잘한다고 박수치는 말은 좀처럼 안한다.

노력하여 마음을 바꿔야 한다. 내 의지로 마음에 좋은 생각을 심기 위해 애써야 한다. 좋은 생각의 씨앗을 심을 때 우리의 삶은 행복이라는 열매로 나타나게 된다. 다른 사람을 좋게 해주고 격려해 주는 말을 하면 그것이 내게 행복한 모습으로 되돌아오는 것이다.

긍정적인 씨앗을 심고 희망을 간직하고 일해야 한다. 비록 오늘의 환경은 어렵더라도 적극적인 태도로 자신의 삶을 주도해 나가야 한다.

복을 아껴 나눠주라

왕참정의 「사유명」에서 말하였다. "여유를 두어 재주를 쓰지 않았다가 조물주에게 돌려주고, 여유를 두어 복록을 다 쓰지 않았다가 조정에 돌려주고, 여유를 두어 재물을 다 쓰지 않았다가 백성에게 돌려주며, 여유를 두어 복을 다 누리지 않았다가 자손에게 돌려주라."

王參政四留銘曰　留有餘不盡之巧　以還造物　留有餘不盡之祿
왕 참 정 사 유 명 왈　유 유 여 부 진 지 교　이 환 조 물　유 유 여 부 진 지 록

以還朝廷　留有餘不盡之財　以還百姓　留有餘不盡之福　以還子孫
이 환 조 정　유 유 여 부 진 지 재　이 환 백 성　유 유 여 부 진 지 복　이 환 자 손

조선 선조 때, 이지함은 포천 현감으로 부임했다.

옷은 삼베옷에다가 신은 짚신을 신고 갓은 다 해진 것을 쓰고 있었다.

그 고을 관리들은 현감의 부임 첫날이라 갖은 정성을 다하여 진짓상을 올렸다.

그런데 그는 아무 말도 없이 수저도 들지 않고 상을 물렸다.

"입에 맞는 반찬이 없으신가 보다. 다시 만들자."

아전들은 부랴부랴 더 좋은 음식을 마련하여 두 번째 상을 올렸다. 그런데 이번에도 거들떠보지도 않고 상을 물리는 것이었다.

당황한 아전들은 안절부절못하다가 뜰아래 엎드려 절하고 말하였다.

"죄송하오나 저희 고을은 한양과는 달라서 이 이상은 더 차릴 수가 없으니 그저 죽여주십시오!"

이때에야 이지함은 온화한 얼굴에 웃음을 지으며 말하였다.

"그대들이 나의 생각을 모르는군요. 나는 그런 좋은 음식을 먹어본 일이 없어서 그저 두려운 생각에 물린 것뿐입니다. 우리가 넉넉하게 살지 못하는 이유는 분수에 맞지 않게 사치하기 때문이지요. 우리가 넉넉하게 살 때까지는 그런 사치스런 음식은 먹지 맙시다. 보리밥과 시래깃국을 주시오."

이지함이 포천에 부임한 지 2, 3년 만에 포천은 크게 달라졌다.

백성과 현감 사이는 부모와 자녀 사이처럼 친밀해져서, 그가 아산 현감으로 떠날 때에는 온 고을 사람들이 길을 막고 서서 울었다고 한다.

사람의 좋은 말이 천금보다 낫다

황금 천 냥이 귀한 것이 아니고, 사람의 좋은 말 한 마디 듣는 것이 천금보다 낫다.

黃金千兩未爲貴 得人一語勝千金
황 금 천 냥 미 위 귀　득 인 일 어 승 천 금

．．．．．．

오래 전 이탈리아의 나폴리에 위대한 성악가를 꿈꾸는 한 소년이 있었다. 공장에서 힘들게 일하며 어려운 생활을 해나가고 있었지만 꿈을 버리지는 않았다.

겨우 첫 레슨을 받게 되었을 때, 교사는 그에게 냉정한 혹평을 했다.

"넌 재능이 없어. 목소리가 덧문에서 나는 바람 소리 같구나."

그 소년은 큰 좌절에 빠지고 말았다. 그러나 소년의 어머니는 실망하는 아들을 껴안아주며 이렇게 말하였다.

"아들아! 실망하지 말아라. 너는 할 수 있어. 네가 훌륭한 성악가가 되도록 엄마가 도울게. 어떤 희생도 아끼지 않을게."

소년은 어머니의 격려를 받으면서 다시 힘을 내서 열심히 노래 연습을 했다. 이 소년이 바로 세계적인 성악가 잉리코 카루소였다. 사랑이 담긴 따뜻한 말 한 마디의 격려는 사람의 인생을 바꾸어 놓을 수 있는 강력한 힘이 있다.

괴로움은 즐거움의 근본이 된다

재주 있는 사람은 재주 없는 사람의 종이 되고, 괴로움은 즐거움의 근본이 된다.

巧者 拙之奴 苦者 樂之母
교 자 졸 지 노 고 자 낙 지 모

⊛ • • • • • •

스코틀랜드 사람 패트와 아일랜드 사람 소니가 길을 가다 우연히 동행이
되었다. 혼자 가는 것보다 둘이 가는 게 안전할 것이라는 생각에서였다.

그런데 그만 큰 산속 숲에서 길을 잃고 말았다.

두 사람은 여기저기 찾아 돌다가 가까스로 금방 쓰러질 것 같은 작은 집
하나를 발견했다.

인기척은 전연 없고 한 마리의 닭이 어정대고 있을 뿐이었다. 오직 먹을
것이라곤 병아리를 막 벗어난 그 작은 닭 한 마리뿐이었기 때문에 바로 잡
아서 저녁 식사 요리로 만들었다.

닭요리를 눈앞에 차려놓았을 때 패트가 제안을 했다.

"이보게, 한 마리 작은 닭으로는 두 사람이 배부르겠는가. 차라리 내기를
해서 한 사람이 흡족히 먹는 게 낫지 않을까?"

"아, 그게 좋겠네. 오늘 밤 즐거운 꿈을 꾼 사람이 먹도록 하세."

소니도 찬성했다.

이튿날 아침 소니가 먼저 꿈 애기를 했다.

"천사가 나를 대나무 바구니 속에 넣어 하늘로 끌어올려 주었네. 그런 행복감은 처음이었지."

그 꿈 애기가 끝나자 패트는 기쁜 듯이 소리쳤다.

"맞네. 나는 자네가 하늘로 올라가는 것을 보고 다시 땅에 되돌아올 것 같지 않아서 닭 요리를 먹어치웠다네."

으슥한 길을 혼자 다니지 말라

작은 배는 무겁게 싣는 것을 견디기 어렵고, 으슥한 길은 혼자 다니기에 좋지 않다.

小船 難堪重載 深逕 不宜獨行
소 선 난 감 중 재 심 경 불 의 독 행

중국을 통일한 유방은 한신이 신하로서 지나치게 뛰어나서 경계를 하였다. 심지어 한신은 유방의 수하로서 제나라를 정복할 때는 스스로 왕위로 오르기도 하였으며, 항우의 부하였던 종리매를 숨겨주기도 하였다. 결국 유방은 한신을 체포하였고, 그 자리에서 한신에게 물었다.

"자네가 보기에는 나는 얼마나 되는 수하를 이끌 수 있겠는가?"

"한 10만 명쯤 이끌 수 있을 것입니다."

"그럼 자네는 어느 정도나 이끌 수 있겠는가?"

"많으면 많을수록 좋습니다."

"그렇다면 이상하지 않소? 그런 그대가 왜 내게 잡혀 있는 것이오?"

"저는 병사들을 잘 통솔하지만 폐하께서는 장수를 잘 통솔하기 때문입니다. 이것이 바로 신이 폐하에게 사로잡힌 이유입니다. 또 천자라는 자리는 하늘이 준 것이지 사람의 힘으로는 어찌할 도리가 없습니다."

몸과 마음의 평안이
황금보다 낫다

황금이 귀한 것이 아니고, 몸과 마음이 편안하고 즐거운 것이 보다 값 많은 것이다.

黃金 未是貴 安樂 値錢多
황금 미시귀 안락 치전다

❀ ● ● ● ● ● ●

　돈과 재물에 대한 욕심이 지나치면 편안하고 즐거운 마음을 갖기 어렵다. 사는 데 불편함이 없을 만큼 적당한 재물이 있으면 족하다. 황금을 감춰둘 데가 없어서 방바닥 아래에 감춰두고 평생 그 황금을 도둑맞을까 봐 지키느라 외출 한 번 변변히 못하고 죽은 사람도 있다. 자녀에게도 알려주지 않고 혼자만 알고 있다가 죽으면 그 황금은 누구의 것이 되겠는가. 값있게 사용하지 못하면 돈은 종이나 돌에 불과하다. 마음 편하게 산도 보고 강도 보고 자녀들과 여행도 하고 마음 편하게 자유롭게 사는 것이 가장 행복한 삶이다. 혼자 누리기에 너무 큰 부가 주어졌다면 가난한 이웃과 나누어 나의 부를 가볍게 해야 한다. 나의 재산이 줄어드는 소리는 나의 마음이 편해지는 소리이고, 세상의 신음이 줄어드는 소리이다. 인간은 영원히 살지 못한다. 유한한 목숨을 지닌 인간이 황금을 지키는 데 영원할 수 있다고 믿는 것은 정말 어리석은 일이다. 주는 것이 받는 것보다 행복하다는 것을 아는 사람이 진정 행복한 사람이다.

11 성심편(省心篇) : 마음을 살피라

손님 대접은 최선을 다하라

집에서 손님을 맞아 대접할 줄 모르면, 밖에 나갔을 때 나를 손님으로 맞아줄 주인이 적음을 알게 될 것이다.

在家 不會邀賓客 出外 方知小主人
재 가 불 회 요 빈 객　출 외　방 지 소 주 인

스스로 남을 귀하게 여기고 대접할 줄 모르면서 남에게 대접받기를 바란다면 이는 잘못된 생각이다. 가는 말이 고와야 오는 말도 고운 법 아닌가. 내가 상대방을 욕하는데 상대방에 나에게 좋은 말을 하겠는가. 반대로 내가 남을 잘 대접하면 남도 나를 잘 대접하게 되는 것 또한 세상의 이치이다. 세상인심이 아무리 각박하다 해도 사람의 진심은 언젠가는 통하게 되어 있다.

좋은 일을 하면서 대가를 바라면 벌써 그 마음속에 계산이 들어가 있는 것이다. 그런 계산은 옳지 않지만 좋은 일을 하다 보면 되로 주고 말로 받는 일이 생기기도 한다. 자기가 하고 싶지 않은 일은 다른 사람도 하기 싫은 법이다. 우리 집에 찾아온 손님을 홀대해놓고, 다른 집에 찾아가서 융숭한 대접받기를 원한다면 형평에 어긋나는 일 아닌가.

넉넉하면 찾는 친구도 많다

가난하게 살면 번화한 시장거리에 살아도 서로 아는 사람이 없고, 넉넉하게 살면 깊은 산중에 살아도 먼 데서 찾아오는 친구가 있다.

貧居鬧市無相識　富住深山有遠親
빈 거 료 시 무 상 식　부 주 심 산 유 원 친

● ● ● ● ● ●

감사 이창정이 순천 부사로 있을 때, 동명이인이 한 사람 있었는데 하필 벼슬까지도 같았다. 성명이 같은 그 사람의 친구 중에 가난한 선비가 있었는데, 딸의 혼수를 도움받기 위해서 찾아와 만나기를 청하였다.

"나를 만나러 왔습니까?"

'아, 내 친구가 아니네. 동명이인이었구나!'

실망하여 머뭇거리는 것을 보고 이창정은 그 까닭을 물었다.

"형편이 어려워 친구 도움을 받을까 했는데, 동명이인이라 당황했습니다."

"본인이 아니라도 관계없습니다. 제가 마련해 드리면 되지 않겠습니까."

이창정은 선비를 후히 대접하고 혼수를 마련해 주되 한 가지도 빠진 것이 없게 해주었다. 선비가 감사히 여기며 말하였다.

"비록 그 친구가 마련해 주었더라도 이렇게까진 못했을 것입니다."

옛 관리들은 이런 넉넉함과 풍취가 있었다.

가난은 의리도 끊게 한다

사람의 의리는 다 가난한 데서 끊어지고, 세상인심은 돈이 있는 집으로 향한다.

人義 盡從貧處斷 世情 便向有錢家
인 의 진 종 빈 처 단 세 정 변 향 유 전 가

• • • • • •

조선 관리 중에는 됨됨이가 훌륭한 인물이 많았다. 나유덕이 영국지부(寧國知府)로 있을 때 하루는 유인을 만나 기쁜 빛으로 말했다.

"가난한 일가 10여 명이 굶주리다가 멀리까지 와서 도와주기를 청하기에, 그동안 모아 둔 녹봉을 모두 털어서 주었는데도 아버님 이하 온 가족들이 한 사람도 내가 하는 일을 막지 않았으니 이 때문에 기분이 유쾌합니다."

또한 팔송 윤황은 부임하는 고을마다 같은 종족을 만나면, 정성껏 잘 대접하였다. 자신의 생활 규모를 줄여가면서도 종족이 요구하면 반드시 들어주면서 말하였다.

"우리 종족이 쇠퇴하여 녹을 먹는 자는 나뿐입니다. 만약 내가 돌보아 주지 않으면 비록 청렴하고 절약했다는 이름은 얻을지라도 조상의 마음을 체득했다고는 할 수 없겠지요. 또한 벼슬살이하는 도리가 제 몸만 살찌게 하지 않으면 부끄러움이 없는 것입니다."

11 성심편(省心篇) : 마음을 살피라

입은 화를 부르는 문이다

차라리 밑 빠진 항아리는 막을 수 있어도 코 아래 가로 놓인 것, 즉 입은 막기 어렵다.

寧塞無底缸 難塞鼻下橫
영 색 무 저 항　난 색 비 하 횡

다산 정약용은 그의 저서 『목민심서』에서 가난한 친구나 궁한 친척들은 힘껏 돌봐 주어야 한다고 말했다.

'한집안 사람들을 임지에 데리고 오지는 못하더라도 이들 중에 가난하여 끼니를 거르는 사람에게는 식구를 따져서 매월 생활비를 대 주지 않을 수 없으며, 가족 중에서 가난하여 끼니를 거르는 사람에게는 반 달 생활비를 대주어야 하며, 그 외의 사람들에게는 곤경에 처했을 때만 돌보아 주면 될 것이다. 가난함이 그리 심하지 않은 사람들에게는 틈틈이 조금씩 보내주면 될 것이다. 가난한 친구가 와서 도움을 청할 때는 후히 대접하고 물건을 줄 때는 노자까지 계산하여 집에 돌아가서도 남는 것이 있게 하는 것이 좋다.'

가난은
사람의 정도 멀어지게 한다

사람의 정은 모든 것이 군색한 데서 멀어진다.

人情 皆爲窘中疎
인 정 개 위 군 중 소

정약용이 『목민심서』에서 말했다.

가난한 친구와 궁한 친척은 잘 대접하기가 가장 어렵다.

진실로 맑은 선비와 고상한 벗은 비록 매우 가난하고 궁할지라도 친구나 친척을 찾아 관청에 오려 하지 않을 것이다.

나를 찾아오는 자는 대개가 흐리터분한 못난이거나 구차스럽고 비루한 자들로서 혹 얼굴이 밉살스럽고 말이 재미가 없으며, 혹 무리한 청탁을 하고 요구가 한이 없으며, 떨어진 옷과 닳아빠진 신에 이가 득실거리며, 혹 내가 일찍이 액운을 만나 궁했을 때는 전혀 돌보거나 근심해 주지 않던 자들로 세력 있는 사람만 좇는 모습이 밉살스러워 반갑게 접대하기가 극히 어려운 것이다.

대개 사람을 대접하는 것은 글을 짓는 것과 같다.

좋은 제목으로 글을 잘 짓는 것은 공교하다고 할 수 없으며, 반드시 어려운 제목으로 묵묵히 생각하여 남다른 변화를 일으키고 문채가 찬란하며, 금옥(金玉) 소리가 나게 함은 글솜씨가 높은 이들이라야 하는 것이다.

이런 사람을 만나게 되면 측은한 마음으로 자애롭게 대하면서 반갑게 영접하고 얼굴빛도 유쾌하게 하고 말과 웃음도 화락하게 하여, 따뜻한 방에 재우며 풍성한 음식을 먹이고 새 옷을 갈아입히며, 돌아갈 때는 전대도 후히 채워 주도록 하여 낭패되지 않도록 하는 것이 좋다.

적당한 술은 모든 일에 이롭다

『사기』에 말하였다. "하늘에 제사를 지내고 사당에 제례를 올림에도 술이 아니면 제물을
받지 않고, 임금과 신하, 벗과 벗 사이에도 술이 아니면 의리가 두터워지지 않으며, 싸움
을 하고 서로 화해함에도 술이 아니면 권하지 못할 것이다. 그러므로 술에는 성공과 실패
가 달려 있으니 함부로 아무 때나 마시지 말라."

史記曰 郊天禮廟 非酒不享 君臣朋友 非酒不義
사 기 왈 교 천 예 묘 비 주 불 향 군 신 붕 우 비 주 불 의

鬪爭相和 非酒不勸 故 酒有成敗而不可泛飮之
투 쟁 상 화 비 주 불 권 고 주 유 성 패 이 불 가 범 음 지

음주사고를 일으킨 사람은 거의 다 모임이나 잔칫집에 다녀왔다고 말한
다. 우리나라에서 만남과 술은 너무 궁합이 잘 맞는 요소이다. 그러나 흥을
돋워주는 술은 자리를 가려서 마시지 않으면 패가망신을 가져오는 위험한
존재라는 것을 알아야 한다.

술이란 남성적인 성패를 마무리하는 의식이 자리 잡고 있어서 마치 제구
를 다루듯 소중히 다루어야 한다. 큰일을 성취하거나 누군가와 화해를 하
고 난 뒤에 마시는 술은 참으로 꿀맛에 비유할 수 있다. 그에게 커다란 명예
가 주어지기 때문이다. 그러나 신세한탄을 하거나 속이 상한 후에 마시는
술은 독약과 같아서 쓸데없는 탐욕과 허세를 부추긴다. 그것은 그에게 무
서운 광기를 불러일으킨다.

좋은 옷과 맛난 음식에 집착하지 말라

공자가 말하였다. "선비가 도(道)에 뜻을 두면서, 거친 옷을 입고 맛없는 음식을 먹는 것을 부끄러워한다면 함께 도를 말할 수 없다."

子曰 士志於道 而恥惡衣惡食者 未足與議也
자 왈 사 지 어 도 이 치 악 의 악 식 자 미 족 여 의 야

명예는 있지만 재물은 풍족하지 않은 직업도 있다. 사업가는 사업만 잘되면 엄청난 부를 축적할 기회가 있지만 교사라든가 공무원 등은 부정축재를 하지 않는 한 사업가처럼 재벌이 될 수는 없다. 그런데도 자기 분수 이상의 화려함을 원하는 자는 그 직업을 가지면 안 된다. 자부심을 가질 수 없기 때문이다. 가난은 부끄러운 것이 아니다. 가난은 가진 것이 거의 없다는 뜻이 아니라 많이 가지고 있지 않다는 뜻이다. 가난을 수치스럽게 생각하는 이유는 상대적 열등감 때문이다. 자신감이 있는 사람은 가난을 부끄러워하지 않는다. 도(道)는 자신의 마음과 화합하는 마음이다. 자신과 화합하지 못하는 사람은 남과 화합할 수 없다. 모욕감을 이겨내는 유일한 방법은 자신과 화합할 줄 아는 넉넉한 마음이다. 가난이 오는 순간 마음을 불러일으키면 도(道)를 말할 수 있게 된다.

'소유물의 부족은 개선할 수 있으나 영혼의 가난은 해결하기 어렵다.'

몽테뉴의 말이다.

질투는 사람을 멀게 한다

순자가 말하였다. "선비에게 질투하는 벗이 있으면 어진이가 가까이 하지 않고, 임금에게 질투하는 신하가 있으면 어진 사람이 오지 않는다."

筍子曰 士有妬友則賢交不親 君有妬臣則賢人不至
순 자 왈 사 유 투 우 즉 현 교 불 친 군 유 투 신 즉 현 인 부 지

질투심이 있으면 현명한 사람을 만날 수 없고, 임금이 신하를 질투하면 옆에 충신이 없다는 뜻이다.

19세기 화가이며 그래픽 디자이너였던 아돌프 멘젤이 출판사로부터 그래픽 작품집을 출간하자는 제의를 받았다. 그러나 멘젤이 마지막 작품을 주기로 한 약속 기간을 무려 한 달이나 어기자 급기야 출판사 직원이 멘젤의 집으로 찾아왔다.

멘젤은 그 직원을 보자 아주 당혹스럽다는 듯이 말하였다.

"아차, 약속을 그만 잊었네요. 잠시만 기다리시오. 곧 그려드리겠소."

멘젤은 그 직원이 보는 앞에서 즉흥적으로 그림을 그리기 시작했다. 15분 후에 멘젤은 출판사 직원에게 그림과 계산서를 건네주었다.

계산서를 유심히 살펴본 직원이 볼멘소리로 불평을 했다.

"선생님! 노동의 대가치고는 지나치게 많은 것 아닙니까?"

그러자 멘젤이 대답했다.

"선생! 지금 이 15분간의 노동을 위해서 나는 육십 평생을 배웠소이다."

멘젤은 당당하게 답변했다.

자신감이 있으면 절대로 남을 질투하지 않는다. 질투심은 열등의식의 다른 표현이다. 열등의식을 자만심으로 감추고 있을 뿐이다.

질투심을 제거하려면 마음속에 건강한 자부심을 심어주면 된다.

이름 없는 풀은 없다

하늘은 녹 없는 사람을 내지 않고, 땅은 이름 없는 풀을 기르지 않는다.

天不生無祿之人 地不長無名之草
천 불 생 무 록 지 인   지 부 장 무 명 지 초

조산아로 태어난 윌마 루돌프는 22명의 자식 중 20번째 아이로 태어났다. 4세 때 폐렴에 성홍열이 겹쳐 왼쪽 다리가 마비되었다. 그러나 9세 때 윌마는 다리에 차고 있던 금속 보조기를 스스로 떼어내고 목발 없이 걷기 시작했다. 13세 때는 이상한 걸음걸이였지만 혼자 걸을 수 있었다. 의사는 기적이라고 했다. 달리기 선수가 된 윌마는 경주에 참가하여 꼴찌로 들어왔다.

이후 윌마는 모든 경기에 참가했으며, 언제나 꼴찌였다. 그러던 어느 날 그녀가 일등으로 들어오는 사건이 벌어졌다. 이후 그녀는 참가한 경기마다 선두를 차지했고, 드디어 올림픽에 참가해 3개의 금메달을 목에 걸었다.

윌마는 이렇게 이야기했다.

"엄마는 일찍부터 내가 강렬히 원하기만 하면 무엇이든지 이룰 수 있다는 믿음을 심어 주셨어요. 내가 첫 번째로 강렬히 원하던 것은 금속 보조기 없이 걷는 일이었어요."

부지런하면
작은 부자는 될 수 있다

큰 부자는 하늘에 달려 있고 작은 부자는 부지런한 데 달려 있다.

大富 由天 小富 由勤
대 부 유 천 소 부 유 근

남보다 부지런히 일하고 남보다 덜 사치하면 부자가 될 수 있다. 내일 할 일을 오늘 하고, 오늘 먹을 것을 내일 먹는 것이다. 일을 한다는 말은 돈을 번다는 말과 같다. 또 먹는다는 것은 돈을 쓴다는 말과 같다. 그러기 때문에 이 속담은 열심히 돈을 벌고, 쓰기를 더디 하라는 뜻이다. 내일 일을 오늘 한다는 것은 오늘 할 일을 다 하고, 내일 일까지 하는 것이니, 두 곱의 돈을 번다는 뜻이고, 오늘 먹을 것을 내일 먹는다는 말은 돈을 되도록 적게 쓴다는 뜻이다.

액수가 얼마든지 쓸 줄은 모르고 모으기만 하면 그는 작은 부자이다. 다른 사람을 위해 돈을 쓰기 시작하면서부터 비로소 더 큰 부자가 되기도 한다. 우리는 다 큰 부자가 되기를 바라야 한다.

될 성 부른 나무는 떡잎부터 안다

집을 이룰 아이는 똥을 아끼기를 황금처럼 아끼고, 집을 망칠 아이는 돈 쓰기를 똥처럼 쓴다.

成家之兒 惜糞如金 敗家之兒 用金如糞
성 가 지 아 석 분 여 금 패 가 지 아 용 금 여 분

새해 벽두에 두 기업가가 함께 기자회견을 하였다. 파산을 한 기업가와 크게 성공한 기업가가 공동 회견을 연 것이다. 먼저 파산한 사람에게 기자가 물었다.

"실패의 요인이 무엇이었습니까?"

"낭비였습니다. 사업이 한창 잘 될 때 돈을 종이처럼 썼습니다."

이번엔 성공한 재벌에게 기자가 물었다.

"기업이 일어선 요인이 무엇입니까?"

"절제였습니다. 사업이 한창 잘 될 때 종이를 금처럼 아껴 썼습니다."

사람이 살아가는 데는 절제하는 것이 필요하다.

미리 삼가고 조심하라

소강절 선생이 말하였다. "편안하고 한가롭게 살 때 삼가 걱정할 것이 없다고 말하지 말라. 겨우 걱정할 것이 없다는 말이 입에 나가자 문득 걱정거리가 생기리라. 입에 상쾌한 음식이라고 해서 많이 먹으면 병이 나고, 마음에 상쾌한 일이라고 해서 지나치게 하면 반드시 재앙이 있을 것이다. 병이 난 후에 약을 먹는 것은 병이 나기 전에 스스로 조심하는 것만 못하다."

康節邵先生曰 閑居愼勿設無妨 裳說無妨便有妨 爽口勿多能作疾
강 절 소 선 생 왈   한 거 신 물 설 무 방   상 설 무 방 변 유 방   상 구 물 다 능 작 질

快心事過必有殃 與其病後能服藥 不若病前能自防
쾌 심 사 과 필 유 앙   여 기 병 후 능 복 약   불 약 병 전 능 자 방

❀ • • • • • •

명의인 편작이 진시황을 만났을 때 진시황이 물었다.

"네가 이 세상에서 가장 유명한 명의인가?"

편작이 답했다.

"굳이 순서를 매긴다면 저의 큰 형님, 그 다음이 둘째 형님, 그리고 저의 순서입니다."

그러자 진시황이 재차 물었다.

"너는 죽은 사람도 살린다는 천하의 명의인데 어찌하여 순서가 형제 중 맨 뒤인가?"

그러자 편작이 대답했다.

"큰 형님은 사람들이 병에 걸리지 않도록 미리 손을 씁니다. 그래서 사람들은 자신이 병에 걸릴 수도 있다는 사실을 알지 못 합니다. 둘째 형님은 환

자의 병이 깊어지기 전에 초기에 잘 다스려서 치료를 하기 때문에 자신이 중병에 걸렸다는 사실을 알지 못합니다. 저는 죽음에 이를 정도로 중병이 든 환자만 치료하기 때문에 명성이 높을 뿐, 진정한 명의는 저희 형님들 같은 분이라 생각합니다."

자신에게 주어진 업무를 수행하면서 혹시라도 그 공을 다른 이가 알아주기를 기대한다면, 편작의 겸손을 되새겨보자.

예상치 못한 재물은 화를 부른다

재동제군이 훈계를 내려 말하였다. "신통하고 묘한 약이라도 원한의 병은 고치기 어렵고, 뜻밖에 생기는 재물도 운수가 궁한 사람을 부자가 되게 할 수는 없다. 일을 생기게 하고 나서 일이 생기는 것을 원망하지 말고, 남을 해치고 나서 남이 해치는 것을 꾸짖지 말라. 천지간에 모든 일은 다 갚음이 있나니 멀면 자손에게 있고 가까우면 자기 몸에 있다."

梓童帝君垂訓曰 妙藥難醫怨病 橫財不富命窮人 生事事生君莫怨
재 동 제 군 수 훈 왈 묘 약 난 의 채 병 횡 재 불 부 명 궁 인 생 사 사 생 군 막 원

害人人害汝休嗔 天地自然皆有報 遠在兒孫近在身
해 인 인 해 여 휴 진 천 지 자 연 개 유 보 원 재 아 손 근 재 신

• • • • • •

어느 나이 많은 성자가 길을 가다가 두 사람과 동행을 하게 되었다.

헤어질 때쯤 성자가 동행한 두 사람에게 말했다.

"덕분에 외롭지 않게 잘 왔습니다. 보답으로 두 분의 소원을 들어드리지요. 다만 먼저 말하는 사람의 소원을 들어주되, 다음 사람에게는 그 두 배로 소원을 들어드리겠습니다."

그러자 두 사람은 서로 아무 말도 하지 않았다.

'내가 먼저 말하면 저 친구가 두 배나 되는 소원을 이루겠지. 그러나 절대 먼저 말할 수 없어.'

서로 상대가 먼저 말하기를 기다리며 눈치만 보다가 시간이 꽤 흘렀다. 그 중에 욕심이 더 많은 친구가 윽박지르며 말했다

"야, 어서 말해! 먼저 말하지 않으면 죽일 거야."

분위기는 금세 험악해졌다. 힘에 부쳐 상대에게 먼저 얻어맞은 사람이

입을 열어 이렇게 말했다.

"나의 한쪽 눈을 뽑아주세요."

결국 그 사람은 한쪽 눈을, 다른 사람은 두 눈을 다 뽑히고 말았다.

만일 두 친구가 서로 복을 빌었다면 어떻게 되었을까? 아마 소원을 이루고 행복하게 살 수 있었을 것이다.

지나친 욕심이 저주를 불러오고 결국 두 사람 다 망쳐버렸다. 남을 살리고 나도 사는 상생의 길을 찾아야 한다.

돌고 도는 게 인생사다

꽃은 지었다 피고 피었다가 또 지고, 비단옷도 다시 베옷으로 바꿔 입는다. 넉넉하고 호화로운 집이라고 해서 반드시 언제나 부귀를 누리지 못하고, 가난한 집이라고 해서 반드시 오래 적적하고 쓸쓸하지 않을 것이다. 사람이 밀어 올려도 반드시 하늘에 올라가지 못하고, 사람을 밀어도 반드시 깊은 구렁에 떨어지지 않는다. 그대에게 권하니, 모든 일에 하늘을 원망하지 말라. 하늘의 뜻은 본디 사람에게 후하고 박함이 없다.

花落花開開又落 錦衣布衣更換着 豪家未必常富貴 貧家未必長寂寞
화 락 화 개 개 우 락　금 의 포 의 갱 환 착　호 가 미 필 상 부 귀　빈 가 미 필 장 적 막

扶人未必上靑宵 推人未必塡邱壑 勸君凡事莫怨天 天意於人無厚薄
부 인 미 필 상 청 소　추 인 미 필 전 구 학　권 군 범 사 막 원 천　천 의 어 인 무 후 박

알렉산드로스는 20세의 젊은 나이에 왕이 되어 불과 10년 만인 BC 333년에 유럽과 아시아의 대부분을 차지한 위대한 정복자였다.

그는 더 이상 정복할 나라가 없게 되자 이렇게 탄식했다고 한다.

"더 이상 내가 정복할 나라가 없으니 이제 나는 심심해서 어찌할꼬!"

알렉산드로스는 자신의 개인적인 야망을 달성하였으나 더 큰 야망을 품고 괴로워하다가 그만 33세의 젊은 나이에 죽고 말았다. 그의 강력한 리더십을 전쟁이 아닌, 정복이 아닌, 사람이 복되게 사는 나눔에 베풀었다면 이세계는 조금 더 달라졌을지도 모른다. 그만큼 영향력이 강했던 사람이 자기의 야망에만 묶여 쫓기듯 살다가 세상을 마친 것이 안타깝다. 이기적인 야망은 판단력을 흐리게 만든다. 진실로 귀하고 값진 것이 무엇인지를 알수 없는 우를 범하게 한다. 욕심과 욕망을 조절하는 분별력을 키워야 한다.

재물은
끓는 물에서 녹는 눈과 같다

사람의 마음이 독하기가 뱀 같음을 한탄해 마지않는다. 누가 하늘에서 보는 눈이 수레바퀴처럼 돌아가고 있음을 알 것인가. 지나간 해에 망령되게 동녘 이웃의 물건을 탐내어 가져왔더니 오늘은 어느덧 북녘 집으로 돌아갔구나. 의리가 아니게 취한 돈과 재물은 끓는 물에서 녹는 눈과 같이 없어질 것이고, 뜻밖에 얻어진 전답은 물에 밀려온 모래와 같다. 만약 교활한 꾀로써 생활하는 방법을 삼는다면 그것은 흡사 아침에 떠오르는 구름이나 저녁에 시드는 꽃과 같이 오래 가지 못한다.

感歎人心毒似蛇	雖知天眼轉如車	去年妄取東隣物	今日還歸北舍家
감 탄 인 심 독 사 사	수 지 천 안 전 여 거	거 년 망 취 동 인 물	금 일 환 귀 북 사 가
無義錢財湯潑雪	儻來田地水推沙	若將狡譎爲生計	恰似朝雲募落花
무 의 전 재 탕 발 설	당 래 전 지 수 추 사	약 장 교 휼 위 생 계	흡 사 조 운 모 락 화

군사훈련소에서 혹독한 훈련이 시작되었다. 하루 종일 빈틈없이 짜여진 일과표에 따라 진행되었다.

장거리 구보에서 늘 꼴찌를 하는 한 병사가 있었다. 그 병사는 늘 낙오되어 혼자 뒤쳐진 채 비틀거리며 달렸다. 그렇다고 주저앉을 수는 없어서 이를 악물고 달렸다.

그렇게 얼마쯤 달렸을 때 눈앞에 양 갈래 갈림길이 나타났다.

각각의 길 앞에는 이정표가 있었는데, 오른쪽 길은 사병이 달리는 길, 왼쪽 길은 장교가 달리는 길이었다.

그는 잠시 멈춰 서서 생각했다.

'아무래도 장교가 달리는 길이 더 짧거나 편하겠지.'

보는 사람도 없는데 편한 길로 달릴까 한참을 망설이던 그는 결국 사병이 달리는 길로 들어섰다.

군인으로서의 양심을 저버릴 수 없기에 내린 결정이었다.

그런데 그는 뜻밖에도 30분이 채 안 되어 결승점에 도착했고 놀랍게도 꼴찌가 아니었다.

뭔가 잘못됐다고 생각하고 있는데, 하나둘 탈진한 군인들이 결승점에 들어섰다. 모두가 장교가 달리는 길을 선택한 군인들이었다.

"갈림길에서 자신을 속이지 않았던 성실함이 바로 자네의 무기였네."

아무도 보지 않는 곳에서 양심을 지킨 그는 이제 더 이상 나약한 꼴찌가 아니었다.

건강과 자식의 현명함은
하늘의 뜻이다

재상과 같은 귀한 목숨도 구할 수 있는 약은 없고, 돈은 있어도 자손의 현명함은 사지 못한다.

無藥可醫卿相壽 有錢難買子孫賢
무 약 가 의 경 상 수　유 전 난 매 자 손 현

나무꾼들이 산에서 나무를 하고 돌아오는 길에 함정에 빠진 사람들을 발견했다. 다 죽고 한 사람만 살은 것 같았다. 착한 나무꾼이 동료들에게 구하자고 말했다. 그러나 동료들은 손사래를 쳤다.

"해지기 전에 산을 내려가야 하네. 우리도 힘들고 바쁜데……."

나무꾼들은 서둘러 다 내려가 버리고 착한 나무꾼만 남았다. 그는 목숨을 걸고 살아 있는 한 사람을 구했는데 알고 보니 그 나라의 왕자였다. 왕자가 신하들과 사냥을 나왔다가 함정에 빠졌던 것이다. 왕이 이 착한 나무꾼에게 엄청난 상을 내릴 때 동료들은 그저 보고만 있어야 했다.

남을 빠뜨리려는 함정을 파 놓으면 그 함정에 자기가 빠지고, 남을 죽이려고 돌을 굴리면 그 돌에 자기가 치여 죽게 된다는 것을 알아야 한다. 남에게 해를 끼치면 자기가 그 해를 받고, 남에게 좋은 일을 하면 자기에게 좋은 일이 생기게 된다. 이것이 삶의 법칙이다.

맑고 깨끗하게 살면
바로 신선이다

하루를 맑고 깨끗하게 살면 그날 하루는 신선이 된다.

一日淸閑一日仙
일 일 청 한 일 일 선

폴 마이어는 저서 『성공을 유산으로 남기는 법』에서, 우리가 성공적인 삶을 살기 위해서는 우리 마음에 뚜렷한 삶의 목표를 세워야 한다고 말했다. 성공도 마음에서 나오는 것이다. 마음을 떠나서 성공이 나오지 않는다. 결코 우연히 찾아들지는 않는다.

그는 몇 가지 삶의 지침을 세웠다. 긍정적인 마음을 가져야 한다. 인간의 능력은 12.5%가 교육에 의해 이루어지고, 나머지 87.5%는 우리의 태도와 의사소통 능력에 달려 있다고 한다. 학벌이 짧다고 낙심할 필요 없다. 공부를 통해서 인생에 성공하는 확률은 12.5%밖에 안 된다. 밝은 마음과 긍정적인 태도를 가지고 의사소통 능력이 개발된 사람은 87.5%가 성공을 한다고 한다. 조건이나 학력보다도 긍정적인 마음과 이타적인 선한 태도를 가질 때 어떤 일을 이룰 수 있는 힘은 더욱 강해진다는 것을 알아야 한다.

인을 베풀고 덕을 펼쳐라

진종 황제가 어제에서 말하였다. "위태함을 알고 험한 것을 알면 마침내 그물에 걸리는 일이 없을 것이고, 선한 일을 받들고 착한 일을 추어올리고 어진 사람을 천거하면 스스로 편안할 길이 있고, 인을 베풀고 덕을 펼치면 곧 대대로 번영을 가져올 것이다. 시기하는 마음을 품고 원한을 보복하는 것은 자손에게 근심을 끼치는 것이고, 남을 해롭게 해서 자기를 이롭게 한다면 마침내 현달하는 자손이 없고, 뭇 사람을 해롭게 해서 집안을 일으켜 세운다면 어찌 그 부귀가 길겠는가. 이름을 갈고 몸을 달리함은 모두 교묘한 말로 말미암아 생겨나고, 재앙이 일어나고 몸이 상하게 됨은 다 어질지 못함이 부르는 것이다."

어제(御製) : 임금(天皇)이 지은 시가(詩歌)

眞宗皇帝御製曰 知危識險 終無羅網之門 擧善薦賢 自有安身之路
진종황제어제왈 지위식험 종무나망지문 거선천현 자유안신지로

施仁布德 乃世代之榮昌 懷妬報寃 與子孫之爲患 損人利己
시인포덕 내세대지영창 회투보원 여자손지위환 손인이기

終無顯達雲仍 害衆成家 豈有長久富貴 改名異體 皆人巧語而生
종무현달운잉 해중성가 기유장구부귀 개명이체 개인교어이생

禍起傷身 皆是不仁之召
화기상신 개시불인지소

🦋 • • • • • •

유대인 학살로 악명 높던 독일의 나치 시절, 한 비행사가 비행연습을 위해 비행기에 타려는데 어떤 청년이 숨이 턱에 닿도록 달려와서 애원했다.

"제발! 날 좀 살려주시오. 난 유대인인데 나치들이 나를 죽이려고 따라옵니다."

크리스천이었던 그는 청년을 불쌍히 여겨 자기 비행기에 태워 독일 국경을 넘어 폴란드까지 날아가서 그 청년을 내려 주었다.

그 얼마 뒤에 제2차세계대전이 일어났다.

이 비행사는 독일인이지만 나치의 하는 일이 옳지 않다고 여겨 비행기를 타고 영국으로 망명했다.

그는 영국군에 합류해 전투비행기를 몰게 되었는데, 전투 중에 뇌에 큰 중상을 입고 말았다. 그때에 런던의 한 유명한 외과의사가 그를 수술해 주었다.

회복된 후 그는 자기를 수술해 준 사람이 바로 여러 해 전에 나치에게 쫓기던 그 유대인임을 알게 되었다. 죽을 청년을 살려 주었더니 그 청년이 자기를 살려 준 셈이었다.

언제 어디서나 우리가 도움의 씨를 뿌리면 예기치 않은 때에 나를 돕는 손길이 된다.

남을 시기하지 말고 헐뜯지 말라

신종 황제가 어제에서 말하였다. "사람으로서 마땅히 지켜야 할 도가 아닌 재물은 멀리하고, 정도에 지나치는 술을 경계하며, 반드시 이웃을 가려 살고, 벗을 가려 사귀며, 남을 시기하는 마음을 일으키지 말고, 남을 헐뜯어 말하지 말며, 동기간이 가난한 자를 소홀히 하지 말고, 부유한 자에게 아첨하지 말라. 자기의 사욕을 극복하는 것은 부지런하고 아껴 쓰는 것이 첫째이고, 사람을 사랑하되 겸손하고 화평함을 첫째로 삼을 것이며, 언제나 지난날 나의 잘못됨을 생각하고 또 앞날의 허물을 생각하라. 만약 나의 이 말을 따른다면 나라와 집안을 다스림이 가히 오래갈 것이다."

神宗皇帝御製曰 遠非道之財 戒過度之酒 居必擇隣
신 종 황 제 어 제 왈　원 비 도 지 재　계 과 도 지 주　거 필 택 린

交必擇友 嫉妬勿起於心 讒言勿宣於口 骨肉貧者莫疎
교 필 택 우　질 투 물 기 어 심　참 언 물 선 어 구　골 육 빈 자 막 소

他人富者莫厚 克己以勤儉爲善 愛衆以謙和爲首 常思已往之非
타 인 부 자 막 후　극 기 이 근 검 위 선　애 중 이 겸 화 위 수　상 사 이 왕 지 비

每念未來之咎 若依朕之斯言 治國家而可久
매 념 미 래 지 구　약 의 짐 지 사 언　치 국 가 이 가 구

❀ • • • • • •

미국의 존 머레이는 철저하게 검소한 생활을 하여 부자가 되었다.

어느 날 머레이가 밤늦도록 독서를 하고 있는데 한 할머니가 찾아왔다.

그러자 그는 켜놓은 촛불 2개 중 하나를 끄고 정중히 할머니를 맞았다.

"어르신, 늦은 시간에 무슨 일로 오셨습니까?"

그런 모습을 보면서 할머니는 겸연쩍은 듯 망설이다 말했다.

"선생님께 기부금을 부탁하려고 왔습니다. 시내에 세워진 학교가 어려움을 겪고 있으니 조금만 도와주세요."

그러자 머레이가 흔쾌히 말하는 것이었다.

"당연히 도와야지요. 5만 달러면 되겠습니까?"

선뜻 거액을 기부하겠다는 말에 할머니는 깜짝 놀랐다.

"조금 전에 촛불 하나를 끄는 것을 보고 모금 이야기는 꺼내나마나라고 포기했는데……, 뜻밖에 거액을 기부하겠다니 기쁘고 놀라울 뿐입니다."

그러자 머레이가 미소 지으며 대답했다.

"독서를 할 땐 촛불 2개가 필요하지만 대화할 때는 촛불 하나면 충분하지요. 이처럼 절약해 왔기 때문에 돈을 기부할 수 있답니다."

행복과 경사는
선행에서 비롯된다

고종 황제가 어제에서 말하였다. "한 점의 불티도 능히 만경의 숲을 태우고, 짧은 반 마디 그릇된 말이 평생의 덕을 허물어뜨린다. 몸에 한 오라기의 실을 입었어도 항상 베 짜는 여자의 수고로움을 생각하고, 하루 세 끼니의 밥을 먹거든 농부의 고됨을 생각하라. 미워하고 탐내고 시기해서 남에게 손해를 끼친다면 마침내 10년의 편안함도 없을 것이고, 선을 쌓고 인을 보존하면 반드시 후손들에게 영화가 있을 것이다. 행복과 경사는 대부분이 선행을 쌓는 데서 생겨나고 범용을 초월해서 성인의 경지에 들어가는 것은 다 진실함으로 얻어지는 것이다."

高宗皇帝御製日 一星之火 能燒萬頃之薪 半句非言 汚損平生之德
고종황제어제왈 일성지화 능소만경지신 반구비언 오손평생지덕

身被一縷 常思織女之勞 日食三飧 每念農夫之苦
신피일루 상사직녀지로 일식삼손 매념농부지고

苟貪妬損 終無十載安康 積善存仁 必有榮華後裔
구탐투손 종무십재안강 적선존인 필유영화후예

福緣善慶 多因積行而生 入聖超凡 盡是眞實而得
복연선경 다인적행이생 입성초범 진시진실이득

만경(萬頃) : 아주 많은 이랑이라는 뜻으로, 아주 넓음을 이르는 말.

발명가 에디슨은 자기 집의 정원을 아름답게 가꾸어 놓았다.

어느 날 아침, 정원에 나가본 에디슨은 깜짝 놀라고 말았다.

정원이 엉망으로 변해 있었던 것이다. 밤새 꽃도둑이 들어와 꽃을 따 꺾어간 것까지는 좋았는데 손으로 닥치는 대로 꽃을 꺾는 바람에 줄기가 상하고 심지어 뿌리가 상한 것까지도 있었다.

그래서 에디슨은 집안으로 들어가 종이를 찾아 이렇게 썼다.

'꽃도둑님, 앞으로 꽃을 꺾으실 때는 부디 가위를 이용해 주시기 바랍

니다.'

그는 그 메모지를 가위와 함께 정원이 잘 보이는 곳에 매달아 놓았다.

그러자 다음날 이러한 회신이 적혀 있었다.

'집주인님, 매달아 놓으신 가위는 잘 들지 않습니다. 부디 숫돌에 잘 갈아서 놓아주시면 고맙겠습니다.'

마음을 조금만 느긋하게 먹으면 여유를 가질 수 있다.

가시 돋친 말을 하면 결국 그 말이 내게로 돌아와 내 건강을 해치는 법이다. 되도록 넓은 마음으로 포용하며 웃고 살아야 한다.

친구를 보면
그 사람을 알 수 있다

왕량이 말하였다. "그 임금을 알려거든 그 신하를 보고, 그 사람을 알려거든 먼저 그 벗을
보고, 그 아비를 알려거든 먼저 그 자식을 보라. 임금이 거룩하면 그 신하가 충성스럽고,
아비가 인자하면 자식이 효도한다."

王良曰 慾知其君 先視其臣 慾知其人 先視其友
왕 량 왈   욕 지 기 군   선 시 기 신   욕 지 기 인   선 시 기 우

慾知其父 先視其子 君聖臣忠 父慈子孝
욕 지 기 부   선 시 기 자   군 성 신 충   부 자 자 효

다산 정약용이 쓴 『목민심서』에 방언겸이라는 인물이 나온다. 벼슬이 경
양령(涇陽令)이 되었다는 내용인데, 사람 됨됨이가 청렴하고 곧았다.

방언겸은 집안에서 대대로 내려온 가업이 있었고, 또 받은 녹봉도 모두
친척이나 친구들의 어려운 사정을 도와주는 데 썼으며 비록 양식이 자주
떨어져도 태연히 지냈다. 그는 일찍이 아들 방현령에게 이렇게 말해두었다
고 한다.

"사람들은 모두 녹봉으로 부자가 되는데, 나만은 벼슬살이 때문에 가난
하게 되니 자손들에게 남겨줄 것은 청백뿐이다."

이런 청백리들을 찾아보기 힘든 시대에 살고 있다. 그래서 그의 관리로
서의 자세가 더욱 귀하게 느껴진다.

물이 너무 맑으면
고기가 살지 못한다

『가어』에서 말하였다. "물이 너무 맑으면 고기가 없고, 사람이 너무 살피면 친구가 없다."

家語云 水至淸則無魚 人至擦則無道
가 어 운 수 지 청 즉 무 어 인 지 찰 즉 무 도

관포지교(관중과 포숙아의 우정을 비유한 말로, 아주 친한 사이의 사귐을 뜻함)로 널리 알려진 관중이 제나라의 영광을 이룩하고, 늙어 죽을 무렵이었다.

관중이 위독하다는 소식을 듣고, 환공이 병문안을 왔다.

그는 관중에게 재상직을 물려줄 만한 인물을 천거할 것을 부탁하였다. 그러나 관중이 한숨만 내쉬자 환공이 말하였다.

"포숙아는 어떻습니까?"

포숙아는 관중이 평소 "나를 낳아준 이는 부모이나, 나를 알아준 이는 포숙아다."라고 할 만큼, 가장 관중이 신뢰하는 친구였기 때문이었다. 또한 관중을 잘 아는 친구 역시 포숙아였다. 그러니 포숙아가 정사를 맡으면 어떠냐는 것이 환공의 뜻이었는데, 관중은 고개를 흔들었다.

"안 됩니다."

"왜 안 된다는 것이오?"

"포숙아는 정치를 하기에는 너무 청빈합니다."

포숙아가 너무 청빈한 것이 재상으로서 결격 사유라는 것이었다. 그 까닭을 묻는 환공에게 관중은 이렇게 말하였다.

"물이 너무 맑으면 고기가 살지 않습니다. 나라의 경영은 너무 청빈만 고집하면 안 됩니다. 때로는 진흙탕 싸움이 벌어지는 곳이 정치 세계입니다. 때로는 진흙이 튀기도 하고 오물을 뒤집어쓰기도 해야 합니다. 그러니 포숙아처럼 청빈한 사람은 결코 살아남기 어려운 곳입니다."

그러나 환공은 관중의 당부를 잊고 포숙아를 재상으로 삼았다. 그리고 30년 후 제나라는 망하고 말았다.

가을의 밝은 달은 도둑이 싫어한다

허경종이 말하였다. "봄비는 농작물에 내리는 단비와 같으나 길가는 사람은 그 질퍽한 진창을 싫어하고, 가을의 달빛이 밝게 비치나 도둑놈은 그 밝음을 싫어한다."

許敬宗曰 春雨如膏 行人 惡其泥濘 秋月揚輝 盜者 憎其照鑑
허 경 종 왈　춘 우 여 고　행 인　오 기 니 녕　추 월 양 휘　도 자　증 기 조 감

어느 부부에게 아무런 메모도 없고 발신인이 누군지 표시되어 있지 않은 이상한 선물이 배달되었다. 그 선물은 당시 성황리에 공연 중이었던 브로드웨이 공연의 당일 입장권 2장이었다.

아무리 생각을 해봐도 보낼 만한 사람이 떠오르지 않았다.

"여보, 아주 비싼 표잖아요. 아까우니까 일단 관람하고 와서 생각합시다."

부부는 서둘러 뮤지컬 공연을 보러 갔고 굉장히 즐거운 시간을 보냈다. 그러나 그들이 집에 돌아왔을 때는 온 집안이 난장판이 되어 있었다. 도둑이 집안을 샅샅이 뒤져 값나가는 물건을 깡그리 쓸어간 뒤였다. 도둑은 침대 위에 이런 메모를 남겨놓았다.

'이제 누가 보냈는지 알겠지?'

이유 없이 호의를 베푸는 사람은 그 이유를 생각해 봐야 한다. 공짜라고 무조건 좋아하며 그들이 파놓은 함정에 쉽게 빠지지 말아야 한다.

죽고 사는 문제는 하늘에 달렸다

『경행록』에서 말하였다. "대장부는 선을 구별해내는 것이 밝은 까닭에 명예와 절개를 태산보다 중히 여기고, 마음 쓰는 것이 굳세어 죽고 사는 문제를 기러기털보다 가볍게 여긴다."

景行錄云 大丈夫 見善明故 重名節於泰山 用心精故 輕死生於鴻毛
경 행 록 운 대 장 부 견 선 명 고 중 명 절 어 태 산 용 심 정 고 경 사 생 어 홍 모

엄청난 독서량으로 유명한 오프라 윈프리는 세계적으로 존경받는 여성이다. 9세 때 삼촌에게 처음 성폭행을 당한 뒤, 몇 명의 친척들과 주변인들에게 성폭행을 당했으며, 14살에 아이를 낳았고, 그 아이가 몇 개월 만에 죽는 아픔도 겪어야 했다. 그녀는 마약을 한 적이 있고, 비만으로 고생도 했다. 그런 그녀가 미국에서 가장 존경받는 여성 2위에 뽑히고 자신의 분야에서 성공한 원인은 무엇일까? 그녀는 자신의 프로그램에서 이렇게 말했다.

"저는 흑인이다, 사생아다, 가난하다, 뚱뚱하다, 미혼모다…… 등등 많은 부정적인 말을 듣고 자랐습니다. 그때마다 저는 생각했습니다. '그래서? 그게 뭐 어쨌다고? 그것이 내 갈 길을 막는 원인은 못 돼!' 라고 말입니다."

얼마나 당당한 말인가. 그 어떤 불운인 불행도 그녀의 강한 삶의 의지를 꺾진 못했다. 우리는 일이 잘 안 풀릴 때마다 항상 주변 환경이나 남의 탓으로 돌린다. 이런저런 핑계만 대지 말고 극복하고 이겨내고 꽃을 피우자.

나만 보지 말고 남도 돌아보라

남의 흉한 것을 민망히 여기고, 남의 착한 것을 즐겁게 여기며, 남의 급한 것을 건지고, 남의 위태함을 구해야 한다.

悶人之凶 樂人之善 濟人之急 求人之危
민 인 지 흉   낙 인 지 선   제 인 지 급   구 인 지 위

어느 시골에 의좋은 형제가 살았다. 동생의 집은 가난했다. 거기에다 식구는 일곱이나 되었다. 그런데도 늘 웃음이 떠나지 않았다. 그런데 형네 집은 큰 부자였다. 식구도 단출하게 셋뿐이었다. 그런데도 날마다 다투고 싸우는 소리가 끊이지 않았다. 어느 날 형이 동생을 찾아와서 화목하게 사는 비결을 물었다. 그때 동생이 형에게 이렇게 말했다.

"형님네 댁에는 똑똑한 사람만 있고, 우리 집에는 모두 바보들만 살기 때문이지요."

형이 그 말뜻을 이해할 리가 없었다. 그러자 동생이 이어서 덧붙였다.

"우리 집에서는 무슨 일이 생기면 모두가 내 잘못이라고 하는 바람에 싸울 일이 없는데, 형님 집에서는 일이 생기면 서로 네 잘못이라고 책임을 떠넘기기 때문에 싸울 수밖에 없는 것입니다."

모든 일을 자기 탓으로 돌린다면 싸움은 길게 이어지지 않을 것이다.

직접 본 것도 진실이 아닐 수 있다

직접 보고 경험한 일도 모두 참되지 않을까 두려운데, 하물며 등 뒤에서 하는 말을 어찌 믿을 수 있겠는가.

經目之事 恐未皆眞 背後之言 豈足深信
경 목 지 사 공 미 개 진 배 후 지 언 기 족 심 신

유명한 철학자 플라톤이 한 번은 주변 사람들에게서 심각한 오해를 받은 적이 있었다. 그런데 웬일인지 많은 사람들이 그를 비방하는데도 그는 자기의 처지를 변명하려 들지 않았다. 그래서 한 제자가 플라톤에게 물어보았다.

"선생님! 왜 변명을 안 하십니까?"

"그들의 비난을 종결시키는 것은 나의 변명이 아니다. 그들의 비난을 침묵시킬 수 있는 유일한 길은 나의 올바른 행위뿐이다."

간혹 생활 속에서 원치 않는 오해 때문에 비난을 받을 때가 있다. 조급한 마음으로 해명하기 위해 여러 방법으로 애쓰기도 한다. 그러나 그것이 쉽게 해결되지 않고 도리어 실이 꼬이듯이 오해를 더 깊게 만들 때도 있다. 시간을 갖고 순리대로 풀어 나가면 실타래와 같이 얽혀 있던 문제도 의외로 술술 풀리게 된다. 오해나 비난을 즉시 해결하려고 펄펄 뛰며 동분서주하는 것은 사건을 더 크게 만들 수도 있어서 바람직하지 않다.

내 허물은 보지 않고
남의 허물만 탓한다

자기 집 두레박줄이 짧은 것은 탓하지 않고 남의 집 우물 깊은 것만 탓한다.

不恨自家汲繩短 只恨他家苦井深
불 한 자 가 급 승 단   지 한 타 가 고 정 심

항상 적극적 사고방식으로 살아가는 노만 필 박사가 열차여행을 할 때였다. 그의 맞은편에 중년 부부가 앉아 있었는데 그 부인은 계속해서 주변 환경에 대해 불평을 늘어놓고 있었다. 좌석이 불편하고 시트가 지저분하고 청소도 제대로 안 되어 있고 승무원도 불친절하다는 등의 불평이었다.

이때 남편이 필 박사에게 인사를 하면서 소개하였다.

"저는 변호사이고 제 아내는 제조업에 종사하고 있습니다."

"부인께서는 어떤 것을 제조하고 있습니까?"

그러자 남편은 웃으며 말했다.

"제 아내는 불평을 만들어내는 제조업자입니다."

불평은 부정적인 언어이다. 긍정적인 언어로 바꾸면 개선될 수 있다. 불평만으로 해결되는 일은 없다. 불평하기에 앞서 감사 제조업자가 되어본다면 불평만 하는 것의 부질없음을 잘 알게 될 것이다.

무전유죄 유전무죄

뇌물을 탐하고 부정을 저지르는 사람이 세상에 가득하건만 죄는 박복한 사람에게 걸린다.

臟濫滿天下 罪拘薄福人
장 람 만 천 하   죄 구 박 복 인

사람의 이성을 흔드는 가장 강력한 무기는 돈이다. 1948년 미국의 아이젠하워가 참모총장직에서 물러날 때 그는 아무 재산도 없었다. 심지어 자가용도 없었다. 청렴과 무욕만이 값진 인생자산이었다. 돈 문제에 신중했던 그의 주변에는 청렴한 지도자들이 몰려들었고 나중에 그는 미국 대통령에 당선되었다. 겉으로 보기에 멀쩡한 도덕군자처럼 보이는 사람도 사생활을 캐보면 문제가 수두룩한 경우도 있다. 고위공직자를 임명할 때 청문회를 여는 것도 그런 이유에서이다. 도덕성을 공직자의 중요한 덕목으로 보기 때문이다. 당장 죄가 드러나지 않았다고 해서 양심이 편한 것은 아니다. 양심 없는 사람도 있다고 하지만 인간인 이상 옳고 그름을 판단할 수 있는 양심은 누구에게나 다 있기 때문이다. 뇌물을 받고 부정을 저지르는 사람들은 언젠가는 치욕을 당하고 고통의 쓴잔을 마실 수밖에 없다. 공직자로서 뇌물의 유혹이 다가오거든 '10년 후 독약'으로 생각해 소스라쳐 피하는 게 상책이다.

정상을 유지하라

하늘이 만약 정상적인 길을 어기면 바람 아니면 비가 오고, 사람이 만약 정상적인 길을 벗어나면 병들거나 죽게 될 것이다.

天若改常 不風卽雨 人若改常 不病卽死
천 약 개 상 불 풍 즉 우 인 약 개 상 불 병 즉 사

어떤 사람이 넓은 사막을 정처 없이 방황하며 걸어가고 있었다. 물이 다 떨어지자 걱정과 불안이 밀려오기 시작했다. 서둘러서 오아시스를 찾아야 했다. 드디어 사람 발자국을 발견하였다.

"이젠 살았다."

발자국만 따라가면 오아시스를 만날 것 같았다. 그는 계속 따라갔다. 그러나 아무리 따라가도 발자국은 끝이 없고 해는 점점 기울어가고 있었다. 그제야 그는 자기 발자국을 밟으면서 계속 맴돌고 있다는 사실을 깨달았다.

이윽고 저녁노을과 함께 북극성이 반짝였다. 하늘의 북극성을 본 그는 비로소 제대로 방향을 찾아서 바른 길을 가게 되었다. 우리는 지금 어떤 길을 가고 있는 걸까? 정상적으로 밝혀주는 북극성을 찾아야 할 때이다.

공무원이 청렴하면
백성이 편안하다

「장원시」에서 말하였다. "나라가 바르면 하늘도 순하고, 벼슬아치가 바르고 청렴하면 온 백성이 저절로 편안해진다. 아내가 어질면 남편의 화가 적을 것이고, 자식이 효도하면 아버지의 마음이 너그러워진다."

壯元詩云 國正天心順 官淸民自安 妻賢夫禍小 子孝父心寬
장 원 시 운 국 정 천 심 순 관 청 민 자 안 처 현 부 화 소 자 효 부 심 관

공자의 제자인 자공이 정치에 대해서 묻자 공자는 간단 명료하게 대답했다.

"나라가 바로 서려면 식량이 넉넉하고, 군비가 충실하고, 신의가 있어야 한다."

"그 세 가지 중에 부득이 하나를 빼야 한다면 무엇을 빼야 합니까?"

"그럼 군비를 빼야지."

군비란 국방문제를 말하고, 식량이란 경제문제를 말하는 것이다.

"그러면 나머지 둘 중에 또 뺄 수밖에 없다면 무엇을 빼야 합니까?"

"그럼 식량을 빼야지."

국방문제 아무리 중요하지만 경제문제가 우선이요, 국방보다 경제요. 경제보다 더 중요한 게 신의(信義)라고 말했다. 백성의 믿음을 잃어버리면 국가와 정치는 언젠가 반드시 무너지게 되어 있다.

충언은
사람을 바로 서게 한다

공자가 말하였다. "나무가 먹줄을 따라가면 곧게 잘리고, 사람이 간언을 받아들이면 성인이 된다."

子曰 木從繩則直 人受諫則聖
자 왈 목 종 승 즉 직   인 수 간 즉 성

· · · · · ·

 조셉 퓰리처는 헝가리의 가난한 집에서 태어나 제대로 학교도 다니지 못하고 자랐다.

 그는 열심히 공부하여 성공하고 싶은 꿈을 안고 미국으로 건너왔다. 그런데 사기를 당하고, 서투른 영어 때문에 제대로 된 일자리도 구할 수 없어서 하루하루 고생하며 지내고 있었다.

 "젊은이, 왜 자네는 떠돌이처럼 지내나?"

 그를 눈여겨보던 여관 아주머니가 물었다.

 "아직 제가 할 수 있는 일을 모르겠어요. 책 살 돈도 없을 만큼 가난해서 앞날이 막막해요."

 "책 살 돈이 없다면 도서관에 가면 되지, 뭐. 어차피 공짜인데……."

 "네? 공짜요?"

 그는 깜짝 놀랐다. 책을 무료로 볼 수 있다고는 생각지도 못했기 때문이었다. 그 길로 도서관을 찾아간 청년은 사서보다 일찍 도서관에 나와서 하루 종일 책을 읽었다.

그는 하루에 16시간씩 부두에서 막노동을 하거나, 인부와 마부일, 시체 묻는 일 등 닥치는 대로 하면서도 매일 도서관에서 네 시간씩 책을 읽었다.

폭발적인 독서량 덕분에 그는 신문기자가 될 수 있었고, 미국 의회의 의원이 되었으며, 언론대학을 세웠다.

그리고 뒤에는 매년 수상자를 뽑고 있는 오늘날 기자들이 가장 받고 싶어하는 퓰리처상도 만들 수 있었다.

땅은 그대로지만
주인은 계속 바뀐다

한 줄기 푸른 산은 경치가 그윽한데, 앞사람이 일구던 밭을 뒷사람이 거두어들인다. 뒷사람은 차지했다 해서 기뻐하지 말라. 다시 거둘 사람은 뒤에 있다.

一派靑山景色幽 前人田土後人收 後人收得莫歡喜 更有收人在後頭
일 파 청 산 경 색 유 전 인 전 토 후 인 수   후 인 수 득 막 환 희   갱 유 수 인 재 후 두

세계에서 가장 높은 에베레스트 산에는 '1953년 5월 29일에 에드몬드 힐러리'라고 적힌 깃대가 있다. 에베레스트 산을 제일 처음 등반한 사람이 에드몬드 힐러리지만 그도 처음부터 등반에 성공한 것은 아니었다. 1952년 그는 피나는 훈련 끝에 등반을 시작했지만 결국 실패하고 나서 영국의 한 단체로부터 등반에 대한 연설을 부탁받았다.

그는 에베레스트 산이 얼마나 험하고 등반하기 힘든 산인가에 대해서 사람들에게 설명했다. 그러자 연설을 듣고 있던 한 사람이 질문을 했다.

"그렇게 힘든 산이라면 두 번 다시 등반하지 않을 겁니까?"

그러자 그는 에베레스트 산을 가리키면서 단호히 대답했다.

"아니오. 나는 다시 등반할 것입니다. 처음에는 실패했지만 다음엔 꼭 성공할 겁니다. 왜냐구요? 에베레스트 산은 이미 자랄 대로 다 자랐지만 나의 꿈은 아직도 계속 자라고 있으니까요."

이유 없는 황금은
복이 아니라 재앙이다

소동파가 말하였다. "까닭 없이 천금을 얻는다면 큰 복이 있는 것이 아니라 반드시 큰 재앙이 있다."

蘇東坡曰 無故而得千金 不有大福 必有大禍
소 동 파 왈 무 고 이 득 천 금 불 유 대 복 필 유 대 화

고려 공민왕 때 대단히 작은 농토에 농사를 지으며 소박하게 살아가는 우애 깊은 형제가 있었다.

하루는 길을 가다가 동생이 금덩이 둘을 발견했다. 동생은 얼른 집어서 형 한 개, 자기 한 개씩 나누어 가졌다.

말없이 한참을 가면서 두 형제는 각기 생각에 잠겼다.

'에이, 나 혼자 갔더라면 두 개 다 내 것인데…….'

'저 녀석이 저는 큰 것을 갖고 나는 작은 것을 주었네? 내 눈에 먼저 띄었으면 내가 큰 것을 가졌을 텐데…….'

두 사람은 마음이 편하지 않았다. 얼굴에서 웃음이 떠나지 않던 형제인데 표정이 심각하였다.

한참 길을 걷다가 강을 건너게 되었다. 갑자기 동생이 금덩이를 번쩍 들더니 강물에 던져 버리는 것이었다.

"요사스런 골칫거리! 버려야겠다!"

형이 깜짝 놀라 동생에게 물었다.

"애! 왜 금을 버리는 게냐?"

"네, 제가 평소에 형을 따르고 존경했는데 이놈이 생기고부터는 별놈의 생각이 다 듭니다. 아주 몹쓸 것이라 버렸습니다."

이 말을 들은 형 역시 금덩이를 강물에 던지면서 말했다.

"내가 동생만도 못하구나. 네 말이 맞다! 금덩이 없이 사이좋게 사는 게 백번 낫다."

화와 복은 나에게 달려 있다

소강절 선생이 말하였다. "어떤 사람이 와서 운수를 묻되 무엇이 화와 복인가? 내가 남을 해롭게 하면 이것이 화요, 남이 나를 해롭게 하면 이것이 복이다."

康節邵先生曰 有人來問卜 如何是禍福 我虧人是禍 人虧我是福
강절소선생왈 유인래문복 여하시화복 아휴인시화 인휴아시복

워렌 버핏이 한 노인과 골프를 치면서 노인의 내기 제안을 받았다.

"이번에 당신이 홀인원하는 데 1만 달러를 걸겠소. 당신은 2달러 거시오."

"저는 확률이 낮은 도박은 하지 않습니다.

"그깟 2달러 갖고 뭘 그렇게 벌벌 떠시오?"

"2달러를 함부로 쓰는 사람은 1만 달러를 주어도 날려버립니다. 이길 확률이 없는데 요행을 바라는 것은 투기꾼이지 투자가가 할 일이 아니지요."

버핏은 세계에서 손꼽히는 부자지만 45년간 한 단독주택에서 살고 있다. 주식 투자로 큰돈을 벌었지만 콜라와 햄버거를 즐겨 먹는 평범한 생활을 한다. 그는 단번에 큰 재물을 손에 쥐려는 사람들에게 이렇게 충고한다.

"대박은 끔찍한 것입니다. 내 관심은 오로지 나를 믿고 투자하는 주주들의 신뢰뿐입니다."

재물에 대한 바른 가치관을 가진 자가 진정한 부자이다.

몸이 편히 쉴 곳은 작은 공간이다

큰 집이 천 간(間)이라도 밤에 눕는 곳은 여덟 자뿐이고, 좋은 밭이 만 평이 있더라도 하루에 두 되면 먹는다.

大廈千間 夜臥八尺 良田萬頃 日食二升
대 하 천 간　야 와 팔 척　양 전 만 경　일 식 이 승

❀ ● ● ● ● ● ●

톨스토이의 단편 「사람에게는 얼마만큼의 땅이 필요한가?」에 보면, 농부 바홈이 나온다.

그는 제법 넓은 토지를 장만한 사람인데, 항상 더 많은 땅을 갖고 싶다는 욕망에 사로잡혀 있었다.

그러던 어느 날 얼마간의 돈을 내면 갖고 싶은 만큼의 땅을 가질 수 있는 곳이 있다는 소식을 들었다.

그는 자신의 소유를 모두 팔아 한걸음에 그곳으로 달려갔다.

그곳의 지주는 농부에게 말했다.

"당신이 하루 종일 걸어 다닌 만큼의 토지를 가질 수 있습니다. 단 해가 지기 전에 반드시 출발점으로 돌아와야 합니다."

다음날 농부는 새벽부터 도시락을 차고 될 수 있으면 많은 땅을 걸어서 소유하려고 뛰기 시작했다.

지치고 피곤해도 스스로를 다그쳤다.

'아니야! 내가 지금 쉬면은 땅을 더 얻을 수가 없어!'

밥 먹는 시간도 아까워서 굶으면서 뛰었다.

돌아가야 하는데 욕심 때문에 발길이 돌려지지 않았다.

어느덧 해거름이 되어서 결승점을 향해 돌아서서 뛰기 시작했다.

죽을 지경이어지만 힘을 다하여 뛰고 또 뛰어서 해가 막 지기 전에 결승점에 도달할 수 있었다.

"이제 난 큰 땅 부자가 되었다!"

바홈은 그 말과 함께 쓰러져서 다시 일어나지 못했다. 숨이 끊어진 것이다.

그가 묻힌 땅은 채 한 평도 되지 못했다.

11 성심편(省心篇) : 마음을 살피라

정도를 지켜야 대접 받는다

남의 집에 오래 머물면 남이 천하게 여기고, 자주 오면 친하던 사이도 멀어진다. 오직 사흘이나 닷새인데도, 서로 보는 것이 처음만 같지는 않다.

久住令人賤 瀕來親也疎 但看三五日 相見不如初
구 주 영 인 천 빈 래 친 야 소 단 간 삼 오 일 상 견 불 여 초

마음속 깊이 존경하는 인물도 자주 접하다 보면 익숙해져서 존경심이 사라질 수 있다. 또한 시중을 들어 줘야 하는 번거로움이 따르게 되어 귀찮아질 수도 있다. 그래서 텔레비전 광고에도 눈에 넣어도 안 아플 정도로 사랑스러운 손주들도 오면 반갑고, 가면 더 고맙다는 멘트가 나오는 것이다. 서로가 불편하지 않을 정도만 머무르고 가주는 것도 예의이다. 잘 대해준다고 눈치 없이 계속 머무른다면 곤란하다. 눈에 보이지 않는 상대방에 대한 배려가 필요하다. 오래오래 좋은 사이로 지내게 되기를 바란다면 만나는 시기를 적당히 조율할 필요가 있다. 오래 폐를 끼치게 되면 아무리 좋은 사람 사이도 벌어질 수 있다.

물 한 방울의 위력

목이 마를 때 한 방울의 물은 단 이슬과 같고, 취한 후에 잔을 더하는 것은 안 먹는 것만 못하다.

渴時一滴 如甘露 醉後添盃 不如無
갈 시 일 적 여 감 로 취 후 첨 배 불 여 무

인도의 마하트마 간디가 대영제국을 상대로 싸워서 승리한 비결은 무엇이었을까?

막대한 돈, 막강한 무기, 철저한 군사조직을 가진 영국 정부를 비폭력 저항으로 간디가 이긴 것은 오직 하나, 반드시 이겨야 한다는 목표를 분명히 설정했기 때문이다.

국가를 살려야 한다는 목표는 이리저리 흔들릴 수 없는 분명한 방향이다. 오직 한 길이었다.

그는 대영제국이 인도에서 물러간 후에 이렇게 말했다.

"목표의 힘은 어떤 군사력의 힘보다 강하다. 그리고 조직적인 정신력은 조직적인 군사력보다 위대한 것이다."

나폴레옹도 마찬가지이다. 그는 항상 사람들에게 당당하게 말했다.

"전쟁의 승리는 우리가 이미 장악하였다. 치밀한 목표 달성 계획은 이미 텐트 안에서 완성되었기 때문이다. 나는 텐트 안에서 이미 승리를 맛보았다. 오직 목표만을 바라볼 뿐이다. 목표를 향해 앞으로 진격해 가면서 장애들이 생기면 생기는 대로 그것을 없애면 되기 때문이다."

우리는 지금 무엇을 목표로 정하고 전진하고 있는가?

유혹에 빠지는 것은 내 탓이다

술이 사람을 취하게 하는 것이 아니라 사람이 스스로 취하는 것이고, 색이 사람을 미혹시키는 것이 아니라 사람이 스스로 미혹되는 것이다.

酒不醉人人自醉 色不迷人人自迷
주 불 취 인 인 자 취　색 불 미 인 인 자 미

• • • • • •

옛날부터 내려오는 아랍 이야기가 있다.

악한 마귀가 어떤 아랍사람에게 와서 말했다.

"당신에게 앞으로 큰 화가 미칠 것입니다. 그 액을 피하려면 내가 말하는 세 가지 가운데 한 가지를 해야 합니다."

"그 세 가지가 무엇입니까?"

"하나는 당신의 종을 죽이는 것, 또 하나는 당신의 아내를 때리는 것, 나머지는 큰 술병을 가지고 와서 한 병 다 마시는 것입니다."

이 사람이 생각해 보니 죄 없는 종을 죽일 수도 없고 살림 잘하는 부인을 때릴 수도 없었다. 그래서 술을 먹는 것으로 정했다. 술병을 받아 잔뜩 먹고 취하자 트집을 잡아 아내를 때리기 시작했고, 옆에서 말리는 종을 때려서 그만 죽고 말았다. 술의 영향력이 어떤지를 가르쳐주는 것으로, '술은 일만 죄의 뿌리'가 된다는 말이다.

공과 사를 구별하라

공을 위하는 마음이 사를 위하는 마음에 비할 수 있다면 무슨 일인들 옳고 그름을 가려내지 못하겠는가. 도를 지키려는 마음이 만약 남녀의 정념과 같다면 성불한 지도 이미 오래일 것이다.

公心若比私心 何事不辨 道念若同精念 成佛多時
공 심 약 비 사 심　하 사 불 변　도 념 약 동 정 념　성 불 다 시

✿ • • • • • •

'위에 있는 사람이 바른 도리로써 아랫사람을 거느리면, 아랫사람은 자연히 바른 일을 하게 된다.'는 것이 정치의 근본이다. 이 말은 『논어』에 나오는 공자의 말이다.

노나라 실권자가 공자에게 정치를 물었을 때 공자는 이렇게 대답했다.

"정치라는 것은 바른 것이다. 그대가 거느리기를 바르게 하면 누가 감히 바르지 않겠는가."

바르게 하는 것이 정치인데, 정치를 한다는 사람 자체가 바르지 못한 일을 하니 다른 사람이야 말해 무엇 하겠느냐는 뜻이다. 군림하기 위해 정치계에 발을 딛는 사람들은 마음을 바꾸어 섬기는 도리를 다해야 한다.

교활한 사람은 언행에 표가 난다

염계 선생이 말하였다. "교자(巧者)는 말을 잘하고, 졸자(拙者)는 말이 없으며, 교자는 수고로우나, 졸자는 한가하다. 교자는 패악하나 졸자는 덕성스러우며, 교자는 흉하고 졸자는 길하다. 아아! 천하가 졸(拙)하면 형벌로 다스리는 정치가 없어져 임금은 편안하고 백성은 순종하며, 풍속이 맑고 폐단은 없어질 것이다."

濂溪先生曰 巧者言 拙者默 交子勞 拙者逸 巧者賊 拙者德
염계선생왈 교자언 졸자묵 교자노 졸자일 교자적 졸자덕

巧者凶 拙者吉 嗚呼 天下拙 刑政徹 上安下順 風淸弊絕
교자흉 졸자길 오호 천하졸 형정철 상안하순 풍청폐절

🦋 • • • • • •

고대 아테네 의회가 진행되는 도중에 한 의원이 갑자기 소리를 질렀다. 독수리에게 쫓기던 작은 새 하나가 회의장 안으로 들어와 그에게 안긴 것이다. 그런데 그 의원은 새를 바닥에 팽개쳤다

"에이!"

어찌나 세게 팽개쳤던지 가엾은 새는 바닥에 나동그라진 채 다시 날지 못하고 퍼덕였다. 이런 모습을 본 다른 의원들이 일제히 그를 규탄했다.

"위기에 몰린 새를 보호하지 못하는 의원이 어찌 불쌍한 서민들을 돌볼 수 있겠습니까. 긍휼한 마음이 없는 이런 정치가에게 아테네의 미래를 맡길 수는 없습니다."

결국 그 의원은 만장일치로 의회에서 쫓겨나고 말았다.

덕을 쌓고 지혜를 길러라

『주역』에서 말하였다. "덕이 적으면서 지위가 높거나, 지혜는 적으면서 큰일을 벌이는 사람들 중에 재앙이 없는 자는 드물다."

易曰 德微而位尊 智小而謀大 無禍者鮮矣
역 왈 덕 미 이 위 존 지 소 이 모 대 무 화 자 선 의

❀ ･ ･ ･ ･ ･ ･

그리스 신화에 나오는 헤르메스는 자기가 대단한 존재라고 생각했다. 자기가 인간 세계에서는 얼마나 존경받고 있는지 궁금했던 그는 인간으로 변해서 어느 조각가의 집을 찾아갔다.

"제우스신의 동상의 값은 얼마인가?"

"100만 원입니다."

"그렇다면 헤라 여신의 것은 얼마인가?"

"150만 원쯤은 받아야겠습니다."

이윽고 헤르메스는 자기 조각을 보고 저것은 얼마냐고 물었다. 자기는 천신의 사자인데다가 효험도 크니까 값이 제일 비쌀 것이라고 예상했다.

"저것은 다른 동상을 사신다면 그냥 드리겠습니다."

사람은 자기가 세상에서 어떻게 평가를 받고 있는지 잘 모른다. 교만은 끝이 없기 때문에 자기의 분수를 아는 것이 지혜이다.

초심을 끝까지 지녀라

『설원』에서 말하였다. "관리는 벼슬이 높아지는 데서 게을러지고, 병은 조금 차도가 있는 데서 악화되며, 재앙은 게으른 데서 생기고, 효성은 처자를 보살피다 보면 약해진다. 이 네 가지를 잘 살펴 시작할 때의 마음, 즉 초심으로 끝도 마쳐야 할 것이다."

說苑曰 官怠於宦成 病加於小癒 禍生於懈怠 孝衰於妻子
설 원 왈 관 태 어 환 성 병 가 어 소 유 화 생 어 해 태 효 쇠 어 처 자
察此四者 愼終如始
찰 차 사 자 신 종 여 시
설원(說苑) : 중국의 교훈적인 설화집

초심은 어떤 일을 시작할 때 처음에 다짐하는 마음이기 때문에 겸손할 수 있고 순수하다. 다른 거창한 욕심이 들어가 있지 않다. 그러므로 우리가 살아나가면서 실패와 좌절을 겪을 때 다시 찾아야 할 마음이다. 간직하고 잃지 않아야 할 초심을 얼마나 많이 잃어버리고 살고 있나 되돌아볼 필요가 있다. 사랑하는 사람과의 관계에서나 두 팔 걷어붙이고 나서 주었던 동업자, 동료들과의 관계에서 초심을 회복해야 한다.

훌륭한 인물이 되고, 중요한 과업을 성취하기 위해서는 세 가지 마음이 필요하다고 한다. 첫째는 초심, 둘째는 열심, 셋째는 뒷심이다. 그 중에서도 제일 중요한 마음이 초심이다. 그 이유는 초심 속에 열심과 뒷심이 담겨 있기 때문이다. 초심에서 열심이 나오고, 초심을 잃지 않을 때 뒷심도 나오기 때문입니다. 언제나 한결같이 처음과 끝이 같은 사람에게서는 은은한 신뢰의 향기가 난다.

그릇이든 사람이든
가득 차면 넘친다

그릇이 가득 차면 넘치고, 사람이 가득 차면 잃게 된다.

器滿則溢　人滿則喪
기 만 즉 일　인 만 즉 상

＊ ＊ ＊ ＊ ＊ ＊

　전설적인 자동차 왕 헨리 포드는 폭넓은 시각과 탁월한 비전, 창조력을 가진 사람이었지만 안타깝게도 그는 스스로의 능력에 도취되어 자신의 비전의 노예가 되고 말았다.

　그는 주위의 권유에도 불구하고 모델 T 외에는 그 어떤 새로운 모델의 자동차도 제작하지 않았다. 회사 디자이너들이 새로운 모델을 만들어 보여주자, 마땅치 않게 생각한 그는 직접 망치로 때려 부쉈을 정도였다. 이렇게 발전하지 못하고 답보상태에 있는 사이에 포드사의 주가는 급속히 하락했다.

　경쟁사인 GM의 젊은 회장 알프레드 슬로언은 여러 자동차 회사들을 통합하고, 소비자의 취향을 충분히 고려한 다양한 종류의 차 디자인과 저렴한 가격의 차들을 생산 판매해 포드를 추격했다. 미래를 준비하지 못한 기업 포드는 결국 1970년대에 GM에 추월당하고 말았다. 미래는 오늘의 변화를 수용하고 진취적으로 준비하는 자만이 누릴 수 있다.

작은 시간이 큰 성공을 가져온다

한 자의 옥을 보배로 알지 말고, 한 치의 시간을 더 아껴야 한다.

尺璧非寶　寸陰是競
척　벽　비　보　촌　음　시　경

❀ • • • • • •

어느 젊은 사형수가 있었다. 사형을 집행하던 날 그 사형수에게 마지막으로 5분의 시간이 주어졌다.

28년을 살아온 사형수에게 최후의 5분은 비록 짧았지만 너무 소중한 시간이었다.

'마지막 5분을 어떻게 쓸까?'

그 사형수는 고민 끝에 결정을 했다.

나를 알고 있는 모든 이들에게 작별 기도를 하는데 2분, 오늘까지 살게 해준 하나님께 감사하고 곁에 있는 사형수들에게 한 마디씩 작별 인사를 나누는데 2분, 나머지 1분은 자연의 아름다움과 최후의 순간까지 서 있게 해준 땅에 감사하기로 마음먹었다.

눈물은 흐르고 가족들과 친구들을 생각하며 작별 기도를 하는데 벌써 2분이 흘러갔다.

그리고 자신에 대하여 돌이켜 보려는 순간, '아! 이제 3분 후면 내 인생도 끝이구나' 하는 생각이 들자 눈앞이 캄캄해지고 정말 후회되었다.

사형수가 회한의 눈물을 흘리는 순간 기적적으로 사형집행 중지명령이 내려와 구사일생으로 목숨을 건지게 되었다.

그 후 그는 사형집행 직전에 주어졌던 그 5분의 시간을 생각하며 평생 시간의 소중함을 간직하고 살았고, 순간순간을 마지막 순간처럼 소중하게 생각하며 열심히 살았다.

그 사형수가 바로 도스코엡스키였다.

그 후 그는 『죄와벌』, 『카라마조프의 형제들』 등 수많은 불후의 명작을 발표하여 톨스토이에 비견되는 세계적 문호로 성장하였다.

모든 사람의 입맛을 맞출 수는 없다

양고기 국이 비록 맛이 좋으나 많은 사람의 입맛에 다 맞추기는 어렵다.

羊羹雖美 衆口難調
양 갱 수 미 중 구 난 조

바다 위에서 갈매기 몇 마리가 떠돌고 있었다. 그 중에 한 갈매기가 큰 물고기를 발견하고 쏜살같이 내려가 물고기를 낚아챘다. 얼마나 큰지 혼자 처리할 수 없어서 갈매기 몇 마리가 거들어 주었다. 다 함께 먹어도 남을 만한 큰 물고기인데도 늙은 갈매기는 혼자 먹을 생각으로 입을 크게 벌려 물고기를 통째로 삼켰다. 그러나 날카로운 물고기 비늘 때문에 갈매기 목구멍은 찢어져 고통에 뒹굴다가 죽어버렸다. 욕심의 비참한 결과이다.

또 어느 날 콘클레턴이라는 백작이 아침 일찍 부엌문 앞을 지나다가 '5파운드만 있으면 얼마나 좋을까.' 하는 요리사의 한탄을 듣게 되었다. 그는 '죽은 사람 원한도 풀어준다는데……' 생각하고 그녀에게 5파운드를 건네주었다. 그리고 그녀를 살짝 엿보았더니 감사하기는커녕 '내가 미쳤지. 10파운드라고 할걸. 이까짓 5파운드로 무얼 한담!' 하며 한탄했다고 한다. 인간의 욕심은 끝이 없다.

11 성심편(省心篇) : 마음을 살피라

마음이 단단해야
올곧게 살 수 있다

『익지서』에서 말하였다. "백옥은 진흙탕에 던져져도 흰 빛이 더러워지지 않으며, 군자는 혼탁한 곳에 살더라도 마음이 어지럽혀지지 않는다. 그리하여 소나무와 잣나무는 눈서리를 견디어 내고, 밝은 지혜는 위급한 재난도 건널 수 있다."

益智書云　白玉投於泥塗　不能汚穢其色
익 지 서 운　백 옥 투 어 니 도　불 능 오 예 기 색

君子行於濁地　不能染亂其心
군 자 행 어 탁 지　불 능 염 란 기 심

故　松栢可以耐雪霜　明智可以涉危難
고　송 백 가 이 내 설 상　명 지 가 이 섭 위 난

＊ ・・・・・・

배가 폭풍을 만나 항로를 이탈하여 높은 파도와 싸우다가 겨우 어떤 무인도에 도착하였다. 할 수 없이 승객들은 이 섬에 정착하게 되었다. 다행히 몇 달 동안 살 수 있는 식량이 남았고 땅이 비옥해서 씨앗만 심으면 몇 달 후에 식량을 추수할 수 있었다. 그들은 씨앗을 심기 위해 땅을 팠다.

그런데 놀라운 일이 생겼다. 그 땅에 황금 덩어리가 묻혀 있는 것을 발견한 것이다. 사람들은 흥분하기 시작했고, 사방을 파헤치며 찾아다녔다.

몇 달 후에 황금은 산더미처럼 쌓였다. 그런데 그 즈음 그들의 식량은 거의 바닥을 드러내고 있었다. 그때서야 사람들은 밭에 나가 땅을 일구어 씨를 뿌렸지만 이미 때가 늦었다. 파종할 시기를 놓쳐버린 것이다. 그들은 산더미처럼 쌓인 황금을 바라보며 굶어 죽고 말았다.

무엇이 더 중요한가를 알지 못한 사람들의 어리석은 최후이다.

11 성심편(省心篇) : 마음을 살피라

쉽게 충고하지 말라

산에 들어가 호랑이를 잡기는 쉬워도 입을 열어 남에게 충고하기는 어렵다.

入山擒虎 易 開口告人 難
입 산 금 호 이 개 구 고 인 난

❀ • • • • • •

사람이 호랑이를 잡기는 쉽지 않다. 그러나 말의 중요성, 말에 따르는 어려운 문제점들에 비해서 쉽다는 이야기일 것이다. 중국의 춘추전국 시대에 백아라는 거문고의 명수가 살았다. 솜씨도 솜씨지만 자신의 음률을 아껴주고 적절히 비평해 주는 종자기 때문에 백아는 늘 자부심을 갖고 지냈다. 그가 거문고를 잡고 산을 노래하면 종자기는 울멍줄멍한 산이 구름처럼 떠가는 듯하다고 극찬했다. 물을 표현하면 강을 지나 바다에 이르는 모습이 그려진다는 말로 격려했다. 백아의 거문고 연주도 뛰어났지만 열심히 들어주는 종자기의 정성도 대단했다. 하지만 불행하게도 종자기는 일찍 세상을 떠났다. 백아로서는 절친한 친구를 잃은 셈이지만 그보다 자기의 음악을 알아주는 사람이 없어진 불행이었다. 그때부터 백아는 두 번 다시 거문고를 잡지 않았다고 한다. 자기의 음률을 진심으로 지적해 주고 좋아해 주는 귀한 사람을 잃었기 때문에 더 이상 예술혼을 꽃피울 의욕을 잃고 말았던 것이다.

이웃사촌이 바로 가족이다

먼 곳에 있는 물로는 가까이에 난 불을 끄지 못하고, 먼 곳에 사는 친척은 가까운 이웃만 못하다.

遠水不救近火 遠親不如近隣
원 수 불 구 근 화 원 친 불 여 근 린

중종 때 학자 김정국은 '천금으로 밭을 사고, 만금으로 이웃을 산다'는 시를 남겼다. 그리고 그가 지은 향약문에 보면 이웃은 사촌이 아니라 삼촌 반이란 말을 하고 있다. 이웃에 초상 같은 애사가 나면 그 이웃들은 심상이라 하여 일정 기간 동안 상주와 똑같은 근신을 했다.

이웃 간의 담장에 암키와와 수키와로 구멍을 뚫어 '비린 구멍'이라고 불렀다. 별식을 만들어 주고받았던 구멍이다. 쇠고기, 돼지고기, 멸치 등 각종 어육음식을 비린 음식이라 했기에 비린 구멍이란 이름이 생겼을 것이다. 따뜻하고 진한 정이 오갔던 정신적 구멍이 아닐 수 없다.

'이웃사촌'이라는 말이 있다. 가까이에 있는 이웃이 멀리 떨어져 뜸하게 만나는 사촌보다 훨씬 낫다는 말이다. 사정을 잘 아는 이웃과 친구는 내가 어려움을 당했을 때 물심양면으로 도와주며 힘과 용기를 준다. 그러므로 인생을 잘 살아가려면 내가 먼저 좋은 친구, 좋은 이웃이 되어야 한다.

뜻밖의 재앙도
대비하면 막을 수 있다

태공이 말하였다. "해와 달이 비록 밝다고 하나 엎어놓은 동이 속을 비출 수 없으며, 잘 드는 칼날도 죄 없는 사람의 목을 벨 수는 없다. 예고 없이 찾아오는 재앙도, 삼가고 대비하는 집안의 문에는 들어오지 못한다."

太公曰 日月雖明 不照覆盆之下 刀刃雖快 不斬無罪之人
태공왈 일월수명 부조복분지하 도인수쾌 불참무죄지인

非災橫禍 不入愼家之門
비재횡화 불입신가지문

히틀러의 그릇된 생각이 600만 명의 유태인을 가스실로 몰고 갔다. 모두들 언제 죽을지 모르는 두려움에 휩싸여 있는 가운데 한 유태인 의사는 이대로 죽을 수 없다는 고민을 깊이 하고 있었다.

어느 날 그는 우연히 유리조각 하나를 줍게 되었다. 매일 그는 그 유리조각으로 면도를 하면서 살겠다는 의지를 다졌다. 나치는 매시간 가스실로 보낼 유태인들을 뽑았다. 그러나 매번 새파랗고 깔끔하게 면도한 얼굴을 하고 있는 활기찬 젊은 의사를 끌고 갈 수는 없었다. 그의 가스실 행이 하루이틀 미뤄지는 사이, 드디어 독일이 패망했고 젊은 의사는 기적적으로 살아날 수 있었다.

작은 재주 하나는 지녀라

태공이 말하였다. "좋은 밭 만 이랑을 가진 것보다 작은 재주를 몸에 지니는 것이 더 좋다."

太公曰 良田萬頃 不如薄藝隨身
태 공 왈 양 전 만 경 불 여 박 예 수 신

지극히 평범한 미국인 루이 마크스는 아프리카를 여행하던 중 원주민 아이들이 나무로 둥근 테를 만들어 신나게 노는 모습을 보게 되었다. 여자 아이들은 나무테를 허리에 두르고 그것을 빙빙 돌리며 각종 묘기를 보였고, 남자 아이들은 나무판 사이의 줄에 돌을 끼워넣고 손을 움직여 돌의 위치를 조절하며 재미있게 놀고 있었다. 일행은 원주민의 놀이를 대수롭지 않게 여겼으나 마크스는 거기에서 사업의 힌트를 얻었다.

'저런 간단하고 신기한 기구를 만들어 보급하면 세계가 깜짝 놀라겠는걸. 저것을 사용하면 허리도 날씬해지고 좋은 팔운동이 되겠군.'

마크스는 플라스틱으로 그 기구를 만들어 보급했다. 그는 허리의 나무테는 '훌라후프', 손장난감은 '요요'라고 붙였다. 이들 기구는 전 세계에 보급되어 선풍적인 인기를 끌었고 마크스는 억만장자가 되었다. 성공한 사람의 공통점은 작은 일도 절대로 가볍게 보아 넘기지 않는 관심과 행동력에 있다.

내가 하기 싫은 일은 남에게 시키지 말라

『성리서』에서 말하였다. "세상의 여러 가지 일을 대하는 가장 중요한 것은 자기가 하기 싫은 것은 남에게도 베풀지 말고, 열심히 해도 성과를 얻지 못하거든 자신에게서 원인을 찾아야 한다."

性理書云 接物之要 己所不慾 勿施於人 行有不得 反求諸己
성 리 서 운 접 물 지 요 기 소 불 욕 물 시 어 인 행 유 부 득 반 구 제 기

미국 스탠더드 석유 회사의 점원이었던 아치볼드라는 사람은 유난히도 그의 회사를 사랑하는 마음이 깊었다.

심지어 호텔에서 숙박계를 쓸 때에도 자기의 이름을 쓰지 않고 '한 통에 4달러 스탠더드 석유'라고 자기 회사의 석유 가격과 이름을 적곤 했다. 그리고 누구와 대화할 때에도 '한 통에 4달러 스탠더드 석유'라는 말을 먼저 한 후 용건을 이야기했다.

그래서 사람들은 그를 부를 때 이름을 부르지 않고 "한 통에 4달러 스탠더드 석유"라고 불렀다.

이 소문을 들은 사장 록펠러가 이 사원을 불러 식사를 했다. 록펠러는 그의 말 한 마디 한 마디에 스며 있는 애사심을 느끼고, 그의 열정과 충성을 알고는 감동과 충격을 받았다.

록펠러는 아치볼드야말로 스탠더드 석유 회사에 없어서는 안 될 인물이

라고 생각했다.

이 아치볼드는 후에 록펠러의 뒤를 이어 세계 최대의 석유 회사 사장이 되었다.

우리에게 있는 재능을 최대한 살려서 최선의 노력하는 사람이 그 일의 주인이 된다.

신선처럼 죽지 않는 방법

술과 여색, 재물과 기운의 네 가지로 쳐진 담장 안에는 수많은 어진 이와 어리석은 자들이 살아간다. 만약 이들이 이곳을 뛰쳐나올 수 있다면 그것은 신선처럼 죽지 않는 방법이다.

酒色財氣四堵墻　多少賢愚在內廂
주 색 재 기 사 도 장　다 소 현 우 재 내 상

若有世人　跳得出　便是神仙不死方
약 유 세 인　도 득 출　변 시 신 선 불 사 방

미국의 대부호였던 하워드 휴즈는 죽기 십수 년 전부터 심한 결벽증을 앓게 되었다. 그는 결벽증 때문에 사람들을 가까이 하지 않았다.

그는 10년 동안 무균 상태의 유리관을 만들어 놓고 외부와 차단된 채 그 안에서 생활을 했다. 그렇게 완벽할 정도로 철저히 관리를 했지만 그 증세는 호전되지 않았다. 오히려 더욱 악화되어 자가용 비행기로 병원으로 가던 중에 사망을 했다.

1977년에 사망하면서 그가 남긴 유산은 우리 돈으로 2조 4천억 원 정도로 그 당시에는 아무도 따를 수 없는 거액이었다. 휴즈가 남긴 마지막 말 한 마디는 너무나 유명하다.

"Nothing. Nothing (아무것도 아니야. 아무것도 아니야)".

그는 이 말을 반복하면서 숨을 거두었다. 돈도, 미녀도, 명예도 죽어 가는 그에게는 아무것도 아니었을 것이다.

입교편
立敎篇

가르침의 원칙을 세우라

근본을 알고 지키면 성공한다

공자가 말하였다. "입신에는 의가 있으니 효가 근본이 되고, 상(喪)과 제사(祭祀)에는 예가 있으니 슬퍼함이 근본이다. 전쟁터에는 질서가 있으니 용기가 근본이고, 나라를 다스리는 데는 이치가 있으니 농사가 근본이 된다. 나라를 지키는 데는 도가 있으니 계승이 근본이며, 재물을 만드는 데는 때가 있기는 하지만 노력이 근본이 된다."

子曰 立身有義而孝爲本 喪祀有禮而哀爲本 戰陣有列而勇爲本
자 왈 입 신 유 의 이 효 위 본   상 사 유 례 이 애 위 본   전 진 유 열 이 용 위 본

治政有理而農爲本 居國有道而嗣爲本 生財有時而力爲本
치 정 유 리 이 농 위 본   거 국 유 도 이 사 위 본   생 재 유 시 이 력 위 본

벤저민 디즈레일리는 "사람이 인생에서 성공하는 비결은 기회가 다가올 때 그것을 받아들일 준비가 되어 있는가, 그렇지 않은가에 달려 있다."고 말했다. 우리가 살아가면서 쌓인 모든 것들은 인간 됨됨이의 바탕이 된다. 그러므로 사람은 자신의 인격과 능력을 계발하는 데 많은 시간을 투자해야만 한다.

자신이 원하는 것을 얻었다고 해서 인생이 성공하는 것이 아니라, 준비되지 않은 사람에게는 오히려 화가 되기도 하기 때문이다. 복권에 당첨된 대부분의 사람들이 몇 년 만에 재산을 다 날리고 인생을 파산으로 몰고 가는 이유가 백만장자에 걸맞은 사고방식을 계발하지 못했기 때문이다. 의사는 단돈 만 원을 받기 전에 이미 수천만 원의 돈과 시간을 투자한 사람들이다. 나이팅게일은 "사람이 5년 동안 같은 주제에 대해 매일 1시간만 투자한다면 반드시 그 주제에 관한 전문가가 될 것이다."라고 말했다. 그러므로 중단하지 않고 자기 계발에 힘쓰는 자만이 성공을 누릴 수 있을 것이다.

12 입교편(立敎篇) : 가르침의 원칙을 세우라

정치의 기본은
공정과 청렴이다

『경행록』에서 말하였다. "정치를 함에 가장 중요한 것은 공정과 청렴이고, 집안을 일으켜 세우는 데는 근검절약이 중요하다."

景行錄云 爲政之要 曰工與淸 成家之道 曰儉與勤
경 행 록 운 위 정 지 요 왈 공 여 청 성 가 지 도 왈 검 여 근

· · · · · ·

통치자는 무릇 아랫사람의 됨됨이를 볼 줄 알아야 하며, 사람을 사귀는 데 있어서도 현명한 지혜가 필요하다. 여기에 적힌 두 가지 이야기는 한 현명했던 왕이 신하들 가운데서 쭉정이를 골라내기 위한 묘안이었다.

하루는 왕이 손톱을 깎다가 손톱 하나를 감추고는 능청스럽게 말했다.

"손톱이 하나 없어졌구나. 빨리 찾도록 하라."

그러자 한 신하가 제 손톱을 몰래 잘라가지고 와서 찾았다고 말했다.

왕은 그 신하의 간교함을 알게 되었다. 또 어느 날 왕은 뜰을 거닐다가 대신들이 보는 앞에서 화들짝 놀라는 척하며 말했다.

"저기 사라지는 것이 흰 말이 아니더냐?"

다들 보지 못했다고 말했는데 한 신하가 황급히 뛰어갔다 오더니 말했다.

"네, 흰말이 맞습니다."

왕은 그 신하의 불성실함을 알게 되었다.

독서가
집안을 일으키는 근본이다

글을 읽는 것은 집안을 일으키는 근본이고, 순리에 따르는 것은 집을 지키는 근본이다. 근면 검소함은 집안을 다스리는 근본이요, 화목하고 순종함은 집을 바르게 하는 근본이다.

讀書 起家之本 循理 保家之本 勤儉 治家之本 和順 齊家之本
독서 기 가 지 본 순 리 보 가 지 본 근 검 치 가 지 본 화 순 제 가 지 본

레쉬안 박사는 암환자들의 생활을 연구하여 몇 가지 공통점을 발견했다. 첫째, 병이 나기 전에 가까운 대인관계에서 상실이 있었다는 것이다. 자식이나 배우자를 잃었을 때, 상실감 때문에 암이 발생했다는 것이다.

둘째, 화가 났을 때 분노를 잘 처리하지 못하는 경향이 있다는 것이다. 화가 났으면 화를 풀어야 되는데 절대로 풀지 않는다. 용서하지 않는 마음은 자기에게 화를 끼쳐서 암을 일으킨다는 것이다.

셋째, 어릴 때 부모님과의 관계에서 해결되지 않은 긴장이 있는 경우이다. 어릴 때 부모님에 대한 원망과 시기가 꽉 들어차 있는 사람은 그것이 응어리가 되어 암에 걸리게 된다는 것이다.

밝은 마음의 자세는 건강뿐만 아니라 행복하고 참된 기쁨과 평안을 갖고 사는 삶에도 큰 영향을 미치게 된다. 가족들 간에 서로 기뻐하고 즐거워하고 화목하게 살면 병도 치료가 잘된다. 아끼며 사랑하며 살아야 한다.

봄에 씨뿌려야 가을에 추수한다

공자가 「삼계도」를 말하였다. "일생의 계획은 어릴 때에 있고, 한 해의 계획은 봄에 있고, 하루의 계획은 새벽에 있다. 어려서 배우지 않으면 늙어 아는 것이 없으며, 봄에 밭을 갈지 않으면 가을에 거둘 것이 없다. 새벽에 일어나지 않으면 하루의 일이 제대로 되지 않을 것이다."

孔子三計圖云 一生之計 在於幼 一年之計 在於春 一日之計 在於寅
공 자 삼 계 도 운 　일 생 지 계 　재 어 유 　일 년 지 계 　재 어 춘 　일 일 지 계 　재 어 인

幼而不學 老無所知 春若不耕 秋無所望 寅若不起 日無所辨
유 이 불 학 　노 무 소 지 　춘 약 불 경 　추 무 소 망 　인 약 불 기 　일 무 소 판

　월간 '현대경영'에서 우리나라 100대 기업 대표 40명을 조사한 결과, 평균 기상 시간은 5시 45분, 평균 출근 시간은 7시 47분으로 나왔다. 그들은 하루 중 아침을 생산성이 가장 높은 때라고 생각했는데, 이런 사실은 과학적으로 증명이 된다. 사람의 두뇌는 아침 6시부터 8시에 가장 명석해진다고 한다. 아침에는 우뇌활동이 활발하기 때문에 아이디어를 내거나 신문과 책을 통해 정보를 수집하는 일이 효과적이다. 하루에 5분 일찍 일어나는 습관을 기르다 보면 부자들의 생활습관에 한층 가까워질 수 있다.

　현대그룹 창업자인 정주영 회장은 새벽 3시에 일어나 "왜 빨리 해가 뜨지 않느냐."고 화를 낼 만큼 전형적인 새벽형 인간이다. 그에게 인터뷰를 청한 기자에게 새벽 4시에 찾아오라고 했다는 일화는 유명하다. 성공의 첫 번째 조건을 능력이나 배경이 아닌 부지런함과 성실이라고 여겼기에, 정주영 회장은 쌀가게 배달꾼에서 세계 유수의 그룹 총수가 될 수 있었다.

유교의 5대 덕목, 오륜

『성리서』에서 말하였다. "교육의 다섯 조목은 부모와 자식 사이에는 친밀함이 있어야 하고, 임금과 신하 사이에는 의리가 있어야 하며, 부부 사이에는 분별이 있어야 하고, 어른과 아이 사이에는 차례가 있어야 하며, 친구 사이에는 믿음이 있어야 한다."

性理書云 五敎之目 父子有親 君臣有義
성 리 서 운 오 교 지 목 부 자 유 친 군 신 유 의
夫婦有別 長幼有序 朋友有信
부 부 유 별 장 유 유 서 붕 우 유 신

다섯 명의 자식을 둔 한 아버지가 있었다.

그 중 한 명의 아들이 유독 병약하고 총명하지도 못하여 형제들 속에서조차 주눅이 들어 있어서 아버지는 가슴 아팠다.

어느 날, 아버지는 다섯 그루의 나무를 사 왔다. 그리고 다섯 명의 자식들에게 한 그루씩 나누어 주며 1년이라는 기한을 주었다. 가장 잘 키운 나무의 주인에게는 뭐든 원하는 대로 해주겠다는 약속도 했다.

약속한 1년 후, 아버지는 자식들을 데리고 다시 숲으로 갔다.

놀랍게도 유독 한 그루의 나무가 다른 나무들에 비하여 성큼 잘 자라 있었다. 바로 가장 병약한 아들의 나무였다.

약속대로 아버지는 아들에게 원하는 것을 물었지만 예상대로 이 아들은 딱히 무엇을 요구해야 할지도 몰랐다.

아버지는 아들을 칭찬하며 자신감을 가지기를 바라면서 말했다.

"나무를 이렇게 잘 키운 것을 보니 커서 훌륭한 식물학자가 되겠구나. 아버지가 도와줄테니 열심히 하렴."

다음날 새벽, 아들은 잘 자라준 나무가 고마워 숲으로 가 보았다. 그런데 그의 나무 주변에서 인기척이 느껴졌다.

'어? 누가 있나?'

곧 이어 물조리개를 들고 있는 아버지의 모습이 아들의 두 눈에 보였다.

그 후 이 아들은 비록 훌륭한 식물학자는 되지 못하였으나, 아버지로부터 칭찬과 격려를 받은 아들은 자심감을 갖게 되었다. 그리고 미국 국민들의 가장 많은 지지와 신뢰로, 최초의 4선 대통령이 되었다.

그는 바로, 국내적으로는 1930년대의 대공황 타개를 위해 뉴딜정책을 추진했고, 대외적으로는 제2차세계대전 동안 연합국을 지도하여 미국이 세계평화에 기여하는 토대를 마련한 프랭클린 루스벨트 대통령이다.

인간 관계의 기본 덕목, 삼강

삼강은 임금은 신하의 본보기가 되고, 아버지는 자식의 본보기가 되고, 남편은 아내의 본보기가 되어야 한다는 세 가지 강령이다.

三綱 君爲臣綱 父爲子綱 夫爲婦綱
삼 강 군 위 신 강 부 위 자 강 부 위 부 강

옛날 어느 고을에 글만 읽는 한 선비가 있었다.

집 안의 물건들을 팔아 하루하루 살아가다 보니, 얼마 후에는 솥 하나만 남았다.

이때 그 동네에 한 도둑이 살았다. 집에 먹을 양식이 있었는데도 남의 물건을 훔치곤 했다.

그 사람이 가난한 선비의 집을 기웃거리다가, 선비의 아내가 죽을 쑤어 방으로 들어가자 그 솥을 떼어냈다. 솥을 들고 부엌에서 나오던 도둑은 부부의 말을 엿듣고 말았다.

"여보, 양식이 떨어진 걸 아는데, 이 죽은 어디서 났소?"

"어서 드세요. 쌀은 몇 톨 없지만 시장기는 면하실 수 있을 거예요."

"양식이 어디서 났느냐고 물었소."

선비가 다그치자 아내는 그만 모든 것을 털어놓고 말았다.

"어떤 농부의 논을 지나다 떨어진 곡식 낟알들을 봤어요. 너무도 시장하실 것만 같아 주워다가 빻아서 죽을 끓였지요."

"주인의 허락을 받지 않았으면 도둑질이오. 종아리를 걷으시오."

남편은 담뱃대로 사정없이 아내의 종아리를 쳤다.

이 장면을 지켜보던 도둑은 고개를 숙이고 말았다.

'굶주리면서도 곧은 마음을 지키다니! 정말 훌륭한 선비로구나.'

도둑은 감화를 받고 솥을 다시 걸어놓고 돌아갔다.

두 남편을 섬기지 말라

왕촉이 말하였다. "충신은 두 임금을 섬기지 않고, 열녀는 두 지아비를 섬기지 않는다."

王燭曰 忠臣不事二君 烈女不更二夫
왕 촉 왈 충 신 불 사 이 군 열 녀 불 경 이 부

⚅ • • • • • •

　한양에서 벼슬을 하다가 잠시 물러나 유람하던 한 과객이 현풍 곽씨에 효자 열녀가 많다는 소문을 확인하려고 현풍 곽씨가 모여 사는 동네를 찾아갔다.

　한 집의 사랑에 들어가 모인 사람들에게 말하였다.

　"내가 오다가 강물을 건너오는데, 한 새댁이 한쪽에는 초립동이 남편을 끼고 한쪽에는 연로한 시아버지를 끼고 물을 건너려고 하였으나 물이 깊어 쉽게 건널 수가 없었소. 그러니 어떻게 하면 물을 건널 수 있겠는지 아시는 분은 좀 일러 주시오."

　주인이 듣고 보니 문중에 효행이 많기로 소문난 자신들을 시험하기 위한 문제인지라 대답을 못하고 슬며시 일어나서 안채로 들어갔다.

　과객이 보니 주인의 행동이 이상하였으므로 자신도 조심스레 따라서 안채로 들어가 숨어서 지켜보았다.

부인이 무슨 걱정이 있느냐고 묻자 남편은 사실대로 털어놓았다. 부인 역시 생각해 보았으나 쉽게 답이 떠오르지 않았다. 그런데 옆에서 지켜보던 15세 된 딸이 말하였다.

　"그건 아주 쉬운 일입니다. 남편을 얼른 물속에 두고 시아버지를 물 밖으로 모셔 안전하게 해놓고, 자신은 곧 다시 물로 들어가 남편의 뒤를 따라 죽으면 효부와 열녀가 될 수 있습니다."

　과연 시아버지를 살렸으니 효부요, 남편이 죽은 자리에서 따라 죽으니 열녀였다.

　딸의 말을 들은 과객은 자신의 신분을 밝히고 그 처녀를 며느릿감으로 청혼하였다고 한다.

관리는 공평하고 청렴해야 한다

충자가 말하였다. "관직에 있으면서 다스릴 때에는 공평함이 최선이요, 재물을 다룰 때는 청렴만한 것이 없다."

忠子曰 治官莫若平 臨財莫若廉
충 자 왈 치 관 막 약 평 임 재 막 약 렴

중국의 한 왕인 중산군이 사대부들을 불러 잔치를 벌였다.

그런데 고깃국이 모자라 사마자기만 받지 못했다. 사마자기는 몹시 불쾌한 기색으로 앉아 있었다.

이 일로 사마자기는 자기를 배려해 주지 않은 중산군을 배신하고 공격해 왔다.

중산군은 겨우 몇몇 심복과 피신했는데 웬 낯선 사내 두 명이 창을 들고 뒤따라왔다.

중산군이 그들을 불러 물었다.

"그대들은 누구인데 나를 보호해 주는가?"

사내들은 무릎을 굽혀 예를 갖추며 말했다.

"네, 중산군께선 저희 부친이 굶주려 쓰러졌을 때 지나가시다가 찬밥 한 덩이를 주셔서 목숨을 구하셨습니다. 아버님은 돌아가실 때, 왕께 변고가 생기면 죽음으로 보답하라고 유언하셨습니다. 그래서 지금 왕을 따르는 것입니다."

중산군은 한탄을 하면서 말했다.

"허……, 다른 사람에게 무엇을 베푼다는 것은 많고 적음이 문제가 아니로구나. 어려울 때 돕는 것이 중요하며 다른 사람에게 원한을 사는 것은 크고 작음이 문제가 아니라 마음을 상하게 하는 데에 있었구나. 내가 한 그릇의 양고기 국물로 나라를 잃고, 한 덩이의 찬밥으로 목숨을 구하였구나."

그 순간 사마자기의 부대가 몰려오는 소리가 들렸다. 중산군은 두 사내의 보호를 받으며 어둠 속으로 사라졌다.

잘살고 건강하게 사는 비결

장사숙의 「좌우명」에 말하였다. "무릇 말은 충정과 신의가 있어야 하고, 행실은 돈독하고 공손해야 하며, 음식은 반드시 절제하고 삼가야 한다. 글씨는 반드시 똑똑하고 바르게 써야 하며, 용모는 단정하고 위엄이 있어야 하며, 옷차림은 정돈하여 바르게 하고, 걸음걸이는 필히 안정되고 차분해야 한다. 거처는 정숙하게 해야 하며, 일은 계획을 세워 시작하고, 말을 할 때는 실행 여부를 따져볼 것이며, 평상의 덕을 굳게 가지고, 승낙을 할 때는 신중히 응해야 하며, 선을 보거든 내일처럼 즐거서 하며, 악을 보거든 내 허물인 양 미워하고 바로잡아야 한다. 나는 이 14가지 일에 충분히 깨닫고 대응하지 못하고 있기에 이를 글로 써서 벽에 붙여두고 아침저녁으로 쳐다보면서 경계로 삼을 것이다."

張思叔座右銘曰 凡語必忠信 凡行必篤敬 飮食必愼節 字劃必楷正
장 사 숙 좌 우 명 왈　범 어 필 충 신　범 행 필 독 경　음 식 필 신 절　자 획 필 해 정

容貌必端裝 衣冠必整肅 步履必安詳 居處必正精 作事必謀始
용 모 필 단 장　의 관 필 정 숙　보 리 필 안 상　거 처 필 정 정　작 사 필 모 시

出言必顧行 常德必固持 然諾必重應 見善如己出 見惡如己病
출 언 필 고 행　상 덕 필 고 지　연 낙 필 중 응　견 선 여 기 출　견 악 여 기 병

凡此十四者 皆我未深省 書此當座右 朝夕視爲警
범 차 십 사 자　개 아 미 심 성　서 차 당 좌 우　조 석 시 위 경

마음을 닦아 스스로를 경계하라

범익겸이 「좌우명」에서 말하였다. "첫째 조정의 이해관계, 변방의 보고, 관직의 임명에 대해 말하지 말라. 둘째 주현 관원들의 장단점이나 득실을 말하지 말라. 셋째 여러 사람이 저지른 허물과 악행을 말하지 말며, 넷째 벼슬하여 관직에 나아가고, 기회를 따라 권세에 아부하는 일에 대하여 말하지 말라. 다섯째 재물의 이익이 많고 적음이나 가난을 싫어하고 부귀를 구하는 일을 말하지 말며, 여섯째 음란 난잡한 잡담이나 여색을 논평하는 일을 하지 말라. 일곱째 남의 물건을 탐하지 말고 술과 음식을 찾는 말을 하지 말라. 남의 서신을 열어보거나 전달을 지체하거나 손상해서는 안 되며, 타인의 사적인 글을 엿보아서도 안 된다. 남의 집을 방문할 때는 남의 글을 보지 말고, 남의 물건을 빌렸을 때는 손상시키거나 돌려보내지 않아서는 안 된다. 음식을 먹을 때는 가려먹지 말 것이며, 남과 같이 있으면서 자신의 편리만을 취하지 말라. 남의 부귀를 부러워하거나 헐뜯지 말라. 이 여러 가지 일에서 과오를 범하는 사람은 마음 씀씀이가 부족하여 몸과 마음을 닦는 데 크게 해가 될 것이다. 그래서 이 글을 적어 스스로 경계하고자 한다."

范益謙座右銘曰
범 익 겸 좌 우 명 왈

一不言朝廷利害邊報差除 二不言州縣官員長短得失
일 불 언 조 정 리 해 변 보 차 제　이 불 언 주 현 관 원 장 단 득 실

三不言衆人所作過惡之事 四不言仕進官職趨時附勢
삼 불 언 중 인 소 작 과 악 지 사　사 불 언 사 진 관 직 추 시 부 세

五不言財利多少厭貧求富 六不言淫媒戲慢評論女色
오 불 언 재 이 다 소 염 빈 구 부　육 불 언 음 설 희 만 평 론 여 색

七不言求覓人物干索酒食 又人付書信 不可開坼沈滯
칠 불 언 구 멱 인 물 간 색 주 식　우 인 부 서 신　불 가 개 탁 침 체

與人拜座 不可窺人私書 凡入人家 不可看人文字
여 인 배 좌　불 가 규 인 사 서　범 입 인 가　불 가 간 인 문 자

凡借人物 不可損壞不還 凡喫飮食 不可揀擇去取
범 차 인 물　불 가 손 괴 불 환　범 끽 음 식　불 가 간 택 거 취

與人同處 不可自擇便利 凡人富貴 不可歎羨底毁 凡此數事
여 인 동 처　불 가 자 택 편 리　범 인 부 귀　불 가 환 선 저 훼　범 차 수 사

有犯之者 足以見用心之不正 於正心修身 大有所害 因書以自警
유 범 지 자　족 이 견 용 심 지 부 정　어 정 심 수 신　대 유 소 해　인 서 이 자 경

부자의 적은 10가지 도둑

무왕이 태공에게 물었다. "사람이 세상을 살아가는데 어찌하여 부와 빈곤, 귀하고 천함이
고르지 않은지 까닭을 알고 싶으니 말씀하여 주십시오." 태공이 대답하였다. "부귀는 성인
의 덕과 같아 모두 하늘의 명에 의합니다. 부자는 씀씀이가 절제가 있지만 가난한 사람은
집안에 열 가지 도둑이 있습니다."

武王問太公曰 人居世上 何得貴賤貧富不等 原聞說之 欲之是矣
무 왕 문 태 공 왈   인 거 세 상   하 득 귀 천 빈 부 부 등   원 문 설 지   욕 지 시 의

太公曰 富貴 如聖人之德 皆由天命 富者 用之有節 不富者 家有十盜
태 공 왈   부 귀   여 성 인 지 덕   개 유 천 명   부 자   용 지 유 절   불 부 자   가 유 십 도

영국의 대부호이자 건축가인 토머스 해밀턴 가에는 선조로부터 대대로
내려오는 불가사의한 보물이 있었다. 사람들은 그것이 자유자재로 황금이
생기게 하는 '마술의 돌'이라고 했다. 그러나 그 마술의 돌은 주인 외에는
아무도 절대로 볼 수가 없고 그 정체를 아는 이가 없었다.

한번은 영국 왕 제임스 6세가 해밀턴의 집을 방문한 적이 있었다. 왕은
해밀턴에게 오래 전부터 궁금하게 여기던 그 보물을 보여 달라고 간청했
다. 조금 후에 해밀턴은 작은 상자를 가지고 왔다. 왕은 호기심에 가득 찬
얼굴로 상자의 뚜껑을 열었다. 그런데 상자 안에는 마술의 돌이 아닌 두 구
절의 글이 적혀 있는 종이가 들어 있었다.

'내일이 있다고 생각지 말아라, 타인의 힘을 의지하지 말아라.'

정직한 재물은 나와 이웃을 윤택하게 만들어 준다. 옳지 않은 방법이나
지나친 인색함으로 모은 재물은 행복의 요소가 되지 못한다.

10가지 도둑을 잡아라

무왕이 물었다. "무엇을 십도라고 합니까?" 태공이 대답하였다. "익은 곡식을 제때 수확하지 않음이 첫째 도둑이고, 수확한 곡식을 제대로 저장하지 않음이 둘째 도둑입니다. 셋째는 일도 없이 등불을 켜놓고 잠자는 것이고, 넷째는 게을러서 밭을 갈지 않으며, 다섯째는 자신의 능력을 쓰지 않음입니다. 남에게 해가 되는 일을 생각하고 행함이 여섯째이고, 일곱째는 자식(딸)을 너무 많이 기르는 것, 여덟째는 낮잠 자고 아침에 늦잠을 자며 게으름을 피우는 것, 아홉째는 술과 탐욕이며, 남을 심히 시기하고 질투하는 것이 열째 도둑입니다."

武王曰 何謂十盜 太公曰 時熟不收 爲一盜 收積不了爲二盜
무 왕 왈 하 위 십 도 태 공 왈 시 숙 부 수 위 일 도 수 적 불 료 위 이 도

無事燃燈寢睡 爲三盜 慵懶不耕 爲四盜 不施功力 爲五盜
무 사 연 등 침 수 위 삼 도 용 나 불 경 위 사 도 불 시 공 력 위 오 도

專行巧害 爲六盜 養女太多 爲七盜 晝眠懶起 爲八盜
전 행 교 해 위 육 도 양 녀 태 다 위 칠 도 주 면 나 기 위 팔 도

貪酒嗜慾 爲九盜 强行嫉妬 爲十盜
탐 주 기 욕 위 구 도 강 행 질 투 위 십 도

⬡ ● ● ● ● ● ●

후지 가오루가 쓴 『엔딩, 나의 인생에 후회가 있다』라는 책은 인생에서 남보다 일찍 성공했지만 스스로 몰락해간 사람들의 이야기를 소개하고 있다.

현대적인 클래식으로 아메리카 음악을 만들어낸 조지 거쉰은 천재적인 음악가였다. 새로운 음악을 창조한 작곡가로 유명했지만, 그는 오만하고 자기중심적인 성격이었다.

사람이 거만하고 오만하며 욕심과 탐심에 잡히면 버림받는다.

그는 참으로 재능 있는 사람이었는데 교만하고 오만하고 욕심과 탐심으로 꽉 차자 친구들이 모두 떠나가고, 말년에 고독하게 홀로 있다가 뇌종양

으로 비참하게 인생을 마감했다.

오스카 와일드는 인기 작가가 되었지만 젊은 나이에 동성애에 빠졌고, 술과 쾌락으로 시간을 허비하며 결국 성병과 종양으로 고독하게 죽음을 맞이했다.

미국의 대문호인 헤밍웨이도 말년에 우울증으로 시달리다가 권총으로 자살했다.

인간이 행복을 잃어버린 이유는 마음에 교만과 탐욕이 가득 찼기 때문이다. 매일같이 자기를 점검해야 되는 이유는 교만과 오만, 욕심과 탐심은 소리 없이 스르르 잠식해 들어오기 때문이다.

최고의 도둑은 게으름이다

무왕이 물었다. "집에 열 가지 유형의 도둑이 없음에도 부자가 되지 못하는 것은 어찌 된 것입니까?" 태공이 말하였다. "그런 집안에는 반드시 세 가지 소모 요인이 있을 것입니다." "그것이 무엇입니까?" "창고가 뚫렸음에도 정비하지 않아 흘러나오는 곡식을 쥐와 새들이 먹어치우는 것이 첫째 소모입니다. 거두고 씨 뿌리는 시기를 놓치는 것이 둘째이며, 곡식을 흘리고 함부로 다루는 것이 셋째 소모입니다."

武王曰 家無十盜而不父子 何如 太公曰 人家必有三耗 武王曰
무왕왈 가무십도이불부자 하여 태공왈 인가필유삼모 무왕왈

何名三耗 太公曰 倉庫漏濫不蓋 鼠雀亂食 爲一耗 收種失時 爲二耗
하명삼모 태공왈 창고누람불개 서작난식 위일모 수종실시 위이모

抛撒米穀穢賤 爲三耗
포살미곡예천 위삼모

한 상인에게 늦잠꾸러기 아들이 있었다.

나태에 대한 아버지의 거듭되는 훈계에도 불구하고 그 게으른 아들은 여전히 해가 중천에 뜨기 전에는 좀처럼 일어나려고 하지 않았다.

마침내 그 상인은 아들을 일찍 일어나도록 하기 위해서 이익 동기를 이용하려고 생각했다. 그래서 "돈 좀 벌고 싶지 않니?"라고 아들에게 말했다.

"얘야, '아침에 일찍 일어난 사람이 잃어버린 금 단지를 줍는다.'는 속담도 있단다!"

이에 아들이 대답했습니다.

"그런데 아버지, 그 금 단지를 잃어버린 사람은 더 일찍 일어났을 게 틀림없어요."

이런 아들 같은 사람은 집안일을 게을리 하고 가족들에게 해를 끼치며 고통을 주는 사람이다.

이런 게으른 사람이 있는 가정은 집도 수리하지 않아 남루하고, 여기저기 손을 보지 않아서 고장이 많으며, 자기 일을 미루어두기 때문에 집안은 항상 불평과 걱정거리가 있게 마련이다.

소득이 있어도 허랑방탕하게 낭비하는 것을 즐기다가 결국에는 가족들의 짐이 된다. 가족과 이웃에게 손을 벌리는 처지로 전락하고 마는 것이다.

12 입교편(立教篇) : 가르침의 원칙을 세우라

가난은 하늘이 내린 재앙이 아니다

무왕이 물었다. "집에 세 가지 소모 현상이 없는데도 부자가 되지 못함은 어째서입니까?" 태공이 대답하였다. "그런 사람의 집안에는 반드시 첫째 잘못, 둘째 오류, 셋째 어리석음, 넷째 실수, 다섯째 거스름, 여섯째 상서롭지 못한 일, 일곱째 노비처럼 행동하는 일, 여덟째 천한 짓, 아홉째 어리석은 짓, 열째 뻔뻔스러움이 있어서 스스로 재앙을 부르는 것이지, 하늘이 재앙을 내리는 것은 아닙니다."

武王曰 家無三耗而不父子 何如 太公曰 人家
무 왕 왈 가 무 삼 모 이 불 부 자 하 여 태 공 왈 인 가

必有一錯二誤三痴四失五逆六不祥七奴八賤九愚十强
필 유 일 착 이 오 삼 치 사 실 오 역 육 불 상 칠 노 팔 천 구 우 십 강

自招其禍 非天降殃
자 초 기 화 비 천 강 앙

⁂ • • • • • •

미국인 데이브 토머스는 8세 때 식당을 갖고 싶다고 생각했다. 고아로 태어나 너무 가난하였기 때문에 굶는 날이 많았다. 적어도 식당을 하면 굶을 일은 없을 것 같았다.

토머스는 학교 성적도 신통치 않았지만 목표를 버리지 않았다. 12세 때 간이식당에서 일하면서 식당 종업원으로 출발하여 차근차근 경험을 쌓아 갔다.

그 후 통닭구이 전문식당 지배인이 되었고, 결국 전국 체인점의 책임자가 되었다.

마침내 오하이오 주 콜럼버스에 가게를 차리고 딸의 이름을 따서 웬디스라는 상호를 붙였다. 바로 3천여 개의 식당체인을 갖게 된 것이다.

그의 성공을 취재하러 온 기자와의 인터뷰에서 그는 이렇게 말하였다.

"처음엔 10개의 식당을 갖는다는 것도 생각하지 못했습니다. 식당 하나를 경영하는 데 온 힘을 기울이고, 경영에 힘을 쏟았습니다. 이런 식으로 사업을 늘려나갔습니다. 실천 가능한 분명한 목표를 정해서 종이에 써서 벽에 붙이고, 목표를 적은 종이를 항상 지니고 다녔습니다. 하루의 목표를 정하고 일주일의 목표를 달성하도록 최선을 다했습니다."

3천 개의 체인점은 어느 날 갑자기 그냥 행운처럼 생긴 것이 아니다. 하나하나 최선을 다할 때 성공은 행운처럼 내 앞에 놓이게 되는 것이다.

10가지 잘못을 고쳐라

무왕이 말하였다. "그 내용을 듣고 싶습니다." 태공이 대답하였다. "첫째 잘못은 아들을 키우며 가르치지 않음이요. 두 번째 오류는 어린이를 기르며 타이르지 않는 것입니다. 처음 맞아들인 신부를 엄하게 가르치지 않음이 세 번째 어리석음입니다. 말하기 전에 먼저 웃어버리는 것이 네 번째 과실이요. 부모를 봉양하지 않는 것이 다섯 번째 거스름(거역-巨役)입니다. 밤에 알몸으로 일어남이 여섯 번째 상서롭지 못한 일입니다. 남의 활을 당기기를 좋아하는 것이 일곱 번째 상스러움이오. 남의 말 타기를 좋아하는 것이 여덟 번째의 천함이고, 아홉 번째 남의 술을 얻어 마시면서 다른 사람에게 권하는 어리석음이며, 열 번째 남의 밥을 먹으면서 친구에게 먹기를 권하는 것이 뻔뻔스러움이 되는 것입니다." 무왕이 말하였다. "아아! 참으로 아름답고 진실된 말씀이구나."

武王曰 願悉聞之 太公曰 養男不敎訓 爲一錯 嬌孩不訓 爲二誤
무 왕 왈 원 실 문 지 태 공 왈 양 남 불 교 훈 위 일 착 상 해 불 훈 위 이 오

初迎新婦不行嚴訓 爲三痴 未語先笑 爲四失 不養父母 爲五逆
초 영 신 부 불 행 엄 훈 위 삼 치 미 어 선 소 위 사 실 불 양 부 모 위 오 역

夜起赤身 爲六不祥 好挽他弓 爲七奴 愛騎他馬 爲八賤
야 기 적 신 위 육 불 상 호 만 타 궁 위 칠 노 애 기 타 마 위 팔 천

喫他酒勸他人 爲九愚 喫他飯命朋友 爲十强
끽 타 주 권 타 인 위 구 우 끽 타 반 명 붕 우 위 십 강

武王曰 甚美誠哉 是言也
무 왕 왈 심 미 성 재 시 언 야

숯과 다이아몬드는 그 원소가 똑같은 탄소이다.

그 똑같은 원소가 하나는 아름다움의 상징인 다이아몬드가 되고, 다른 하나는 보잘것없는 검은 덩어리에 머물고 만다는 사실, 놀랍지 않은가?

어느 누구에게나 똑같이 주어지는 하루 24시간이라는 원소. 그 원소는 누구에게나 주어지지만, 그것을 다이아몬드로 만드느냐 숯으로 만드느냐

는 자신의 선택에 달려 있다.

삶은 다이아몬드라는 아름다움을 통째로 선물하지는 않는다.

단지 가꾸는 사람에 따라 다이아몬드가 될 수도 있고 숯이 될 수도 있는 씨앗을 선물할 뿐이다.

무엇으로 만들지는 각 사람의 의지에 달려 있다.

치정편
治政篇

정치를 제대로 하라

공직자의 초심은 사랑하는 진실된 마음이다

명도 선생이 말하였다. "첫 벼슬길에 나선 선비라도 모든 것을 사랑하는 진실된 마음을 지킨다면 사람들에게 꼭 필요한 사람이 될 것이다."

明道先生曰 一命之士 苟有存心於愛物 於人必有所濟
명 도 선 생 왈 일 명 지 사 구 유 존 심 어 애 물 어 인 필 유 소 제

스웨덴에서 한 미군 병사가 버스를 탔다.

마침 옆 좌석에 앉은 남자와 이런저런 얘기를 나누었다.

"미국이 세계에서 가장 민주적인 국가예요. 한낱 시민이라도 원하기만 하면 백악관에 가서 대통령을 만나 여러 가지 문제를 논의할 수 있으니까요."

그러자 옆자리의 스웨덴 사람이 말했다.

"그건 아무것도 아닙니다. 스웨덴에서는 왕이 일반 평민들과 한 버스를 타고 다닙니다."

잠시 후 스웨덴 사람이 버스에서 내리자 버스 안에 있던 사람들이 뽐내던 미군 병사에게 방금 버스에서 내린 그 남자가 바로 구스타브 아돌프 6세 스웨덴 국왕이라고 일러주었다.

공무원의 월급은
백성들의 고혈이다

당나라 태종의 어제에서 말하였다. "위에서 지휘하는 자와 중간에서 전달하는 자, 이를 수용하는 백성이 있다. 백성들이 바친 예물과 곡식으로 먹고 입으니 너희들의 봉록은 백성들의 피와 땀이다. 백성 위에 군림하기는 쉽지만 위에 있는 푸른 하늘을 속이기는 어렵다."

唐太宗御製云 上有麾之 中有乘之 下有附之 幣帛衣之 倉稟食之
당 태 종 어 제 운　상 유 휘 지　중 유 승 지　하 유 부 지　폐 백 의 지　창 품 식 지

爾俸爾祿 民膏民脂 下民易虐 上蒼難欺
이 봉 이 록　민 고 민 지　하 민 이 학　상 창 난 기

🦋 • • • • • •

　당태종은 당나라 2대 임금으로 백성을 몹시 사랑하였다 한다. 정책을 세우고 이를 집행하는 측과 국민의 관계이다. 국민을 떠받들고 하늘에 부끄럽지 않은 청렴한 관리가 되라는 뜻이다.

　조선 중기의 문신인 조사수는 오늘날로 보면 대법원장, 국회의장, 서울대총장까지 맡아본 사람이지만 나라에서 주는 월급 외에 뇌물은 전혀 받지 않은 분이었다. 당연히 평생을 가난하게 사시다 돌아가신 분이다. 또한 중종 때 청문, 탁문, 예문을 세워 신하들에게 스스로 자신에게 맞는 문에 걸어가게 했다. 아무도 선뜻 나서지 못하고 중간인 예문을 통과했지만, 조사수는 혼자 떳떳이 청문을 통과했고 많은 관리들이 옳다고 말했다고 한다. 돈을 탐내지도 않았고 권력을 내세우지도 않은 겸손하면서 청렴한 분이었다.

13 치정편(治政篇) : 정치를 제대로 하라

공직자는
청렴 · 신중 · 근면해야 한다

『동몽훈』에서 말하였다. "관리가 지켜야 할 세 가지 법은 청렴·신중·근면이다. 이를 명심하면 처신하는 법을 안다고 할 수 있다."

童蒙訓曰 當官之法 唯有三事 曰淸曰愼曰勤 知此三者 知所以持身矣
동 몽 훈 왈 당 관 지 법 유 유 삼 사 왈 청 왈 신 왈 근 지 차 삼 자 지 소 이 지 신 의

⊛ • • • • • •

　미국의 불루문 치즈회사의 창립자 휘트니는 농부의 아들로 자랐으나 회사 사장이 되는 것이 꿈이었다. 그는 처음 식료품 연쇄점의 점원으로 취직하였다. 그는 모든 일에 한결같이 성실하였다. 소매부에서 일하던 그는 거기서만 일하는 것이 아니라 점심시간에는 도매부의 일도 자진해서 도와주었다.
　"허허, 그렇게까지 안해도 되는데⋯⋯."
　사람들이 만류했지만 그는 일을 찾아서 하였고, 그 어떤 보수도 요구하지 않았다. 이것이 담당 부장의 인정을 받게 되어 부장은 더 좋은 자리가 났을 때 휘트니를 발탁하게 만들었다. 그는 점원에서 외판원으로, 부장으로, 그리고 마침내 회사를 창설하여 사장이 되었다. 정직하고 성실한 사람은 세상에 드러날 큰 재주나 용맹은 없어도 올바른 삶을 살려고 노력한다. 그러므로 악인의 유혹에 넘어가지 않고, 물리칠 수 있다. 정직하고 성실한 사람은 불행한 일도 바꾸어 전화위복의 인생으로 만드는 힘이 있다.

공직자는
이성적으로 처리해야 한다

공직에 있는 자는 심하게 성내어 이성을 잃는 일을 경계해야 한다. 일을 순리대로 처리하면 반드시 해결될 것이다. 감정을 앞세우면 남보다 먼저 자신을 해치게 될 것이다.

當官者 必以暴怒爲戒 事有不可 當詳處之 必無不中
당 관 자 필 이 폭 노 위 계 사 유 불 가 당 상 처 지 필 무 부 중
若先暴怒 只能自害 豈能害人
약 선 폭 노 지 능 자 해 기 능 해 인

관직에 있는 사람은 반드시 갑자기 화내는 것을 경계해야 한다. 노여움을 다른 사람에게 옮겨 풀지 않으며, 자신의 과오를 되풀이하지 말아야 한다.

공자가 가장 아꼈던 제자 안회는 예가 아니면 보지도 말고 듣지도 말며 말하지도 말고 행동하지도 말아야 한다는 공자의 가르침을 끝까지 지킨 학자로 덕행이 뛰어났다. 가난한 생활을 이겨내고 은둔적 삶이었으나 29세의 나이에 일찍 죽었다. 공자는 안회가 죽자 통곡하면서 "하늘이 나를 버리시는구나(天喪予)" 하며 하늘을 원망하였는데, 안회의 성품이 바로 불이과(不二過) 불천노(不遷怒)였다. 그는 화나는 일이 있어도 그 노여움을 남에게 옮기거나 얼굴을 붉히는 일이 없었고, 두 번 다시 하나의 잘못을 반복하지 않았던, 진정한 인격자의 표상이었다. 공자는 3천 제자 중 그를 가장 아꼈다고 한다.

화로 인한 병은 오직 스스로의 마음을 다스려야만 해소될 수 있다. 순간의 화가 끓어오를 때 알아차려서 스스로 진정시키는 습관이 필요하다.

결과가 미진하면 나를 돌아보라

임금 섬기기를 어버이 섬기듯이 하며, 윗사람은 형처럼, 동료는 자기 식구처럼 하고, 아전 대하기를 자기 집 일꾼 대하듯이 하며, 백성 사랑하기를 내 처자식처럼 하며, 공무 처리는 내 집안일처럼 해야 한다. 그래야 성심성의껏 일했다 할 것이다. 만약 결과가 미진하다면 일 처리에 임한 내 마음자세를 살펴봐야 한다.

事君如事親 事長官如事兄 與同僚如家人 待群吏如奴僕
사 군 여 사 친 사 장 관 여 사 형 여 동 료 여 가 인 대 군 리 여 노 복

愛百姓如妻子 處官事如家事 然後能盡吾之心
애 백 성 여 처 자 처 관 사 여 가 사 연 후 능 진 오 지 심

如有毫末不至 皆吾心有所未盡也
여 유 호 말 부 지 개 오 심 유 소 미 진 야

🌸 • • • • • •

어느 빵공장에서 직원을 뽑는다는 소식이 달동네 다락방에까지도 들려왔다.

다락방에서 가난한 생활을 하는 청년은 지푸라기라도 잡는 심정으로 빵 만드는 기술에 대한 공부를 열심히 했다. 밤을 새가며 공부를 하다 보면 새벽닭이 울곤 했다.

드디어 시험을 보는 날, 청년은 중간 부분까지는 시원스럽게 써 나갔다. 그런데 끝 부분이 도무지 생각이 나지 않았다. 청년은 떨어졌다고 생각하며 집으로 돌아왔다. 그리고 자신이 원래 하던 공부에 열중했다.

며칠 후, 빵 공장에서 편지가 도착했다.

'점수는 64점으로 합격, 직위는 과장'

이 빵공장은 엄격해서 100점을 맞지 못하면 들어가지 못했는데, 64점으로 합격도 했을 뿐더러 과장 직위에까지 올랐으니 청년은 조금 당황했다.

회사에 들어간 청년은 성실하게 열심히 일을 해 나갔다.

회사 사장의 호출을 받은 청년은 마침 그 합격통지서도 물어볼 겸 사장실로 달려갔다.

사장실 문을 열자, 사장님이 웃으면서 말했다.

"나한테 이런 과장이 있다는 것이 너무 좋네. 앞으로 자네가 성실하게 일하면, 내가 직위를 사장직까지 올려주겠네!"

"그런데, 합격통지서엔 64점이라고 쓰여 있었는데요?"

사장은 시험지를 보여 주었다.

눈길이 맨 마지막 문제에 쏠렸다.

"바로 이거라네."

청년은 시험지를 뚫어져라 바라보았다.

문제는 '빵을 만드는 주원료는 무엇인가?'라는 것이었다.

"아직도 모르겠나? 자네가 '정성'이라고 답을 쓰지 않았나?"

정성.

그 두 글자야말로 엄격한 사장을 감동시킨 최상의 명답이었다.

공은 상대방에게, 과는 나에게 돌리라

어떤 사람이 물었다. "부(簿)는 영(令)을 보좌하는 참모와 같은 자입니다. 부가 하려는 일을 영이 반대한다면 어떻게 해야 합니까?" 이천 선생이 대답하였다. "마땅히 진정성을 갖고 영을 설득해야 합니다. 서로가 개인적인 감정으로 화목하지 못하기 때문입니다. 영은 고을의 우두머리이니 어버이와 형을 섬기듯 대하고, 공은 그에게, 과(過)는 나에게 돌리는 진정한 성의를 보인다면 어찌 그를 움직이지 못하겠습니까."

或問 簿佐令者也 簿欲所爲 令或不從柰何
혹 문 부 좌 영 자 야   부 욕 소 위   영 혹 부 종 내 하

伊川先生曰 當以誠意動之 今令與簿不和 便是爭私意
이 천 선 생 왈   당 이 성 의 동 지   금 영 여 부 불 화   변 시 쟁 사 의

令是邑之長 若能以事父兄之道 事之過則歸己
영 시 읍 지 장   약 능 이 사 부 형 지 도   사 지 과 즉 귀 기

善則唯恐不歸於令 積此誠意 豈有不動得人
선 즉 유 공 불 귀 어 영   적 차 성 의   기 유 부 동 득 인

이천 선생(伊川先生) : 북송의 유학자

⊛ ● ● ● ● ● ●

성웅 이순신은 부하들을 직책이나 신분으로 한정짓지 않았다.

아무리 낮은 직책이라도 군사에 관한 일이면 언제든지 자유롭게 소통하고 의견을 제시할 수 있었으며, 일리가 있는 의견은 과감히 채택하고 주도적으로 업무를 수행할 수 있도록 하였다.

아무리 낮은 신분이라도 의견을 존중하고 받아들이며 부하들의 창의적 아이디어를 긍정적으로 수용하는 모습은 리더로서의 그의 포용력을 보여준다.

또한 그는 상사가 거문고를 만들겠다며 관사 앞 오동나무를 베어오라고

명령했을 때, 끝내 베어오지 않은 일은 너무 유명하다.

불의를 보면 참지 못하는 강직함 때문에 파면도 당하고 백의종군 등 수차례의 위기를 겪어야 했지만 이 위기에서 벗어날 수 있었던 것도 결국 벼슬에 연연해하지 않는 깊은 인품의 소유자였기 때문이다.

이순신은 누구에게나 공평하게 대해 상벌을 엄격하게 하여 부하들의 사기를 높였다.

전쟁에 승리를 거두었을 때는 군사들의 전과를 일일이 기록해 단 한 사람도 받아야 할 상을 못 받는 일이 없도록 하였고, 반대로 벌을 줄 때 역시 엄격하게 시행하였다.

행실을 올바르게 해야
남도 뒤따른다

유안례가 백성을 대하는 도리를 묻자 명도 선생이 대답했다. "백성들이 그들의 심정을 다 표현하도록 해야 한다." 아전을 다스리는 방법을 묻자 대답했다. "자신이 바르게 행동하여 모범을 보이면 그들도 따라올 것이다."

劉安禮 問臨民 明道先生日 使民 各得輪其情 問御吏 日正己以格物
유안례 문림민 명도선생왈 사민 각득수기정 문어리 왈정기이격물

❋ ● ● ● ● ● ●

말썽만 부리는 애를 맡게 된 한 교사의 경우다.

"나는 문제 학생들에게 훌륭한 명성을 부여해 주고 있어요. 지금도 기억 하지만 무척이나 말썽을 피운 애가 있는데 특히 여자애들을 괴롭혀 견딜 수 없었지요. 고민을 하다가 그에게 이제부터는 네가 반장이 되어 반 애들 을 잘 돌보아주라고 했습니다. 그랬더니 그 애의 얼굴에 빛이 나기 시작했 습니다. 그때부터 그 애는 모범생이 되었습니다."

회사에서도 보통 직원을 팀장으로 승진시키는 방법을 많이 사용한다.

사고뭉치인 직원을 불러내어 "자네에게 팀장의 직책을 맡길까 하고 생각 하는 중일세."라고 말해 주는 것이다. 그렇게 되면 그는 훌륭한 직원이 되 는 이유를 갖게 되는 것이다. 그래서 기대대로 열심히 일하게 된다.

셰익스피어는 이렇게 말했다.

"만일 그대가 지닌 장점이 없으면 장점을 가진 것처럼 생각하라. 그러므

로 다른 사람들에게도 당신이 계발시켜 주고 싶은 장점이 있다고 가정하고 그에 대해 자주 말해 주어라. 그들에게 좋은 평판을 기대하게 해주어라. 그렇게 되면 그들은 당신을 실망시키지 않으려고 온갖 노력을 다할 것이다."

말썽을 피우는 직원에게는 훌륭한 동기부여의 기회를 제공하는 것이 효과적이다.

명예를 부여하면 사람은 그 명예에 걸맞은 행동을 하려고 노력하게 된다.

충신은 바른말을 해야 한다

포박자가 말하였다. "도끼로 맞더라도 바른말을 하며, 끓는 물이 든 솥에 넣어서 죽이려 하더라도 바른말을 할 수 있다면 이를 충신이라 한다."

抱朴子曰 迎斧鉞而正諫 據鼎鑊而盡言 此謂忠臣也
포 박 자 왈 영 부 월 이 정 간 거 정 확 이 진 언 차 위 충 신 야

기원후 79년에 이탈리아의 폼페이 근처에 베스비우스 산이 용암을 내뿜 어서 폼페이 시 전체를 완전히 폐허로 만들어 버렸다.

그 후 고고학자들이 폼페이 시가지를 발굴하기 시작했다. 이 가운데 발 굴자들의 가슴을 뭉클하게 하는 모습이 하나 발굴되었는데, 그것은 폼페이 성의 문을 지키는 보초병이었다. 그는 그 도시의 성문 앞에 무기를 손에 들 고 부동자세를 취한 채 죽은 모습으로 발견되었다.

런던에 있는 미술관에 가면 이 군인을 모델로 해서 그 당시의 어지러운 모습을 그려놓은 유명한 그림이 하나 걸려 있다. 그런데 그 그림 아래에는 '충성'이라는 제목이 붙여져 있다. 주위의 그 어떤 환경과 여건 속에서도 흔들리지 않고 자기가 맡은 일에 책임을 다하는 사람이 충성이다. 다른 사 람의 행동과 상관없이 자기의 성심을 다하는 것이다.

치가편
治家篇

집안을 잘 다스리라

어른은 인생의 대선배이다

사마온공이 말하였다. "무릇 손아랫사람들은 집안의 대소사를 독단적으로 처리하지 말고 집안 어른께 묻고 여쭈어야 할 것이다."

司馬溫公曰 凡諸卑幼事無大小 毋得專行 必咨稟於家長
사 마 온 공 왈　범 제 비 유 사 무 대 소　무 득 전 행　필 자 품 어 가 장

효를 강조하던 공자의 제자 중에 증자가 있다. 증자는 아버지 증석에게 밥을 드릴 때는 항상 지극정성을 다하였다. 남은 음식의 처리 문제까지도 반드시 아버지께 여쭤본 후에, 그 당시의 풍속에 맞게 아랫사람에게 주었다고 한다.

하지만 증자의 아들인 증원은 달랐다. 증자를 봉양하며 남은 음식을 다시 다음 상에 올리기 위해, 항상 남은 음식이 없다고 대답을 하였다고 한다.

우리의 효의 모습은 어떤지 생각해 봐야 한다. 부모님 봉양에 진심을 다하는지, 입과 몸으로만 모시는지, 돈으로만 모시는지 한 번 생각해 볼 문제다.

자식들이 진심으로 부모님을 섬기지 않을 때, 부모님은 눈치를 보게 된다. 지금 부모님의 모습은 얼마 후 나의 모습임을 깨달아 최선을 다해 공경해야 한다.

14 치가편(治家篇) : 집안을 잘 다스리라

손님을 푸대접하지 말라

손님 접대는 융숭하게 하되, 살림살이는 검소하게 하라.

待客 不得不豊 治家 不得不儉
대 객 부 득 불 풍 치 가 부 득 불 검

　　· · · · · ·

　　손님을 정중하게 청했을 때는 예의바르게 행동해야 한다. 인사법으로 가장 흔한 악수는 상호 대등한 의미이지만 먼저 청하는 데는 순서가 있다.

　　여성이 남성에게, 윗사람이 아랫사람에게, 선배가 후배에게, 기혼자가 미혼자에게, 상급자가 하급자에게 먼저 청한다. 그러나 국가원수, 왕족, 성직자 등은 이러한 기준에서 예외가 될 수 있다.

　　악수를 할 때는 반드시 일어서서 상대방의 눈을 보면서 해야 한다. 그리고 부드럽게 미소를 지은 채, 손을 팔꿈치 높이만큼 올려서 잠시 상대방의 손을 꼭 잡았다 놓는다. 이때에도 너무 세게 잡아서도, 또 잡은 손을 지나치게 흔들어서도 안 된다. 아는 사람을 만났을 때는 악수에 대비해서 오른손에 들었던 물건을 왼손에 미리 바꿔 들고, 왼손잡이도 악수는 오른손으로 하는 것이 예의이다. 동양인 중에는 악수를 하면서 절을 하는 사람들도 많은데, 악수가 바로 서양식 인사이므로 절까지 할 필요는 없다.

14 치가편(治家篇) : 집안을 잘 다스리라

현명한 여자는 남편을 공경한다

태공이 말하였다. "어리석은 사람은 아내를 두려워하고, 현명한 여자는 남편을 공경한다."

太公曰 痴人畏婦 賢女敬夫
태 공 왈 치 인 외 부 현 녀 경 부

⁂ • • • • • •

미국의 여성지 '레이디스 홈 저널'에서 '행복한 부부들이 말하는 결혼 생활의 비결'을 공모한 적이 있었다. 1등은 "우리가 행복하게 사는 비결은 서로 사랑하고 좋아하는 데 있습니다. 우리는 상대가 무슨 말을 하든지 끝까지 들어주고, 항상 웃음을 잃지 않습니다."라고 말한 부부였다. 2등은 "우리는 결혼생활을 이해로 시작하지는 않았습니다. 6년 반 동안 각자가 서로의 재능을 개발하는 즐거움으로 완전한 일체감을 이루게 되었습니다."라고 말한 부부였다. 3등은 "우리는 다툴 일이 생기면 우선 입씨름을 하기 전에 상대방의 두 손을 꼭 잡죠. 그렇게 하면 서로의 체온을 느끼게 되고 따뜻한 정이 통하게 됩니다. 그러다 보니 싸움이 되지 않더군요."라고 말한 부부였다.

행복한 결혼생활은 배려와 이해, 부부가 갖는 일체감에 있었다. 동등한 인격체로 인정하면서 같은 방향을 보고 손을 잡고 나아가는 것이 아름다운 부부의 모습이다.

아랫사람을 부릴 때는
그 입장에 서보라

무릇 노복을 부림에 있어서는 먼저 그들의 춥고 배고픔을 살피라.

凡使奴僕 先念飢寒
범 사 노 복 선 념 기 한

필립 시드니경은 '이 세상에서 가장 훌륭한 기사'로 일컬어지고 있다. 1586년 주트펜 전쟁터에서 빈사상태에 있었을 때 그에게 물을 건네준 사람이 있었다. 그러나 그는 자신이 목을 축이는 대신, 곁에 상처 입은 무명의 병사에게 "네가 마셔라. 네가 나보다 더 필요할 것이다."라고 하면서 물을 마시게 했다고 한다.

에티켓의 기본은 상대방을 먼저 생각하는 친절한 마음에서 비롯된다. 친절한 감정이 생기면, 상대방의 기분을 편안하게 해주려는 생각이 들고, 그렇게 되면 남에게 불쾌한 감정을 주지 않게 된다. 예를 들면, 옆에 있는 사람에게 소곤소곤 귀엣말을 하는 등의 예의에 벗어나는 일은 하지 않게 될 것이다. 편안한 의자를 권하거나, 대화에 끼지 못하고 있는 사람에게 말을 걸어주는 것 역시 친절에서 나온 호의의 표시이다.

14 치가편(治家篇) : 집안을 잘 다스리라

가화만사성

효도하는 자식을 두면 부모가 즐겁고, 집안이 화목하면 모든 일이 이루어진다.

子孝雙親樂 家和萬事成
자 효 쌍 친 락　가 화 만 사 성

⊛ ● ● ● ● ● ●

최근 미국 시카고 가정법원의 명판사인 조지 서버스는 많은 가정불화를 화해로 돌리는 데 성공한 사례를 발표했다. 그는 가정의 균열은 아주 작은 데서부터 시작된다고 밝히면서 이렇게 강조했다.

"행복은 말 한 마디에서 출발합니다. 남편이 일터로 갈 때 아내가 문에까지 나가서 '여보, 잘 다녀오세요.' 라고 인사하고, 귀가할 때는 하던 일을 멈추고 "잘 다녀오셨어요? 수고 많으셨네요." 하고 상냥하게 맞이한다면 불화는 훨씬 더 줄어듭니다. 남편도 아내에게 이렇게 다정한 말 한 마디를 하루에 몇 번만 한다면 가정불화는 막을 수 있습니다."

14 치가편(治家篇) : 집안을 잘 다스리라

불과 도둑은 예방이 최선이다

때로 불이 나는 것을 막고 밤이면 도둑이 들 것에 대비하라.

時時防火發　夜夜備賊來
시 시 방 화 발　야 야 비 적 래

미국의 정치가였던 벤저민 프랭클린은 자기가 사는 필라델피아 시민들에게 선한 일을 하기 원했다.

'밤에도 사람들이 안전하게 다니게 해야지.'

그래서 그는 등을 하나 준비해서 집 앞에 선반을 만들고 그 위에 올려 두었다. 그러자 동네 사람들은 이상하게 생각했다. 등불은 집 안에 두어야 하는 것으로 이해했기 때문에, 집 밖에 두는 것은 낭비라고 여겼다. 그러나 시간이 지나자 사람들은 뭔가 깨닫기 시작했다. 집 밖에 등불을 두니까 밤에 지나가는 사람도 넘어지지 않았다. 멀리서도 방향을 알 수 있었다.

이것을 좋게 생각한 사람들이 하나둘씩 집 밖에 등불을 두기 시작했다. 그러자 골목과 길거리가 환하게 되었다. 이것이 오늘날 가로등의 시작이었다. 세계적으로 가로등이 생기게 된 것은 벤저민 프랭클린의 선행 때문이다. 한 사람의 선한 행동이 많은 사람에게 편의를 제공하고 세상을 밝게 만든 것이다.

일찍 일어나 부지런히 일하라

『경행록』에서 말하였다. "아침에 일어나는 시간과 저녁에 잠자는 시간을 보면 그 집안의 앞날을 예견할 수 있다."

景行錄云 觀朝夕之早晏 可以卜人家之興替
경 행 록 운 관 조 석 지 조 안   가 이 복 인 가 지 흥 체

어떤 임금이 세자비가 될 며느리를 얻기 위하여 온 나라 곳곳에 방을 붙이고, 귀한 집안의 규수들을 모아서 일일이 심사를 했다.

마지막 후보로 열 명의 처녀가 발탁되자, 임금은 한 가지 숙제를 내주었다.

쌀을 담은 밥그릇을 제각기 하나씩 주면서 말했다.

"이것을 가지고 열흘 동안 먹고 지내다 오너라."

어떤 처녀는 죽을 쑤어 먹었고, 또 어떤 처녀는 열 등분으로 나누어서 조금씩 조금씩 열흘 동안 아껴 먹었다.

열흘 후, 처녀들은 다시 궁전으로 돌아왔다.

모두 다 말랐는데 유독 한 처녀만은 얼굴이 환한 채 떡 한 시루까지 머리에 이고 궁전에 들어섰다.

의아하게 여긴 임금님이 물었다.

"어떻게 해서 그 적은 쌀로 열흘 동안 먹고, 또 떡까지 해 왔느냐?"

“떡을 만들어 팔았습니다. 거기에서 남은 이윤으로 쌀을 사고 또 떡을 만들어 팔고 해서 저도 먹고 집안사람들도 배불리 먹었습니다. 그러고도 남아 떡을 만들어 왔습니다.”

결국 그 처녀가 왕세자비로 간택되었다.

아침 일찍 일어나 부지런히 일한다면 그 집안은 흥할 것이고, 해가 중천에 뜨도록 자고 밤마다 술타령이면 그 집안은 쇠할 것이다.

14 치가편(治家篇) : 집안을 잘 다스리라

혼인의 필수 조건이 재물은 아니다

문중자가 말하였다. "혼인하면서 재물을 따지는 것은 품위 없는 일이다."

文仲子曰 婚娶而論財 夷虜之道也
문 중 자 왈 혼 취 이 논 재 이 로 지 도 야

1968년 10월, 유명한 재클린 케네디와 그리스의 억만장자 아리스토텔레스 오나시스가 결혼할 때 '혼전계약'을 했다. 그 내용은 '부부의 침실은 각기 독립하고, 한쪽의 허가 없이는 마음대로 들어갈 수 없다. 1년에 3개월은 동거 생활을 하되 9개월은 제각기 따로 생활할 수 있다.……' 등이었다.

사랑이 전제되어야 할 결혼에서 조건부터 조율하고 시작된 결혼생활이다. 또 이런 조항도 했다.

'남편이 이혼을 요구할 경우 1년에 10만달러로 쳐서 결혼기간에 상당한 위자료를 지불하고 만 5년 이상일 경우 종신 연금 1백만 달러를 준다. 아내가 이혼을 요구했을 경우에도 일시불로 2천만 달러와 그 이후 10년간 18만 달러의 연금을 받을 수 있다.'

이외에도 이 혼전계약서에는 의상비, 미용비, 용돈 등이 상세하게 서약되어 있었다. 결혼이 아니라 사업 같다는 생각을 떨쳐버릴 수 없다.

안의편
安義篇

의를 지키라

가족은 인륜의 기본이다

안씨 가훈에 말하였다. "백성이 있은 다음에 부부가 있고, 그 다음에 자식이 있고, 그 뒤에 형제가 있다. 한 집안에 친족은 이 세 가지로 이로부터 구족(九族)에 이르기까지 모두 이 삼친에 근본을 둔다. 이 삼친은 인륜에 있어 가장 중요한바 돈독하게 해야 한다."

顔氏家訓曰 夫有人民而後 有夫婦 有夫婦而後 有父子 有父子而後
안 씨 가 훈 왈 부 유 인 민 이 후 유 부 부 유 부 부 이 후 유 부 자 유 부 자 이 후

有兄弟 一家之親 此三者而已矣 自玆以往 至于九族 皆本於三親焉故
유 형 제 일 가 지 친 차 삼 자 이 이 의 자 자 이 왕 지 우 구 족 개 본 어 삼 친 언 고

於人倫 爲重也 不可無篤
어 인 륜 위 중 야 부 가 무 독

🐝 • • • • •

나라 안에 가뭄이 오래 계속되자 세종의 걱정이 깊어졌다.

그러자 집현전의 한 학자가 말했다.

"임금님들이 풍년이 들기를 기원하면서 지냈던 선농단에서 선농제를 지내신 후 친히 밭을 가시면 하늘이 비를 내리신다고 합니다."

"정말 그렇소? 백성과 나라를 위한다면 내 무엇을 못하겠소. 내 친히 친경을 하여 농사의 신께 빌어 보도록 하겠소."

임금이 선농단에서 제사를 지낸 후 친히 밭을 간다는 소식이 전해지자 백성이 구름처럼 몰려들었다.

신기하게도 세종이 밭을 갈자 얼마 안 있어 정말 비가 쏟아졌다.

"오, 감사한 일이로다!"

그런데 비가 너무 오랫동안 쏟아져서 세종은 궁궐로 돌아갈 수 없었다.

모두가 허기진 것을 알고 세종은 배고픈 백성들과 함께 먹을 수 있는 음식을 만들라고 지시했다.

제사를 지냈던 음식으로 간단히 먹을 수 있는 국밥을 만들어 나눠 먹게 하였다.

그 후로도 세종은 친경을 하였고 친경 후에 백성들과 나누어 먹었던 국밥은 그 뒤로 민간 사이에 퍼져 나가 좋은 음식으로 자리 잡아 갔다.

따라서 선농단에서 끓인 탕(湯)을 선농탕(先農湯)이라 하였고 이것이 구개음화하여 '설농탕' 또는 '설렁탕'이라 부르게 되었다고 한다.

15 안의편(安義篇) : 의를 지키라

부부보다 중요한 형제의 의리

장자가 말하였다. "형제는 손발과 같고 부부는 의복과 같다. 의복이 손상되면 새 옷을 입으면 되지만 손발이 잘리면 잇기가 어렵다."

莊子曰 兄弟爲手足 夫婦爲衣服 衣服破時更得新 手足斷處難可續
장자왈 형제위수족 부부위의복 의복파시경득신 수족단처난가속

형제의 중요성을 강조하기 위한 것이겠지만 부부는 일촌이다. 촌수가 없는 한몸인데 의복에 비유한 것은 요즘의 현실과는 괴리가 있다. 부부 앞에 부모도 형제도 눈에 안 보이는 듯 사는 것이 오늘날의 현실과 더 가깝다. 가족에 대한 사랑은 본능에 가깝고 형제에 대한 윤리에 가깝다.

요즘에는 세상이 각박해져 형제끼리 수년간이나 만나지도 않고 산다는 신문의 기사도 종종 나온다. 부모와 형제는 상황에 따라서 만나고 헤어지는 사이가 아니다. 좋을 때보다도 형편이 어려운 동기간들에게 더 사랑을 베풀고 돌보아 주는 것이 동기간의 정이고 한 부모 아래에서 태어난 정을 지키는 길이다.

진정한 대장부는
빈부로 사람을 가르지 않는다

소동파가 말하였다. "부자이기에 가까이 하지 않으며, 가난하다 하여 멀리하지 않음이 세상의 많은 사람 중 진정한 대장부이다. 부유하면 가까이 하고 가난하면 멀리 하는 것이 곧 사람 중에서 참으로 마음이 작은 소인배이다."

蘇東坡云 富不親兮貧不疎 此是人間大丈夫
소 동 파 운 부 불 친 혜 빈 불 소 차 시 인 간 대 장 부
富則進兮貧則退 此是人間盡小輩
부 칙 진 혜 빈 칙 퇴 차 시 인 간 진 소 배

어떤 청년이 우연히 소원성취의 요정이 들어 있는 요술항아리를 발견했다. 청년이 요정을 불러내자 요정이 나와서 물었다.

"주인님, 무슨 소원을 들어드릴까요?"

그러자 청년은 소원을 말했다.

"나는 돈과 여자와 결혼을 원해."

청년의 소원을 들은 요정은 곤란한 듯이 말했다.

"주인님, 저는 세 가지 소원을 한꺼번에 들어드릴 수는 없습니다. 한 가지만 말씀하세요."

세 가지 모두를 갖고 싶었던 청년은 꾀를 내어 이렇게 대답했다.

"돈, 여자, 결혼!"

청년의 짧은 대답을 들은 요정은 알았다는 듯이 말했다.

"네, 주인님. 알겠습니다."

그리고 한 달 뒤 그 소원이 이뤄졌는데, 그 청년은 머리가 돈 여자와 결혼하게 되었다.

이 세상의 탐심은 우리에게 잠깐의 만족을 줄 수는 있다. 그러나 결국은 비참한 종말을 맞게 된다. '최후에 웃는 자가 가장 잘 웃는 자'라는 말처럼 우리는 지나친 욕심으로 추락하지 말아야 한다.

준례편
遵禮篇

예를 따르라

16 준례편(遵禮篇) : 예를 따르라

예는 모든 일의 기본이다

공자가 말하였다. "예가 있기에 집안에 어른과 아이가 분별되고, 안방 살림에 부모와 형제, 처자가 화목하며, 벼슬과 지위에 질서가 따르고, 들판에서의 군사훈련도 성과를 거둘 수 있으며, 군대에서 무공을 세울 수 있다."

子曰 居家有禮故 長幼辨 閨門有禮故 三族和 朝廷有禮故 官爵序
자 왈 거 가 유 례 고　장 유 변　규 문 유 례 고　삼 족 화　조 정 유 례 고　관 작 서

田獵有禮故 戎事閑 軍旅有禮故 武功成
전 렵 유 례 고　융 사 한　군 여 유 례 고　무 공 성

．．．．．．

어느 고을에 착한 농부가 살았다. 농사라곤 손바닥만한 밭뙈기가 전부였기 때문에 매우 가난했다. 그 밭에 무씨를 뿌렸더니 좋은 무가 자라났다.

"농사가 잘 된 것은 모두가 원님 덕분입니다."

착한 농부는 제일 큰 무 하나를 원님에게 바쳤다. 원님도 관리를 시켜 선물을 주라고 했다. 농부는 큰 황소를 선물로 받아 부자가 되었다.

심술궂은 농부가 이 소문을 들었다. 자신이 기르는 황소를 바치면 더 큰 선물을 받겠다 싶었다. 그는 황소를 몰고 원님을 찾아가 말했다.

"저희가 잘 사는 것은 다 원님 덕분입니다. 이 황소를 받아주십시오."

원님은 착한 백성이 많다고 칭찬하며 아전에게 물었다.

"지금 창고에 무엇이 있느냐?"

아전은 창고에 가서 착한 농부가 바친 무를 가지고 왔다. 원님은 심술궂은 농부에게 그 무를 선물했다. 사람은 언제나 진실해야 한다.

아무리 용맹해도
예를 갖춰야 완전체가 된다

공자가 말하였다. "군자가 용맹만 있고 예가 없으면 세상을 어지럽게 하고, 소인이 용맹스럽기만 하고 예가 없으면 도둑이 된다."

子曰 君子 有勇而無禮 爲亂 小人 有勇而無禮 爲盜
자 왈 군 자 유용이무례 위란 소인 유용이무례 위도

🎴 • • • • • •

연전연승으로 마음이 넉넉해진 알렉산드로스 대왕은 한 신하에게 큰 재물을 내려주었다. 다른 신하에게는 넓은 영토를, 또 다른 이에게는 큰 권력을 주었다. 그러자 그의 친구 중 한 사람이 염려하며 말했다.

"이러다가 당신에게는 남는 것이 하나도 없겠습니다."

이때 알렉산드로스 대왕은 다음과 같이 말했다.

"자네는 아직 내게 가장 귀중한 것이 남아 있다는 것을 모르는가? 내게는 미래에 대한 소망이 있다네!"

16 준례편(遵禮篇) : 예를 따르라

세상에서 높은 세 가지

증자가 말하였다. "조정에서는 벼슬과 지위보다 더한 것이 없고, 마을에서는 나이만한 것이 없으며, 세상을 발전시키고 백성을 잘살 수 있게 이끄는 데 덕보다 더한 것이 없다."

曾子曰 朝廷 莫如爵 鄕黨 莫如齒 輔世長民 莫如德
증자왈 조정 막여작 향당 막여치 보세장민 막여덕

어느 날 성자 프란체스코에게 한 사람이 찾아와서 이렇게 질문했다.

"선생님, 선생님이야말로 그리스도의 영광을 나타내시는 분입니다. 선생님을 만나기만 하면 사람들이 변하는데 그 놀라운 비결이 무엇입니까?"

그러자 프란체스코는 조용히 대답했다.

"전능하신 하나님은 어느 날 이 지구상에 살고 있는 많은 사람들을 바라보셨습니다. 그리고 많고 많은 사람들 가운데 이 땅에서 가장 연약하고 가장 무지하며 가장 미련한 한 사람을 보기 시작하셨습니다. 그리고 하나님은 이렇게 말씀하셨습니다. '그렇다, 저 사람이다. 저 사람을 통해서 내 강함과 지혜로움과 능력을 나타내리라' 그것이 하나님이 나를 선택하신 이유의 전부입니다."

겸손은 자기 자신에 대한 채찍이고 다른 사람에게는 자기를 돌아보는 거울이 되어 준다. 겸손한 사람을 볼 때 우리는 반성하지 않을 수 없기 때문이다.

살면서 지켜야 할 질서,
이치와 도리

나이든 이와 젊은이, 어른과 아이는 하늘이 정한 차례이니 이치와 도리를 어겨서는 안된다.

老少長幼 天分秩序 不可悖理而傷道也
노 소 장 유 천 분 질 서 불 가 패 리 이 상 도 야

셰익스피어가 런던의 어떤 음식점에 들어갔다. 그가 들어오자 대부분 사람들은 식사를 하다 말고 일어서서 인사를 하였다. 평소에 그를 존경하는 마음이 있어서였다. 이때 밖에서 마당을 쓸고 있던 식당의 하인이 그 광경을 보고는 땅이 꺼져라 한숨을 내쉬는 것이었다.

셰익스피어는 그 하인의 한숨을 듣고는 밖으로 나가 물어보았다.

"왜 한숨을 내쉬었습니까?"

"똑같은 사람으로 태어났는데 당신 같은 분은 많은 사람들에게 존경받는 영광스런 인물인 데 반해, 나는 밥이나 얻어먹기 위해서 식당의 마당을 쓸고 있는 신세니, 나 자신이 가엾어서 한숨을 쉬었습니다."

"친구여! 당신은 식당의 마당을 쓰는 것이 아닙니다. 창조주께서 지으신 지구의 한 모퉁이를 아름답게 다듬는 것입니다."

셰익스피어는 이런 말로 그를 위로해 주었다.

손님을 대접하듯
사람들에게 행동하라

문 밖에서는 큰 손님을 만난 것처럼 행동하고, 방 안에 머물 때는 옆에 사람이 있는 것처럼 한다.

出門如見大賓 入室如有人
출 문 여 견 대 빈　입 실 여 유 인

중궁이 인(仁)을 묻자, 공자께서 말씀하셨다.

"문을 나갈 때에는 큰 손님을 뵌 듯 하며, 백성에게 일을 시킬 때에는 큰 제사를 받들 듯이 하고, 자신이 하고자 하지 않는 것을 남에게 베풀지 말아야 하니, 이렇게 하면 나라에 있어서도 원망함이 없으며, 집안에 있어서도 원망함이 없을 것이다."

중궁이 말하였다.

"비록 제가 어리석고 둔하지만 이 말씀을 따르겠습니다."

어느 장소를 막론하고 말과 행동을 많이 조심해야 할 교훈을 담고 있다. 우리가 귀한 큰 손님을 만났을 때 어떻게 하는가. 그런 태도로 모든 사람을 대할 수 있다면 살아갈 때 큰 실수는 하지 않을 것이다. 그리고 아무도 없는 방 안에 나 혼자 있을 때에도 옆에 사람이 있는 것처럼 몸가짐과 생각을 단정히 하고 살 수 있다면 마음을 닦는 데 더없이 좋지 않겠는가.

원하기 전에 남을 먼저 존중하라

만약 남이 나를 중하게 여겨 주기를 바란다면 내가 먼저 남을 중히 여겨야 한다.

若要人重我 無過我重人
약 요 인 중 아　무 과 아 중 인

결혼생활에 큰 문제가 생긴 사람이 스승을 찾아가 도움을 청했다.

"부인의 말에 다정하게 귀를 기울여 보게."

스승은 이렇게 말했다. 한 달 후 이 사람은 자신의 아내가 하는 모든 말에 귀를 기울일 줄 알게 되었다고 말했다. 그러나 스승이 이번에는 미소를 지으며 이렇게 말했다.

"이제 집에 가서 부인이 말하고 있지 않은 모든 말에 더 정성껏 귀를 기울여 보게."

상대방의 말에 건성건성 대하고 귀를 기울이지 않아서 생기는 오해와 다툼은 얼마나 많은가. 또 침묵을 이해하지 못함으로써 얼마나 많은 갈등과 분열이 생기는가. 무엇보다도 따뜻한 마음으로 상대방을 이해하려는 마음이 필요하다.

함부로
아버지의 허물을 말하지 말라

어버이는 자식의 덕을 말하지 않으며, 자식은 어버이의 허물을 말하지 않아야 한다.

父不言子之德 子不談父之過
부 불 언 자 지 덕 자 부 담 부 지 과

❀ • • • • • •

남 앞에서 자식 자랑을 하는 것은 겸손에서 벗어나는 태도이다. 삼가는 것이 예의바른 행동이다.

또 자식이 부모의 허물을 말한다는 것은 아버지의 위신을 깎을 뿐 아니라 공경하는 마음에서 벗어나는 행동이며, 누워서 침 뱉기라고 할 수 있다.

맹목적인 사랑은 이기심을 낳는다.

사람들은 무언가 사랑을 찾아서 맹목적으로 질주하지만 정작 가장 가까운 곳에서 그 사랑의 뿌리가 뒤엉키고 있는 모습을 보지 못한다.

맹목적인 사랑은 자녀의 조그만 덕마저도 자녀에 대한 기대치와 섞여서 순식간에 열 배로 불어난다.

부모를 맹목적으로 사랑해도 마찬가지다.

맹목적인 사랑을 하면 자녀의 작은 덕을 크게 부풀려 자랑을 하고 다니다가도 그 자녀가 실수라도 하면 그때는 사정없이 자녀를 윽박지르고 못살겠다면서 이마에 수건을 얹고 몸져눕는다.

　겸손한 마음은 자아도취에 빠진 자기 사랑과 권력을 제자리로 돌려준다. 그 힘을 기르지 않으면 사랑도 권력도 자신의 가슴에 못을 박는 예리한 칼날이 됨을 알아야 한다.

언어편
言語篇

말을 조심하라

이치에 맞는 말을 하라

유회가 말하였다. "이치에 맞지 않는 말은 말하지 않는 편이 좋다."

劉會日 言不中理 不如不言
유 회 왈 언 부 중 리 불 여 불 언

선비들은 먼 길을 떠날 때 꼭 챙기는 것이 작은 표주박이다. 물을 마시기도 하고, 차를 먹기도 하며, 때로는 술잔으로 쓰기도 한다.

멋을 좀 아는 선비들은 나무 표주박 대신 옥이나 은 같은 재료로 잔을 만들어 가지고 다니기도 한다.

이러다 보니 박은 선비들의 청렴함이나 검소함을 실천하는 이야기에 등장하곤 한다.

제나라에 벼슬길에 나가지 않고 글만 읽는 선비 중에 전중이라는 은자가 있었다.

송나라 사람인 굴곡이 그를 만나서 말하였다.

"제가 알기로는 선생께서는 남의 은혜로는 먹고 살지 않는다고 주장하신다 들었습니다. 그런데 저에게는 표주박을 기르는 특별한 방법이 있습니다. 그 방법으로 기른 표주박은 돌처럼 단단하며 구멍을 뚫을 수가 없습니다. 그것을 드리겠습니다."

전중이 대답했다.

"표주박은 구멍을 뚫고 속을 비워 사용해야 쓸모가 있습니다. 그런데 구멍을 뚫을 수 없다니 아무 데에도 쓸모가 없지 않습니까. 그런 표주박이라면 필요 없습니다."

굴곡이 말했다.

"옳으신 말씀입니다. 저도 그것을 버릴 작정이었습니다."

어쨌든 전중은 남의 덕택에 먹고 살기를 좋아하지 않았는데, 그렇다고 나라를 위해서 일하는 것도 없었으니, 전중 역시 굴곡이 기른 표주박과 다름없는 존재라고 하겠다.

17 언어편(言語篇) : 말을 조심하라

천 마디 말보다
한 마디 말을 잘하라

잘못한 한 마디 말은 천 마디 말을 쓸데없게 만든다.

一言不中 千語無用
일 언 부 중 천 어 무 용

엎질러진 물은 쓸어 담을 수 없다.

말도 마찬가지로 다시 주워 담을 수 없기 때문에 신중한 언어생활이 필요하다.

할머니와 할아버지가 나들이를 가게 되었다.

한참 걷다가 피곤함을 느낀 할머니가 물었다.

"영감, 나 좀 업어줄 수 없어요?"

할아버지는 업어주기 싫었지만 뒤에 들을 잔소리가 겁나 할머니를 업어주었다.

업혀 가던 할머니는 조금 미안했던지 코맹맹이 소리로 물었다.

"나, 무겁지요?"

할아버지는 통명스럽게 쏘아붙였다.

"무겁지! 머리는 돌이지, 얼굴은 철판이지, 간은 부었으니까 무겁지."

돌아오는 길에는 할아버지가 다리를 다쳤다.

"할멈, 다리가 아파. 나 좀 업어줘."

할머니가 갈 때의 일도 있고 해서 할아버지를 업어주었다.

이에 미안한 할아버지가 "나, 무겁지?" 하면 자기를 따라할 것 같아서 "나, 가볍지?" 하고 물었다.

그러자 할머니가 이렇게 대답했다.

"그럼요! 가볍고말고요! 머리는 비었지, 입은 싸지, 허파엔 바람만 잔뜩 들었잖우."

아무리 친한 사이라 해도 상대방에게 상처가 되는 말을 해서는 안 된다.

입과 혀는
몸을 다치게 하는 도끼다

군평이 말하였다. "입과 혀는 재앙과 근심의 문이요. 몸을 다치게 하는 도끼와 같다."

君平日 口舌者 禍患之門 滅身之斧也
군 평 왈 구 설 자 화 환 지 문 멸 신 지 부 야

한 농부의 아내가 랍비를 헐뜯는 말을 퍼뜨렸다.

젊은 과부가 아파서 간호를 해주러 그 집에 드나든 것을 잘 알아보지도 않고 랍비가 바람이 났다고 흉을 보고 다녔던 것이다.

그러자 곧 온 마을에 그 소문이 퍼졌다.

얼마 후 사실이 밝혀지자 그 여인은 자신이 잘못했음을 깨닫고 랍비를 찾아가 용서를 빌었다.

늙은 랍비는 이렇게 말하였다.

"당신이 제 뜻을 따라준다면 기꺼이 당신을 용서하겠습니다."

"무슨 일이든 기꺼이 하겠습니다."

"집에 가서 검은 암탉 한 마리를 잡아 깃털을 뽑아 바구니에 담아 가져오십시오."

30분 후에 그녀가 돌아왔다.

랍비가 말하였다.

"이제, 마을로 가서 각 거리 모퉁이마다 이 깃털을 뿌리고 돌아오십시오."

그녀는 그렇게 하고 랍비에게 돌아왔다.

"이제 마을로 가서 그 깃털을 모아 오십시오. 그리고 한 개도 잃어버린 것이 없나 봅시다."

그 여인은 놀라서 랍비를 쳐다보며 말하였다.

"그것은 불가능해요! 바람이 사방으로 다 날려 보냈을 걸요?"

"그렇다면…… 제가 용서는 하겠지만 당신이 말 때문에 입은 피해를 취소할 수는 없다는 사실을 명심하십시오."

말은 조심, 또 조심하고, 특히 남의 험담에는 아예 입을 닫아야 한다.

말 한마디가 천금과 같다

사람을 이롭게 하는 말은 따뜻하기가 솜과 같고, 사람을 상하게 하는 말은 날카롭기가 가시 같다. 좋은 말 한마디는 천금과 같고, 사람을 해치는 한마디는 칼로 베는 고통을 준다.

利人之言 煖如綿絮 傷人之語 利如荊棘 一言半句 重值千金
이 인 지 언　난 여 면 서　상 인 지 어　이 여 형 극　일 언 반 구　중 치 천 금
一語傷人 痛如刀割
일 어 상 인　통 여 도 할

- - - - - -

카네기가 뉴욕의 록펠러 센터에서 친구를 만나기로 했을 때의 일이다. 다른 친구 한 명과 빌딩 안으로 들어서서 안내원에게 물었다.

"헨리 수벳의 사무실이 몇 호인가요?"

단정한 제복 차림의 안내원은 곧 깍듯한 표정으로 말했다.

"헨리 수벳…… 18층, 1816호실입니다."

안내원은 말 사이에 간격을 두고 또박또박 말했다.

카네기는 서둘러 승강기 쪽으로 가다가 다시 안내원에게로 뛰어가서 말했다.

"명료하고 정확한 그 발음은 누구도 흉내 내기 힘들 것 같습니다."

순간 안내원의 얼굴은 기쁨으로 가득 차올랐다.

"고맙습니다. 안내하는 일은 정확한 의사 전달이 필요해서, 나름대로 또박또박 말하는 법을 많이 연습했습니다."

안내원의 설명을 귀담아 들은 카네기는 가볍게 목례를 해 보이고 승강기를 향해 걸어갔다.

영문도 모른 채 따라다닌 친구가 투정하듯 말했다.

"자네는 이 바쁜 시간에 그깟 일 때문에 몇 번을 왔다갔다 하는가?"

카네기는 어깨를 으쓱 들어 보이며 대답했다.

"칭찬은 내가 가장 쉽게 할 수 있는 일이라네. 그렇지만 그 효과는 실로 대단하지. 저 안내원은 내 칭찬을 듣고 아마 가슴이 부풀 만큼 행복했을 것이네. 그것을 아는 나는 내 입에서 칭찬이 나오는 순간 인류의 행복의 총량을 조금 더 증가시켰다는 생각에 기분이 좋아지곤 하지."

카네기가 빙긋 웃으며 말했다.

모두 칭찬에 풍성한 사람이 되어야겠다.

혀를 감추면 마음이 편하다

입은 사람을 해치는 도끼요, 말은 혀를 자르는 칼이다. 그러므로 입을 닫고 혀를 깊이 감추면 어디에 있으나 몸이 편안할 것이다.

口是傷人斧 言是割舌刀 閉口深藏舌 安身處處牢
구 시 상 인 부   언 시 할 설 도   폐 구 심 장 설   안 신 처 처 뢰

'말 한마디로 천 냥 빚을 갚는다'는 속담을 모르는 사람은 없을 것이다. 말조심의 중요성, 말의 힘 등을 알 수 있는 말이다.

실제로 한마디의 실수가 엄청난 결과를 가져오기는 일이 많이 있다.

6·25전쟁 때 한 미군이 한 사람을 놓고 옆 사람에게 영어로 물었다.

"이 사람이 공산당 당원인가?"

그런데 영어로 물었기 때문에 무슨 말인지 알아듣지도 못하고 그저 아는 영어인 "오케이! 오케이"만 하였다. 사실은 같은 마을 사람으로서 아무런 죄가 없는 사람인데, 영어를 모르는 사람의 "오케이" 한 마디가 사람을 죽인 것이다. 사람이 저지르는 실수 가운데 말로 저지르는 경우가 가장 많다. 입과 혀에 재갈을 물리고 잘 지키는 자가 안전한 삶을 살아나갈 수 있다. 이해가 잘 안 되는 말이 있을 때는 실례를 구하고 다시 질문하여 내용을 정확히 파악해야 한다.

사람의 마음이
두 가지임을 두려워하라

사람과 만날 때는 열 마디 말 중 세 마디만 하고 한 조각 마음까지 모두 드러내서는 안 된다. 호랑이가 세 번 입을 벌리는 것을 두려워하지 말고 사람의 마음이 두 가지임을 두려워하라.

逢人且說三分話 未可全抛一片心 不怕虎生三個口 只恐人情兩樣心
봉 인 차 설 삼 분 화　미 가 전 포 일 편 심　불 파 호 생 삼 개 구　지 공 인 정 양 양 심

알베르트 아인슈타인 교수에게 한 학생이 물었다.

"교수님 같은 위대한 과학자가 될 수 있는 비결이 무엇입니까?"

교수는 이렇게 대답했다.

"입을 적게 움직이고 머리를 많이 움직이게."

자신의 일에 골몰하는 사람은 말을 많이 하지 않는다. 일에 골몰하지 않는 사람들의 눈에는 타인들의 흠만 보인다. 그리고 타인들을 향해 독설을 퍼붓는다. 사람이 태어나서 말을 배우는 데는 2년이 걸리지만 침묵을 배우기 위해서는 60년이 걸린다. 지혜로운 사람은 말하기 전에 반드시 두 번 생각한다. 그러면 실수가 적고 남에게 상처를 주는 일도 없어진다.

서로 다른 말 한마디의 무게

술은 친한 친구를 만나면 천 잔도 적고, 말은 뜻이 맞지 않으면 한 마디도 많다.

酒逢知己千鐘少 話不投機一句多
주 봉 지 기 천 종 소 화 불 투 기 일 구 다

⁂ • • • • • •

그리스 신화에 나오는 이야기이다. 하루는 헤라클레스가 길을 가다 괴물의 기습공격을 받았다. 헤라클레스는 그 괴물을 두들겨 쓰러뜨린 후 다시 길을 떠났다. 그런데 조금 후 3~4배 더 커진 괴물이 나타나는 것이 아닌가. 그는 더 센 힘으로 때려 눕혔는데 이번에는 더 커진 괴물이 나타났다. 때리면 때릴수록 더 커지는 악순환이 되풀이 되자 헤라클레스는 아테네 여신을 찾아갔다.

"조언을 좀 해주십시오. 왜 때리면 때릴수록 더 커지는지요?"

아테네 여신이 말했다.

"그 괴물의 이름은 '다툼'이기 때문이에요. 때릴 게 아니라 못본 척 놓아두면 저절로 작아져 힘을 못 쓰게 되지요."

교우편
交友篇

친구를 잘 사귀라

18 교우편(交友篇) : 친구를 잘 사귀라

좋은 친구는
향기로운 꽃과 같다

공자가 말하였다. "착한 사람과 같이 지내면 향기로운 지초와 난초가 있는 방 안에 들어간 것과 같아서 오래 되면 그 향기를 맡지 못하나 곧 더불어 그 향기에 동화된다. 나쁜 사람과 같이 있으면 비린내 나는 생선 가게에 들어간 것과 같아서 오래 되면 그 악취를 맡지 못하나 또한 더불어 그 냄새에 동화된다. 빨간 물감을 담은 것은 붉어지고, 검은 옷을 지니고 있으면 검어진다. 그러므로 군자는 반드시 함께 지내는 사람에 대해 신중해야 한다."

子曰 與善人居 如入芝蘭之室 久而不聞其香 卽與之化矣
자왈 여선인거 여입지란지실 구이불문기향 즉여지화의

與不善人居 如入鮑魚之肆 久而不聞其臭 亦與之化矣
여불선인거 여입포어지사 구이불문기취 역여지화의

丹之所藏者赤 漆之所藏者黑 是以君子 必愼其所與處者焉
단지소장자적 칠지소장자흑 시이군자 필신기소여처자언

독일의 유명한 역사학자 랑케는 산책을 하다 우유 배달원 소년이 길가에서 울고 있는 것을 보게 되었다.

"길에서 넘어지는 바람에 우유를 쏟고 말았어요. 변상할 돈이 없어요."

"얘야, 울지 말아라. 내일 이 시간에 이곳에 오면 변상할 금액을 주마."

그런데 랑케가 집에 돌아오니 그의 친구로부터 연구비를 지원할 사람과의 만남이 갑자기 내일 잡혔다는 전갈이 와 있었다. 이 만남은 연구를 계속해야 하는 랑케에게 매우 중요한 기회였다. 그러나 그는 소년과의 약속을 지키기로 결심했다. 랑케는 자신에게 주어진 이득보다 어린 소년과의 신용을 소중히 여겼던 것이다.

약속을 지킨다는 것은 자신이 한 말에 책임을 지는 성숙한 행동이다.

현명한 사람과 동행하라

『가어』에서 말하였다. "학문을 좋아하는 사람과 동행한다면 마치 안개 속을 가는 것과 같아서 비록 옷은 적시지 않더라도 때때로 윤택함이 있고, 무식한 사람과 동행하면 마치 뒷간에 앉은 것 같아서 비록 옷은 더럽히지 않더라도 때때로 그 냄새가 맡아진다."

家語云 與好人同行 如霧露中行 雖不濕衣 時時有潤
가 어 운 여 호 인 동 행 여 무 로 중 행 수 불 습 의 시 시 유 윤

與無識人同行 如厠中座 雖不汚衣 時時聞臭
여 무 식 인 동 행 여 측 중 좌 수 불 오 의 시 시 문 취

영국의 웨일즈라는 시골에 사는 과부가 어느 날 밤 10km를 걸어와 의사에게 왕진을 청했다.

"선생님, 우리 아기가 위독합니다. 제발 살려주세요. 왕진 좀 와 주세요."

의사는 처음에는 망설였다.

'고생하고 가봤자 가난한 과부에게서 사례를 몇푼이나 받겠는가.'

그러나 안 간다면 아기가 죽을지도 모른다는 생각에 의사로서의 양심이 마음을 찔렀다. 그러나 의사는 곧 마음을 바꾸었다.

'이해타산보다 의사로서의 책임과 인도적 사랑이 중요해!'

의사는 서둘러 왕진가방을 준비하고 시골길을 달려서 그 집으로 갔다. 그리하여 생사의 갈림길에 서 있었던 어린 아기는 의사의 도움으로 죽을 고비를 넘기고 생명을 구했다. 그날 그 의사가 살린 아기가 바로 장성하여 영국 수상이 된 로이드 조지였다. 의사의 책임감이 영국의 수상을 살린 것이다.

상대방을 공경할 줄 아는 사람과 사귀어라

공자가 말하였다. "안평중은 사람과 사귀는 법을 안다. 오래 사귀면 사귈수록 상대방을 더욱 공경한다."

子曰 晏平仲善與人交 久而敬之
자 왈 안 평 중 선 여 인 교 구 이 경 지

중국 전국시대 제나라 재상 관중의 젊은 시절, 포숙아라는 오래된 친구가 있었다. 관중은 친구 포숙아와 함께 장사를 하였는데 이익을 나눌 때 관중이 항상 많이 가져갔으나 포숙아는 관중을 욕하지 않았다. 왜냐하면 관중이 자기보다 가난하다는 것을 알고 있었기 때문이다.

한번은 포숙아가 관중과 함께 싸움터에 나갔는데 관중이 도망쳐버려 위험에 처했다. 그러나 포숙아는 관중을 비겁한 사람이라고 비난하지 않았다. 관중에게는 늙은 어머니가 계시기 때문에 몸을 아낌이 마땅하다고 생각했다. 포숙아는 친구 관중의 그 많은 허물과 부족함을 이해하고 덮어준 참된 친구였다.

훗날 관중은 높은 벼슬에 있을 때도 이렇게 말했다.

"나를 낳은 이는 부모요, 나를 알아준 사람은 오직 포숙아뿐이다."

우정과 사랑은 끝까지 이해하고 인내로 관심을 가져주는 것이다.

마음을 아는 사람을 사귀라

서로 얼굴을 아는 사람은 온 세상에 많이 있어도, 마음을 아는 사람은 몇이나 되겠는가.

相識滿天下 知心能幾人
상 식 만 천 하 지 심 능 기 인

옛 그리스에 절친한 두 친구가 있었다. 하루는 그중 한 친구가 억울한 누명을 뒤집어쓰고 사형을 당하게 되었다.

그런데 그때 사형수의 어머니가 위독하다는 연락이 전해졌다. 사형수는 어머니의 얼굴을 한 번만이라도 보고 죽게 해달라고 간청하였다.

그러자 그 사형수의 친구가 나섰다.

"제가 친구 대신 감옥에 들어가 있을 테니 다녀오게 해주십시오."

왕은 사형수의 친구에게 물었다.

"만약 네 친구가 돌아오지 않으면 어떻게 하겠느냐?"

"기꺼이 제가 대신 죽겠습니다."

왕은 그 친구를 대신 감옥에 가두고 사형수에게 나흘간의 말미를 주고 풀어주었다.

그런데 사흘이면 다녀올 올 수 있는 거리인데 나흘째 되는 날이 저물어도 돌아오지 않았다.

마침내 집행시간이 되자 왕은 말했다.

"네 친구는 너를 배신하고 돌아오지 않았다. 그래도 믿고 있느냐?"

"네. 아마 피치 못할 사정으로 못 오게 되었을 것입니다."

막 집행 절차가 시작되려고 할 때, 사형수가 숨을 헐떡이며 달려왔다.

"내가 돌아왔으니 친구를 풀어주십시오!"

왕이 늦은 이유를 물으니 돌아올 때 큰비로 강물이 불어나서 도저히 강을 건널 수 없어 늦었다고 설명하였다.

왕은 두 사람의 참된 우정에 감탄하여 두 사람 모두 풀어주었다고 한다.

위태로울 때 도와주는 친구를 만들라

술과 음식을 함께 먹을 사람은 천 명이나 되지만, 몹시 위급하고 어려울 때 도와줄 친구는 하나도 없다.

酒食兄弟 千個有 急難之朋 一個無
주 식 형 제 천 개 유 급 난 지 붕 일 개 무

미국 남북 전쟁 때, 북군에서 전쟁에 나갈 군인을 징발했다.

한 마을에 설상가상으로 가족도 많고 부모도 계시고 전쟁에 나가면 그 가족을 전혀 부양할 사람이 없는 사람이 제비에 뽑혀서 나갈 수밖에 없게 되었다.

그런데 친구 중 부모도 안 계시고 아직 결혼도 하지 않은 젊은이가 있었는데, 대신 자원해서 전쟁터에 나가겠다고 나섰다.

친구 덕분에 군대에 안 가게 된 친구는 얼마나 고마웠겠는가. 그 고마움은 이루 말할 수 없었다.

'혹 다치지나 않았나? 전사하지나 않았나?'

하루하루 노심초사했다.

그래서 신문을 보면 얼른 전쟁 뉴스부터 먼저 살펴보았다. 특별히 어떤 곳에 격전이 있다고 하면 거기 혹 자기 친구가 있지 않나 해서 그 기사부터 살펴보고, 늘 전사자 명단을 확인하며 전전긍긍하였다. 행여나 자기 친구의 이름이 거기 있을까 마음을 졸이며 살았다.

그런데 대격전이 벌어진 다음날 그만 자기 친구의 이름이 전사자 명단에 올라오고 말았다.

앞이 아득해진 친구는 전쟁터를 찾아가서 자기 대신 죽은 그 시신을 정중히 모셔다가 가족의 공동묘지에 안장하였다.

그리고 그 묘비에 이렇게 기록하였다.

'그는 나를 위하여 죽으셨다'

의리 없는 친구는 사귀지 말라

열매를 맺지 않는 꽃은 심지도 말고, 의리 없는 친구는 사귀지 말라.

不結子花 休要種 無義之朋 不可交
불 결 자 화 휴 요 종 무 의 지 붕 불 가 교

의리는 '사람이 마땅히 지켜야 할 바른 도리'를 말한다.

우리나라에서는 중요한 도덕적 가치로 여겨지고 있다.

시골의 한 선비가 흥선 대원군에게 벼슬을 구하기 위해 논밭을 판 돈 천 냥을 주고 면담을 하게 되었다. 그런데 아무리 살펴봐도 시골 선비는 관직을 맡을 재목이 되지 않는다는 생각이 들자 대원군은 알겠다며 돌려보냈고, 공사다망하여 선비와의 일은 까마득히 잊어버렸다.

아무런 소식이 없자 선비는 수차례 찾아갔지만 문전박대를 당하던 차에 운현궁에서 대원군의 생일잔치가 열린다는 소식을 듣고 다시 찾아갔다.

대원군이 손님들을 죽 훑어보다가 저만치 뜰에 앉아 있는 행색이 초라한 그 선비가 눈에 띄자 비로소 선비와의 일이 생각나서 그를 가까이 불렀다.

"오, 어서 이리 오오."

운집한 만조백관들이 보는 가운데 친근하게 손을 잡아당기면서 귓속말

로 "예이, 미친놈아, 고향으로 내려가 농사나 지어라."고 했다.

그러자 그 선비는 버럭 화를 내면서 말했다.

"합하(대원군을 높여 부르는 호칭)! 아무리 그래도 이런 법이 어디 있습니까? 별 말씀 다 듣겠습니다."

그리고 감히 잡은 대원군 손을 뿌리치고 나가버렸다.

시골 선비가 대원군의 손을 뿌리치는 것을 본 정승과 판서들은 그 시골 선비가 대원군의 어마어마한 측근이라고 생각했다.

그 후 정승과 판서들은 선비가 묵고 있는 집으로 뇌물을 보낸다고 야단 법석을 떨었고, 벼슬은 못했지만 선비는 부자가 되어 고향으로 내려갔다.

머리 좋은 대원군의 계산이 맞아떨어진 것이다.

담담한 사귐이 오래 지속된다

군자의 사귐은 물처럼 담담하고, 소인의 사귐은 달콤하기가 단술 같다.

君子之交淡如水 小人之交甘若醴
군 자 지 교 담 여 수   소 인 지 교 감 약 례

 1989년 7월 11일, 흑백 대결의 양상을 띤 뉴욕 시장선거에서 흑인 딘킨즈가 2%의 아슬아슬한 차이로 당선되었다. 미국의 선거에는 승패가 결정된 직후 낙선자가 양보 연설을 하는 전통이 있다. 사실 당선 연설은 쉬워도 양보 연설은 하기 어렵다. 자신의 심정도 침통하지만 열심히 뛰어준 운동원들과 가족 앞에 패자의 변을 늘어놓기란 그리 쉬운 일이 아니기 때문이다. 그러나 당시 낙선자이던 줄리아니는 진심이 담긴 양보 연설을 하였다. 그 양보 연설 때문에 줄리아니의 호감도는 더 높아졌다.

 "저를 지지해 준 여러분! 이제 여러분의 시장은 딘킨즈 씨입니다. 뉴욕 시에는 어려운 일들이 많이 있습니다. 저와 여러분의 기도와 지지가 필요합니다."

 어떤 일을 자기가 주도하지 못하면 아예 그 일에서 빠져 버리는 사람들도 많다. 리더이거나 조력자이거나 소중한 일꾼들이다. 영원한 리더가 없다는 것을 알면 조력자로서 리더의 역량을 키워 나가는 인내가 필요하다.

오랜 세월이 흘러야
진정한 마음을 안다

길이 멀어야 말의 힘을 알 수 있고, 오랜 세월이 흘러야 사람의 마음을 알 수 있다.

路遙知馬力 日久見人心
노 요 지 마 력   일 구 견 인 심

캠핑을 떠난 일가족이 대형버스와 정면으로 충돌하는 사고를 당했다.

이 사고로 그 가정은 두 딸을 잃었고 아내도 전신마비를 일으키고 말았다. 2년 3개월간 병원에서 치료를 받았고 퇴원한 후에도 남편은 하루하루 아내를 위해 살아야 했다. 그러나 남편은 기고한 글에서 이렇게 썼다.

'많은 사람들이 보기에는 우리 가정이 파괴된 가정이요, 가장 불쌍한 부부라고 할지 모르지만 우리는 여전히 행복합니다.'

남편은 새벽 3, 4시면 일어나서 욕창을 방지하기 위해 아내의 누운 자리를 바꿔주는 일로 하루 일과를 시작한다고 한다. 그밖에도 그가 아내를 위해 하는 일은 너무너무 많다. 하지만 그는 이렇게 말한다.

'사랑이 없다면 이미 지쳐버렸겠지요. 저는 지난 3년 6개월간 하루에도 수십 번씩 기저귀를 갈아주는 엄마와 같은 사랑을 하게 되었습니다. 이렇게 할 수 있는 것이 사랑입니다.'

부행편
婦行篇

부인의 갖춰야 할 덕

여자의 4가지 덕의 아름다움

『익지서』에서 말하였다. "여자는 네 가지 덕의 아름다움이 있으니, 첫째는 부덕이고, 둘째는 용모이고, 셋째는 언행이며, 넷째는 길쌈과 바느질 등의 솜씨를 가리키는 공력이다."

益智書云 女有四德之譽 一曰婦德 二曰婦容 三曰婦言 四曰婦工也
익 지 서 운   여 유 사 덕 지 예   일 왈 부 덕   이 왈 부 용   삼 왈 부 언   사 왈 부 공 야

❀ ● ● ● ● ● ●

프랑스의 유명한 법률가이며 정치가 로버트 슈만은 결혼을 하지 않은 독신자였다. 그래서 한 언론인이 그 이유를 묻자 이렇게 대답했다.

"여러 해 전, 지하철을 타고 가던 중에 실수로 매우 아름다운 여인의 발을 밟은 적이 있습니다. 당황한 제가 사과를 하려고 그 여자에게 돌아서는 순간 그 여자는 욕을 퍼붓는 것입니다. '이 멍청아! 자기 앞도 제대로 못봐?' 그러면서 고개를 들고 저를 보는 순간 그녀의 얼굴이 붉어지고 어쩔 줄 몰라 하면서 이렇게 말하더군요. '아, 선생님, 미안합니다. 제 남편인 줄 알고 그만……!' 그 순간, 저는 누군가의 남편이 되기가 무서워졌습니다."

요즘은 아름답지 않은 사람을 찾아보기 힘들 정도로 다 예쁘다. 성형의 힘을 빌리고, 많은 투자를 한다. 하지만 아무리 빼어난 미인이라도 몸에 밴 품성에 따라 가치가 다르게 매겨진다. 외모는 세월이 지날수록 볼품없어지지만 사람의 내면은 더욱더 깊어진다.

칭찬받을 아내의 4가지 덕

부덕이란 반드시 재주와 이름이 뛰어남을 말하는 것이 아니고, 부용이란 반드시 얼굴이 아름답고 고움을 말함이 아니고, 부언이란 반드시 입담이 좋고 말 잘하는 것이 아니고, 부공이란 반드시 손재주가 다른 사람보다 뛰어남을 말하는 것이 아니다.

婦德者 不必才名絶異 婦容者 不必顔色美麗
부 덕 자 불 필 재 명 절 이 부 용 자 불 필 안 색 미 려
婦言者 不必辯口利詞 婦工者 不必技巧過人也
부 언 자 불 필 변 구 리 사 부 공 자 불 필 기 교 과 인 야

❀ • • • • • •

미국의 36대 대통령이었던 린드 존슨은 96kg이 넘는 몸무게로 고민했다. 존슨은 체중감량을 위해 몇 번 노력했으나 실패했다. 그러다 그의 아내에게 진심어린 말 한 마디를 듣고 다시 시도하여 성공할 수 있었다.

그의 아내는 이렇게 말했던 것이다.

"만일 당신이 자신을 조절할 수 없다면, 국가도 경영할 수 없을 거예요."

존슨은 이 말을 마음 깊이 새기고 노력한 결과 80kg까지 뺄 수 있었다.

하루에 힘을 주는 말 한 마디씩만 듣는다면 남편의 인생도, 아내의 인생도 달라질 것이다.

아내가 갖춰야 할 덕,
몸가짐, 말, 행동

부덕이란 맑은 정조와 절개가 곧고 염치를 알고 분수를 지키며 몸가짐에 법도가 있어야
함을 말함이다. 부용이란 자주 씻고 세탁하여 옷을 깨끗하게 입고 몸을 청결하게 함이다.
부언이란 말은 가려서 하고 예의에 벗어나는 말은 하지 아니하며 사람들이 싫어하지 않도
록 꼭 필요한 말만 하여야 한다. 부공이란 길쌈을 부지런히 하며 술 빚는 것을 자제하고
맛있는 음식을 만들어 손님을 대접하는 것이다. 이 네 가지는 부녀자로서 뺄 수 없는 덕목
으로 이를 시행하기는 매우 쉽고, 이를 행하면 바르게 될 것이니, 이 행함이 부녀자의 예
절이 될 것이다.

其婦德者 淸貞廉節 守分整齋 行止有恥 動靜有法 此爲婦德也
기 부 덕 자　청 정 염 절　수 분 정 재　행 지 유 치　동 정 유 법　차 위 부 덕 야

婦容者 洗浣塵垢 衣服鮮潔 沐浴及時 一身無穢 此爲婦容也
부 용 자　세 완 진 구　의 복 선 결　목 욕 급 시　일 신 무 예　차 위 부 용 야

婦言者 擇師而說 不談非禮 時然後言 人不厭其言 此爲婦言也
부 언 자　택 사 이 설　부 담 비 례　시 연 후 언　인 불 염 기 언　차 위 부 언 야

婦工者 專勤紡積 勿好暈酒 供具甘旨 以奉賓客 此爲婦工也
부 공 자　전 근 방 적　물 호 운 주　공 구 감 지　이 봉 빈 객　차 위 부 공 야

此四德者 是婦人之所不可缺者 爲之甚易 務之在正
차 사 덕 자　시 부 인 지 소 불 가 결 자　위 지 심 이　무 지 재 정

依此而行 是爲婦節
의 차 이 행　시 위 부 절

폴란드에서 에릭 왕이 나라를 다스리던 때, 바사 공작이라는 사람이 반
역죄를 저질러 종신형을 선고받고 수감되어 있었다.

그에겐 카타리나 지겔로라는 아름다운 부인이 있었다.

어느 날 카타리나는 왕을 찾아가 자신도 남편의 형기를 함께 복역할 수

있도록 해달라고 간절히 부탁했다.

"부인, 종신형의 뜻을 모르오? 한 번 감옥에 갇히면 다시는 빛나는 햇빛도 아름다운 하늘도 볼 수 없음을 의미하오. 그리고 부인의 남편은 더 이상 공작이 아니오. 그는 반역죄인이며 평범한 평민일 뿐이오. 그런데도 내게 부탁을 하는 것이오?"

"알고 있습니다, 폐하. 하지만 유죄든 무죄든 공작이든 죄수이든 그는 언제까지나 제 남편이랍니다."

카타리나는 담담한 목소리로 대답했다.

"하지만 부인은 더 이상 부부의 인연에 연연할 필요가 없지 않소. 누구도 당신에게 죄를 물을 사람은 없소. 남편은 죄인이지만 당신은 자유요. 그것을 포기하겠단 말이오?"

그녀는 손가락에 끼고 있던 반지를 꺼내 왕 앞에 내놓으며 말하였다.

"이 반지에는 라틴어로 두 마디가 새겨져 있답니다. **Mors sola**(죽음이 갈라놓을 때까지), 이 말이 뜻하는 것처럼 우린 죽을 때까지 한 몸입니다."

왕은 하는 수없이 그녀의 부탁을 들어줄 수밖에 없었다.

한줄기 빛도 스며들지 않는 지하감옥으로 그녀를 내려보내며 왕은 안타까워했지만 남편을 향한 그녀의 사랑에는 감복하지 않을 수 없었다.

17년 후 에릭 왕이 죽자, 카타리나는 남편과 함께 석방되었다.

마음을 담아서 말을 하라

태공이 말하였다. "부인이 갖추어야 할 예절에 말씨가 곱고 섬세해야 한다."

太公日 婦人之禮 語必細
태 공 왈 부 인 지 례 어 필 세

🦋 • • • • • •

여성이 가진 고유한 아름다움 가운데 부드럽고 상냥한 말씨를 들 수 있다. 그러나 비단 여성에게만 한정되는 것은 아니다. 온유한 말씨는 사람들의 딱딱한 관계의 윤활유 역할을 톡톡히 해준다.

말씨는 그 사람의 인격의 바로미터라는 것을 알아야 한다.

옛날에 박만득이라는 백정이 있었다.

어느 날 두 양반이 그에게 고기를 사러 왔다.

그중 한 양반은 습관대로 소리쳤다.

"야, 만득아! 고기 한 근 다오."

만득은 "네." 하며 고기를 한 근 내 주었다.

다른 양반은 부드러운 음성으로 말하였다.

"박 서방, 고기 한 근 주게."

그런데 그 고기는 언뜻 봐도 먼저 산 양반의 것보다 훨씬 더 커 보였다.

똑같이 한 근인데 차이가 많이 나자 앞의 양반이 화가 나 따졌다.

"이놈아, 같은 한 근인데 왜 이렇게 양이 다르냐?"

그러자 만득은 당연하다는 듯 이렇게 말하였다.

"손님 것은 만득이가 자른 것이고, 저 손님 것은 박서방이 자른 것이기 때문에 그렇지요."

우리가 무심코 내뱉는 말 한마디가 상대방의 기분을 불쾌하게 만들 수도 있다는 것을 알고 언제 어디서나 누구를 대하든 바르고 다정한 말씨로 대해야 한다.

현명한 아내가
남편을 출세시킨다

현명한 부인은 남편을 귀하게 만들고, 악한 부인은 남편을 천하게 만든다.

賢婦 令夫貴 惡婦 令夫賤
현 부 영부귀 악 부 영부천

한창 정치활동을 왕성하게 하던 루스벨트는 39세 때에 갑자기 소아마비에 걸려 보행이 곤란해졌다. 그는 다리를 쇠붙이에 고정시킨 채 휠체어를 타고 다녀야 했다. 절망에 빠진 그가 방에서만 지내자 아내 엘레나 여사는 비가 그치고 맑게 갠 어느 날 남편의 휠체어를 밀며 정원으로 산책을 나갔다.

"비가 온 뒤에는 반드시 이렇게 맑은 날이 옵니다. 당신도 마찬가지예요. 뜻하지 않은 병으로 다리는 불편해졌지만 그렇다고 당신 자신이 달라진 건 하나도 없어요. 여보, 우리 조금만 더 힘을 냅시다."

"하지만 나는 영원한 불구자요. 그래도 나를 사랑하겠소?"

"무슨 말이에요? 그럼 내가 지금까지는 당신의 두 다리만 사랑했나요?"

아내의 이 재치 있는 말에 루스벨트는 용기를 얻었다. 장애인의 몸으로 대통령에까지 당선되어 경제공황을 뉴딜정책으로 극복했고, 제2차 세계대전을 승리로 이끌었다. 아내의 말 한마디가 남편의 운명을 바꾸어 놓았다.

집안이 편안해야
바깥 일도 잘 풀린다

집에 어진 아내가 있으면 남편은 불의의 재앙을 비껴갈 수 있다.

家有賢妻 夫不遭橫禍
가 유 현 처 　 부 부 조 횡 화

⁜ • • • • • •

탈무드에 나오는 얘기이다.

적의 군대가 한 마을을 포위했다. 이제는 꼼짝없이 그 마을 사람들은 적군의 포로가 될 형편이었다.

적군의 장수가 마을을 향하여 소리쳤다.

"남자들은 모조리 우리의 노예로 삼을 것이다. 그러나 여자들은 특별히 풀어줄 것이니 이 마을을 속히 떠나가되, 가장 소중히 여기는 보물 한 가지씩만 지니고 나가도록 허락한다."

그 지시에 따라 마을의 여자들은 모두가 한 가지씩 금반지며, 목걸이며, 은수저며 들고 마을을 나섰다.

그런데 한 여인은 이상하게도 허약한 몸이면서 커다란 보따리 하나를 질질 끌고 나가는 것이었다. 검문하던 자가 수상히 여겨 보따리를 헤쳐 보니 웬 남자가 들어 있었다.

"제 남편입니다."

여인의 대답에 적의 장수가 위협하며 소리쳤다.

"왜 그대는 명령을 어기는가? 둘 다 죽고 싶은가?"

"제게 가장 소중한 보물은 제 남편입니다. 명령대로 가장 소중한 보물을 하나 지니고 나가는 것이니 부디 보내주십시오."

여인의 간절한 말에 장수는 감동을 받았다. 그래서 남편을 데리고 나가 도록 허락해 주었다.

지혜로운 여인은 죽을 자리에 처한 남편도 살려낸다.

집안의 화목은 여자에게 달려 있다

어진 부인은 육친을 화목하게 하고, 간사한 부인은 육친의 화목을 깨뜨린다.

賢婦 和六親 侫婦 破六親
현 부 화 육 친 영 부 파 육 친

남편이 미울 때마다 아내는 나무에 못을 하나씩 박았다. 바람을 피우거나 외도를 할 때에는 큰 못을 쾅쾅 소리나게 때려 박기도 했다. 술 마시고 때리고 욕 할 때에도 못은 늘어났다.

어느 날 아내가 남편을 불렀다.

"이 못은 당신이 잘못할 때마다 하나씩 박았던 못입니다."

나무에는 크고 작은 못이 수 없이 박혀 있었다.

남편은 아무 말도 못했다.

그러나 그날 밤 남편은 아내 몰래 나무를 안고 울었다. 그 후부터 남편은 변했다. 아내를 지극히 사랑하며 아꼈다.

어느 날 아내는 남편을 불렀다.

"이제 됐어요. 당신이 고마울 때마다 못을 뺐더니 이제는 하나도 없어요."

그러자 남편이 말하였다.

"여보! 아직도 멀었소. 못은 없어졌지만 못자국은 남아 있지 않소?"
아내는 남편을 부둥켜안고 고마운 눈물을 흘렸다.

증보편
增補篇

새로운 것을 더하고 부족한 점을 보완하는 글

작은 선행부터 행하고
사소한 악행부터 버려라

『주역』에서 말하였다. "선을 행하지 않으면 이름을 이루지 못할 것이고, 악을 행하지 않으면 몸을 망치지 않을 것이다. 소인은 작은 선행을 해 봐야 득될 게 없다고 생각해 행하지 않고, 작은 악행은 해될 게 없다고 여겨 버리지 않는다. 그 결과, 악이 쌓이면 가릴 수 없게 되며, 죄가 커지게 되면 풀 수 없게 되는 것이다."

周易日 善不積 不足以成名 惡不積 不足以滅身
주 역 왈 선 부 적 부 족 이 성 명 악 부 적 부 족 이 멸 신

小人 以小善 爲無益而弗爲也 以小惡 爲無傷而弗去也
소 인 이 소 선 위 무 익 이 불 위 야 이 소 악 위 무 상 이 불 거 야

故 惡積而不可掩 罪大而不可解
고 악 적 이 불 가 엄 죄 대 이 불 가 해

🐝 • • • • • •

미국에서 세탁소로 성공한 사람이 있다. 그는 한국에서 교사로서 학생들을 가르치다 미국으로 이민을 갔는데, 그 땅에서 마땅히 할 일이 없자 세탁소를 운영하였다.

하지만 그에게는 세탁소를 때려치우고 싶은 순간이 너무나 많았다. 아이들을 가르치던 이전 모습과 비교하면 지금의 모습이 한심하고 자존심이 상했기 때문이다.

그러던 어느 날, 맡겨진 세탁물의 안주머니에서 2천 7백 달러가 발견되자 그는 투덜거리며 말했다.

"하는 일도 힘들고 자존심도 상하는데, 이제는 시험거리까지 생기는군."

그리고 며칠이 지난 후 그 세탁물의 주인이 오자 그 사람에게 화를 내며

말했다.

"왜 이런 것으로 나를 시험하는 거요?"

얼마 후 세탁물 주인은 이 사람을 다시 찾아와 세탁 공장의 운영을 맡아주었으면 좋겠다고 제안했다. 그 세탁물 주인이 항공사의 부사장이었던 것이다.

결국 세탁소의 주인은 현재 700명의 직원을 고용한 사업체를 운영하고 있다.

정직하려면 용기가 필요하다. 삶이 힘들다고 기준을 낮추지 말아야 한다.

20 증보편(增補篇) : 새로운 것을 더하고 부족한 점을 보완하는 글

작은 악행부터 뿌리를 뽑아라

서리가 밟히면 굳어져 얼음이 된다. 신하가 임금을, 자식이 아비를 죽이는 일이 하루아침이나 저녁에 이루어지는 일이 아니다. 그 유래를 보면 작은 죄악이 자라서 되는 일이다.

履霜 堅氷至 臣弑其君 子弑其父非一旦一夕止事 其由來者漸矣
이 상 견 빙 지 신 시 기 군 자 시 기 부 비 일 단 일 석 지 사 기 유 래 자 점 의

미국 전역에 매장을 갖고 있는 페니 백화점의 창업주인 지미 페니는 소년 시절에 식품점에서 일을 했다. 그런데 하루는 집에 돌아와서 가족들에게 식품점 주인이 싸구려 커피를 비싼 값에 판다고 재미있게 이야기했다. 그런데 그의 아버지는 조금도 웃지 않고 페니에게 말을 했다.

"만약 어떤 사람이 너희 식료품 주인에게 도매로 물건을 넘길 때 질이 낮은 싸구려 물건을 좋은 것이라고 속여 비싸게 팔면 너희 주인은 그 사람을 좋은 사람이라고 하겠니?"

"아뇨, 그렇지 않을 것 같아요."

"내일 아침에 일하러 가서 주인에게 더 이상 일하지 않겠다고 말해라."

지미는 이튿날 아버지의 말씀대로 직장을 그만두었다. 만약 지미 페니의 아버지가 작은 이익에 양심과 인간성을 파는 것이 대수롭지 않은 일이라고 웃어넘기는 사람이었다면 지미 페니는 성공을 거둘 수 없었을 것이다.

- 21 -

팔반가
八反歌

여덟 번 반성하면서 부르는 노래

부모님의 꾸지람을 달게 받아라

어린 아이가 혹 나를 꾸짖으면 나는 마음에 기쁨을 깨닫고, 아버지와 어머니가 나를 꾸짖고 성을 내면 나의 마음에 도리어 좋게 여겨지지 않는다. 하나는 기쁘고 하나는 좋지 않으니 아이를 대하는 마음과 어버이를 대하는 마음이 어찌 그다지도 현격한가. 그대에게 권하건대 지금 어버이에게 꾸지람을 듣거든 반드시 자기의 어린 자식에게 꾸지람을 들을 때와 같이 하라.

幼兒或罵我 我心覺歡喜 父母嗔怒我 我心反不甘 一喜懽一不甘
유 아 혹 이 아　아 심 각 환 희　부 모 진 노 아　아 심 반 불 감　일 희 환 일 불 감

待兒待父心何懸 勸君今日逢親怒 也應將親作兒看
대 아 대 부 심 하 현　권 군 금 일 봉 친 노　야 응 장 친 작 아 간

❀ • • • • •

　미국의 20대 대통령 가필드의 취임식 날이었다. 취임식에 참석한 사람들은 준비를 마치고 대통령이 나오기만을 기다리고 있었다. 시간이 되었으나 대통령은 취임식장에 나오지 않았다. 사람들은 수군거리기 시작했고, 대통령의 행동에 불쾌함을 표하기도 하였다. 한참이 지나서야 대통령이 한 노인을 부축하며 함께 취임식장으로 들어섰다. 그 노인은 다름 아닌 자신의 어머니였다. 고령인 어머니가 취임식장에 가지 않겠다고 하자 끝까지 설득해서 모시고 오느라 늦었던 것이다. 그는 취임 연설에서 이렇게 말했다.

　"다 어머니의 은혜입니다. 어머니의 말씀에 순종하였기에 오늘날 대통령의 자리에 앉게 되었습니다."

　자식을 위해 끝없이 희생하며 살아온 어버이에 대한 효성스러운 마음이 없다면 어찌 사람이라고 할 수 있겠는가.

나이 드신 분의 말은
인생 교과서이다

어린 자식들이 많은 말을 해도 그러려니 이해하면서, 부모님이 한 마디 하면 곧 쓸데없는 잔소리가 많다고 한다. 어버이의 필요 없는 간섭이 아니라 흰 머리가 되도록 살아 온 세월의 경험으로 바라보니 염려가 되어서이다. 권하건대 나이 드신 분의 말을 공경하여 받들고, 모든 것이 부족한 그대의 입으로 사리의 옳고 그름을 논하지 말라.

兒曹出千言 君聽常不厭 父母一開口 便道多閑管 非閑管親掛牽
아 조 출 천 언　군 청 상 불 염　부 모 일 개 구　편 도 다 한 관　비 한 관 친 괘 견

皓首白頭 多傷諫 勸君敬奉老人言 莫教乳口爭長短
호 수 백 두　다 상 간　권 군 경 봉 로 인 언　막 교 유 구 쟁 장 단

❀ ・・・・・・

한 아기가 하늘나라에서 지상으로 내려가게 되었다. 세상에 태어나기 전날 밤, 아기는 마지막으로 하나님과 이야기를 나누었다.

"하나님, 이렇게 작고 힘없는 아기로 태어나서 어떻게 살아가지요?"

"걱정 마라. 너를 위한 천사를 한 명 준비해 두었다. 잘 돌봐줄 거야."

"저는 사람들의 말을 모르는데 그들의 말을 어떻게 알아들을 수 있죠?"

"네 천사가 세상에서 가장 감미롭고 아름다운 말로 너한테 얘기해 줄 거란다. 인내심과 사랑으로 말하는 걸 가르쳐 줄 테니 걱정하지 마라."

"지상에는 나쁜 사람도 많다던데 어떻게 저를 보호하지요?"

"네 천사가 목숨을 걸고서라도 널 보호해 줄 거야."

그 순간 하늘이 고요해지며 벌써 땅에서 목소리가 들려오기 시작했다.

"하나님, 제가 지금 떠나야 한다면 제 천사의 이름이라도 알려 주세요."

"네 천사를 넌 '엄마'라고 부르게 될 게다."

21 팔반가(八反歌) : 여덟 번 반성하면서 부르는 노래

자식에 대한 사랑만큼
부모님을 대하라

어린아이의 오줌과 똥 같은 더러운 것은 싫어함이 없고, 늙은 어버이가 침과 눈물을 흘리는 것은 싫어하고 미워한다. 여섯 자의 몸은 어디서 온 것인가. 아버지의 정기와 어머니의 피가 그대의 몸을 만든 것이다. 권하건대 나이 들어가는 그들을 공경하여 대접하라. 젊은 시절에 그대를 키우면서 살과 뼈가 닳도록 애를 쓰셨다.

幼兒尿糞穢 君心無厭忌 老親涕唾零 反有憎嫌意 六尺軀來何處
유 아 뇨 분 예   군 심 무 염 기   노 친 체 타 영   반 유 증 혐 의   육 척 구 래 하 처
父精母血成汝體 勸君敬待老來人 壯時爲爾筋骨蔽
부 정 모 혈 성 여 체   권 군 경 대 노 래 인   장 시 위 이 근 골 폐

※ • • • • • •

몇 년 전 성탄절을 앞둔 12월 어느 날, 아르메니아에서 대지진이 일어났다. 수많은 사람이 죽고 부상을 당한 비극적 대참사였다.

그때 9층짜리 아파트가 무너져 어머니와 딸이 구조를 기다리고 있었다. 수잔나라는 어머니와 가이아니라는 네 살 된 딸이었다. 그런데 생각처럼 빨리 구조되지 않고 자꾸만 시간이 흘러갔다. 사흘이 지나자 가이아니는 기진맥진해졌고 의식을 잃어갔다. 그때 어머니는 언젠가 텔레비전에서 조난당한 사람들이 먹을 것, 마실 것이 없자 피를 나누어 마시던 장면이 생각났다.

"오, 가이아니! 아가야, 정신 좀 차려!"

어머니는 주변에서 깨진 유리조각을 찾아 자기 팔뚝을 그어 흐르는 피를 사랑하는 딸의 입에 떨어뜨렸다. 그렇게 수일을 버텼고 극적으로 구조대에 발견되어 생명을 건질 수 있었다. 가이아니는 어머니의 헌신적인 사랑 덕분에 살아났다. 이렇게 할 수 있는 사람이 바로 우리의 어머니들인 것이다.

21 팔반가(八反歌) : 여덟 번 반성하면서 부르는 노래

자식의 마음은
부모 마음을 담지 못한다

그대가 새벽시장에 가서 사온 떡을 어버이에게 드리기보다는 자식에게 더 자주 준다는 말을 들었다. 어버이는 드시기도 전에 자식이 먼저 배부르니, 자식의 마음은 부모의 좋아하는 마음과는 비할 바가 아니다. 권하건대 떡을 자주 많이 사서 사실 날이 많지 않은 나이 든 부모를 봉양하라.

看君晨入市 買餠又買餻 少聞供父母 多說供兒曹 親未啖兒先飽 子心
간 군 신 입 시　매 병 우 매 고　소 문 공 부 모　다 설 공 아 조　친 미 담 아 선 포　자 심

不比親心好 勸君多出買餠錢 供養白頭光陰少
불 비 친 심 호　권 군 다 출 매 병 전　공 양 백 두 광 음 소

　　보육원에서 자란 남매가 장성해 아버지를 만나지만 화상으로 일그러진 모습에 질색하고 다시는 찾지 않았다. 몇 년 뒤 아버지가 돌아가셨다. 남매는 마지못해 장례식에 참석했다. 남매는 장례식장에서 화장하지 말아달라는 아버지의 유언을 전해 들었지만 듣지 않았다. 남매는 화장한 다음 아버지가 생전에 사용하던 물건들을 태우다가 우연히 일기장을 발견하였다. 그 일기장에는 아버지가 화재 때 남매를 구출한 내용이 담겨 있었다. 집에 불이 났을 때 아버지는 소방대원들의 만류에도 불구하고 불 속으로 뛰어들어 어린 남매를 구하고 아내를 잃고 말았던 것이다. 이런 내용도 남겼다.

　'보고 싶은 내 아이들아, 미안하구나. 한 가지 부탁이 있다. 내가 죽거든 절대 화장은 하지 말아다오. 난 불이 싫단다. 불에 타는 무서운 꿈에 시달리며 30년을 넘게 살았구나.'

　두 남매는 후회하며 통곡했다. 그러나 아버지는 한 줌의 재가 된 뒤였다.

부모님을 극진히 모셔라

시내에 있는 약방에 오직 아이를 살찌게 하는 약은 있고, 어버이를 튼튼하게 하는 약은 없으니 무슨 까닭인가. 아이와 어버이가 병들었을 때 아이의 병은 어버이의 병을 고치는 것에 비할 수 없구나. 다리 살을 벤다한들 어버이의 살이로다. 그대에게 권하건대 어버이의 목숨을 극진히 보전하라.

市間賣藥肆 惟有肥兒丸 未有壯親者 何故兩般看 兒亦病親亦病
시 간 매 약 사　유 유 비 아 환　미 유 장 친 자　하 고 양 반 간　아 역 병 친 역 병
醫兒不比醫親症 割股還是親的肉 勸君亟保雙親命
의 아 불 비 의 친 증　할 고 환 시 친 적 육　권 군 극 보 쌍 친 명

• • • • • •

아버지와 단둘이 살고 있는 소년이 있었다.

그는 풋볼을 무척 좋아해서 중학교, 고등학교 모두 풋볼 팀에 들어갔는데 늘 후보 선수였기 때문에 한 번도 경기에 참여할 수 없었다.

그러나 소년의 팀이 경기가 있는 날이면 소년의 아버지는 어김없이 경기장의 관중석에서 소리를 지르며 응원을 했다.

아들이 대학에서도 풋볼 팀에 들어갔다는 소식을 들은 아버지는 앞으로 4년 동안의 대학 풋볼 경기 입장권을 한꺼번에 사버렸다.

그러나 아들은 여전히 단 한 번도 시합에 나가질 못했고 아버지는 여전히 관중석에 앉아 있었다.

졸업을 얼마 앞둔 어느 날, 그 아들은 갑자기 아버지가 돌아가셨다는 소식을 듣게 되었다.

그때 그가 속해 있던 팀이 경기에서 지고 있었는데, 늘 후보 자리를 묵묵

히 지키던 그가 감독에게 제발 자신을 한 번만 출전시켜 달라고 애원했다. 그래서 그는 경기에 출전하게 되었는데 기적처럼 활약해서 팀을 승리로 이끌었다.

경기가 끝난 후 그가 울먹이며 감독에게 말했다.

"저희 아버지는 장님이셨습니다. 아버지는 모든 경기를 보러 오셨지만 내가 뛰지 못한 것을 모르셨습니다. 그러나 오늘은 처음으로 제가 경기하는 모습을 하늘에서 보실 수 있었을 겁니다."

21 팔반가(八反歌) : 여덟 번 반성하면서 부르는 노래
가난이 불효의 이유가 될 수 없다

재산이 많고 지위가 높으면 어버이 섬기기 쉬우나 어버이는 항상 미안한 마음이 있고, 가난하고 천하면 아이 기르기 어려우나 아이는 춥고 배고픔을 견디려 하지 않는다. 한 가지 마음에 두 가지 길이니 아이를 위하는 마음이 어버이를 위하는 마음만 같지 못하다. 권하건대 부모님 섬기기를 아이를 기르는 것과 같이하고, 부모님 섬기는 일을 집이 넉넉하지 못하기 때문이라고 미루지 말라.

富貴養親易　親常有未安　貧賤養兒難　兒不受饑寒　一條心兩條路
부 귀 양 친 이　친 상 유 미 안　빈 천 양 아 난　아 불 수 기 한　일 조 심 양 조 로

爲兒終不如爲父　勸君兩親如養兒　凡事莫推家不富
위 아 종 불 여 위 부　권 군 양 친 여 양 아　범 사 막 추 가 불 부

🦋 • • • • • •

미국의 저명한 작가인 월터 반게린은 아들과의 경험을 책에 썼다.

초등학교 2학년이 된 매튜는 만화책을 무척이나 좋아했는데, 하루는 도서관에서 만화책을 몇 권 훔쳐 왔다.

그 사실을 안 아버지는 아들을 엄하게 꾸중했고, 도서관에 데려가서 책을 반납했다.

매튜는 도서관 직원에게도 단단히 꾸중을 들었다.

그런데 그 이듬해 여름에 아들이 책방에서 만화책을 또 훔쳐 왔다. 그리고 그 다음해에도 또다시 만화책을 훔쳐 왔다.

'더 이상 그대로 둘 수 없구나!'

그는 아들의 손을 잡고 서재로 들어갔다.

"매튜, 아빠는 널 때린 적이 없지만 오늘은 때려야겠다. 도둑질이 얼마나

나쁜 일인가를 가르쳐 줘야만 하니까 말이다."

그리고 아들을 자기의 무릎 위에 구부리게 한 후에 손바닥으로 엉덩이를 다섯 차례 호되게 때렸다.

아들은 눈물을 흘리며 울었다.

"여기서 반성하며 있거라. 아버지는 나갔다가 잠시 후에 들어오겠다."

밖에 나온 월터는 소리 내어 운 다음, 세수를 하고 서재로 들어갔다.

여러 해가 지난 뒤, 매튜는 어머니와 지난 이야기를 하게 되었다.

"엄마, 나는 그때 이후로 도둑질을 안 했어요. 앞으로도 안할 거예요."

"그때 아버지에게 매 맞은 것이 그렇게 아팠니?"

매튜는 고개를 저으며 대답했다.

"그래서가 아니에요. 나는 그때 아버지가 우시는 소리를 들었어요."

21 팔반가(八反歌) : 여덟 번 반성하면서 부르는 노래

최선을 다해 부모님을 봉양하라

두 분의 어버이를 봉양함에는 형제가 서로 다투지만, 제 아이는 열 명이라도 모두 혼자 맡아 기른다. 아이가 배부르고 따뜻한가에 대해서는 늘 묻지만, 어버이가 배고프고 추운 것은 마음에 두지 않는다. 권하건대 부모 봉양하기에 힘을 다해야 할 것이다. 부모님은 애초에 입고 먹을 것을 그대에게 다 빼앗겼다.

養親只有二人　常與兄弟爭　養兒雖十人　君皆獨自任　兒飽暖親常問
양 친 지 유 이 인　상 여 형 제 쟁　양 아 수 십 인　군 개 독 자 임　아 포 난 친 상 문

父母饑寒不在心　勸君養親須竭力　當初衣食被君侵
부 모 기 한 부 재 심　권 군 양 친 수 갈 력　당 초 의 식 피 군 침

🦋 ● ● ● ● ● ●

프랑스 혁명 당시 한 어머니가 세 아들과 함께 집에서 쫓겨나 며칠 동안이나 산 속과 들판을 헤매었다. 부인과 아들들은 나무뿌리와 풀잎을 먹고 연명했다. 사흘째 되던 날, 군인들이 다가오는 것을 보고 덩굴 속에 숨었다.

인기척을 느끼고 수색하여 한참 후에 어머니와 아이들이 끌려나왔다. 장교는 그들이 굶어 죽기 직전에 있는 것을 알게 되었다. 장교는 너무 측은해서 빵한 덩어리를 어머니에게 주었다. 어머니는 굶주린 이리처럼 그 빵을 얼른 받아세 조각으로 나누더니 아이들에게만 나누어 주었다. 이를 본 사병이 말했다.

"어머니는 배가 안 고픈가 봅니다."

그 말에 장교는 고개를 흔들며 말했다.

"아니다. 어머니라서 그렇다."

자식을 사랑하기 때문에 자기는 먹지 않고 배고픈 자기 아이들에게 아낌없이 다 준 것이다. 이것이 어버이의 사랑이다.

21 팔반가(八反歌) : 여덟 번 반성하면서 부르는 노래

바다같이 큰 부모님 사랑

어버이의 지극한 사랑에도 그대는 은혜를 생각하지 않고, 자식의 작은 효도에도 그것을 세상에 알리려 한다. 어버이를 대접하는 것은 어두운데 자식을 대하는 것은 밝으니, 누가 자식 기르는 마음을 알아 줄 것인가. 권하건대 효도를 너무 믿지 말라. 아이들의 어버이가 바로 그대가 아닌가.

親有十分慈 君不念其恩 兒有一分孝 君就揚其名 待親暗待子明
친 유 십 분 자 군 불 념 기 은 아 유 일 분 효 군 취 양 기 명 대 친 암 대 자 명

誰識高堂養子心 勸君漫信兒曹孝 兒曹親子在君身
수 식 고 당 양 자 심 권 군 만 신 아 조 효 아 조 친 자 재 군 신

라이언 화이트는 13세 때에 혈우병을 앓아서 수술을 받게 되었다.

그런데 그 수술에서 수혈이 잘못되어 후천성 면역 결핍증, 즉 에이즈에 걸리고 말았다.

병원의 잘못으로 그는 죽음을 기다려야 했다.

그러나 그는 자신이 죽는다는 것을 알고 있으면서 아무도 원망하지 않았다. 부모도 형제도 가정도 특별히 의사들도 원망하지 않았다.

항상 밝은 웃음을 보였고, 모두에게 친절하게 대했다.

오히려 염려하는 부모를 위로하며 날마다 기쁘게 행복하게 지냈다.

이러한 사실이 방송매체를 통하여 전 미국에 전해지게 될 때 많은 사람의 마음을 감동시켰고 많은 사람들이 이 어린이를 위해서 기도하게 되었다.

유명 인사들이 앞을 다투어서 이 어린아이를 찾아 방문했다. 그리고 병문안을 왔다. 당시 대통령이었던 레이건도, 팝 가수인 마이클 잭슨도 방문

해서 위로했다.

결국 5년을 더 살다가 18세에 이 소년은 죽었다.

그가 마지막으로 아버지와 나눈 대화가 잡지에 실려서 더욱더 많은 사람의 마음을 감동시켰다.

"아들아, 미안하다. 나는 아무것도 너에게 해줄 것이 없구나. 이 아빠가 더 이상 어떤 선물도 줄 수 없음을 용서해다오."

아들은 대답했다.

"아니에요, 아빠. 전 지금 많은 선물을 받았어요. 그래도 아무도 아빠가 제게 준 선물 같은 귀한 선물을 준 사람은 없어요. 아빠는 제게 천국 열쇠를 주셨어요. 예수님보다 위대한 선물은 없으니까요."

효행편 속편
孝行篇 續篇

효도하라

효성은 하늘이 탄복한다

손순이 집안형편이 어려워 아내와 함께 남의 집에 머슴살이를 하면서 어머니를 모셨다. 아이가 어머니의 식사를 축내 어머니의 식사량이 늘 부족한 바 아내와 의논한 결과 아이는 또 얻을 수 있지만 어머니는 돌아가시면 다시 모실 수 없다고 생각되어, 아이를 버리려고 취산(醉山) 북쪽 골짜기로 데려가 땅을 팠다. 이때 땅 속에서 기이한 돌 종[石鐘]이 나와 두드려보니 아름다운 소리가 나는 바, 아내가 말하였다.

"이처럼 귀한 물건을 얻은 것은 아이의 복이려니 아이를 버려서는 안 됩니다."

순의 생각도 그러하여 종을 가지고 아이와 집으로 돌아왔다. 종을 대들보에 걸고 치니 멀리까지 울리는 맑고 신비한 소리를 들은 임금이 이를 조사하게 하였다. 사연을 들은 임금이 "옛날 곽거가 아들을 묻었을 때는 하늘이 금솥을 주시더니, 손순에게는 돌 종이 나왔으니 앞뒤 경우가 꼭 맞는구나." 하고 집 한 채와 해마다 쌀 50석을 내렸다.

孫順 家貧 與其妻 傭作人家以養母
손 순 가 빈 여 기 처 용 작 인 가 이 양 모

有兒每奪母食 順 謂妻曰兒奪母食
유 아 매 탈 모 식 순 위 처 왈 아 탈 모 식

兒 可得 母難再求 乃負兒往歸醉山北郊 欲埋堀地 忽有甚寄石種
아 가 득 모 난 재 구 내 부 아 왕 귀 취 산 북 교 욕 매 굴 지 홀 유 심 기 석 종

驚怪試撞之 容容可愛 妻曰得此寄物 胎兒之福 埋之不可
경 괴 시 당 지 용 용 가 애 처 왈 득 차 기 물 태 아 지 복 매 지 불 가

順 以爲然將兒與種還家 縣於樑撞之
순 이 위 연 장 아 여 종 환 가 현 어 양 당 지

王 聞種聲 淸遠異常而覈聞其實
왕 문 종 성 청 원 이 상 이 핵 문 기 실

曰昔 郭巨埋子 天賜金釜 今孫順 埋兒 地出石種 前後符同
왈 석 곽 거 매 자 천 사 금 부 금 손 순 매 아 지 출 석 종 전 후 부 동

賜家一區 歲給米五十石
사 가 일 구 세 급 미 오 십 석

낳고 길러주신 부모님이 살아 계실 때 정성껏 잘 섬겨야 된다.

정성이 지극하면 하늘도 감동한다.

오늘날에도 효성 지극한 가정에 불치병이 낫기도 하는 등 기적과 같은 일들이 일어나는 것을 종종 볼 수 있다.

유명한 사무엘 존슨의 미담이 있다.

자기 아버지와 서점에서 책을 팔며 생활하던 가운데 아버지에게 불효했던 생각이 났다.

그래서 귀족처럼 존경을 받는 사람이 되었는데도 실크 모자를 쓰고 자기 아버지와 책을 팔았던 서점이 있었던 그 옛날의 시장터, 많은 사람이 오고 가는 그 시장터에서 비가 억수같이 쏟아지는데도 하루 종일 실크 모자를 쓰고 서 있었던 것이다.

지나가면서 보던 누군가가 물었다.

"왜 그렇게 하염없이 서 있습니까?"

"옛날 우리 아버지에게 불효한 생각이 나서요. 지금은 돌아가셨는데 무덤에 가서 사죄만 해서는 안 되겠기에 이 자리에서 창피를 무릅쓰고 벌을 받고 있습니다."

이렇게 대답하였다고 한다.

가난도 효도를 막지 못한다

상덕이 흉년과 역병을 만나 굶주림과 병으로 어버이가 돌아가시게 되었다. 옷도 벗지 않고 밤낮으로 모셨지만 어려운 사정은 어쩔 수 없어 넓적다리 살을 베어 드리고 어머니의 종기는 입으로 빨아 치료하였다. 이를 아신 임금께서 가상히 여겨 후한 상을 내리고, 정문과 비석을 세워 이 일을 기록하여 세상에 알리게 하였다.

尚德 値年荒癘疫 父母飢病濱死 尚德 日夜不解衣 盡誠安慰
상 덕 치 년 황 려 역 부 모 기 병 빈 사 상 덕 일 야 불 해 의 진 성 안 위

無以爲養則肉食之 母發癰 吮之卽癒
무 이 위 양 즉 육 식 지 모 발 옹 연 지 즉 유

王 嘉之 賜賚甚厚 命旌其閭 立石紀事
왕 가 지 사 뢰 심 후 명 정 기 문 입 석 기 사

⊛ • • • • • •

두 아들을 둔 할머니가 있었다.

장남은 사업에 크게 성공했다. 넓은 집과 풍성한 식탁, 호화스런 옷……. 남부러울 것이 없을 정도로 모든 것이 풍족했다.

둘째아들은 조그마한 구멍가게를 했다. 먹고 살기가 빠듯해 항상 정신이 없었다. 더구나 자녀들이 많아서 더욱 생활이 어려웠다.

그런데도 할머니는 장남 집보다는 차남 집에 머물기를 더 좋아했다.

하루는 장남이 어머니에게 말하였다.

"동생은 먹고 살기도 힘들어요. 어머니가 그곳에 가시면 부담스러워해요. 제가 더 좋은 음식과 옷으로 잘 봉양할 테니 저희 집에서 사세요."

할머니는 넉넉한 웃음을 짓더니 이렇게 말하는 것이었다.

"내게 필요한 것은 좋은 음식과 옷이 아니란다. 네 동생은 밤마다 내 등을 긁어준단다. 학교에서 돌아온 손자들은 그날 있었던 재미난 일들을 들려주지."

부모를 섬기는 것을 봉양이라고 한다.

봉양보다 한 단계 높은 것이 헤아려 아는 양지(量知)이다.

장남이 어머니를 봉양했다면, 차남은 양지를 실천한 것이다.

하늘도 효성에 감동한다

도씨는 집은 가난하나 효성이 지극하였다. 숯을 구워 팔아 식사 때마다 어머니가 고기를 드시게 하였다. 하루는 시장일이 늦어 서둘러 돌아오는데 솔개가 고기를 채 가버렸다. 슬피 울며 집에 와 보니 솔개가 물고 간 고기를 마당에 던져놓았다.

병이 나신 어머니가 철 지난 홍시(紅柿)를 찾아 감나무 숲을 헤매다 날이 저물었다. 이때 나타난 호랑이가 길을 막고 등에 타라는 몸짓을 하여 타고나니 백여 리 떨어진 산동네에 내려주었다. 인가(人家)에서 하룻밤 묵게 되었는데 제사를 지낸 주인이 내온 음식에 홍시가 있었다. 기쁜 마음에 홍시의 내력을 묻고 자기의 처지를 이야기하니 주인이 말하였다.

"돌아가신 아버지께서 감을 즐겨 드셨기에 매년 가을이면 200개의 감을 골라 굴 속 깊이 보관하여 두지만 5월이 되면 온전한 것이 일곱이나 여덟 개 정도밖에는 되지 않았는데 올해는 무려 쉰 개나 온전하였습니다. 하여 마음속으로 이상스럽게 여겼더니 바로 하늘이 그대의 효성에 감동한 것이었나 봅니다."

내어주는 스무 개의 홍시에 감사 인사를 드리고 문 밖으로 나오니, 호랑이가 엎드려 기다리고 있어 올라타고 집에 도착하니 새벽닭 울음소리가 들렸다. 후일 어머니가 천수를 누리고 돌아가시니 도씨는 피눈물을 흘리며 슬퍼하였다.

都氏家貧至孝 賣炭賣肉 無闕母饌
도 씨 가 빈 지 효 매 탄 매 육 무 궐 모 찬

一日 於市 晚而忙歸 鳶忽攫肉 都悲號至家 鳶旣投肉於庭
일 일 어 시 만 이 망 귀 연 홀 확 육 도 비 호 지 가 연 기 투 육 어 정

一日 母病索非時之紅柿 都彷徨柿林 不覺日昏 有虎屢遮前路
일 일 모 병 색 비 시 지 홍 시 도 방 황 시 림 부 각 일 혼 유 호 루 차 전 로

以示乘意 都乘至百餘里山村 訪人家投宿 俄而主人
이 시 승 의 도 승 지 백 여 리 산 촌 방 인 가 투 숙 아 이 주 인

饋祭飯而有紅柿 都喜問柿之來歷 且述己意 答曰亡父嗜柿故
궤 제 반 이 유 홍 시 도 희 문 시 지 래 역 차 술 기 의 답 왈 망 부 기 시 고

每秋擇柿二百個 藏諸窟中而至此五月則完者不過七八
매 추 택 시 이 백 개 장 제 굴 중 이 지 차 오 월 칙 완 자 부 과 칠 팔

今得五十個完者故 心異之 是天感君孝 遺以二十顆 都謝出門外
금 득 오 십 개 완 자 고 심 이 지 시 천 감 군 효 유 이 이 십 과 도 사 출 문 외

虎尙俟伏 乘至家曉鷄 喔喔 後母以天命 終都有血淚
호 상 사 복 승 지 가 효 계 악 악 후 모 이 천 명 종 도 유 혈 루

나폴레옹이 폴란드를 침략해 들어간 때였다.

폴란드 농촌에 있던 한 영주가 침략해 온 나폴레옹 황제에게 좀 잘 보이기 위해서 그를 자기 집의 저녁 만찬에 초대했다.

패전국의 영주가 승전국의 황제를 초대했던 것이다.

전쟁터에 나와 있던 나폴레옹과 그 신하들은 이 영주의 초대를 받아 그 집에 갔다. 식탁이 마련되었다.

그런데 영주는 좌석을 배치할 때 나폴레옹을 제일 상석에 모시지 않았다. 두 번째도 아니었고, 겨우 세 번째 좌석에 나폴레옹 황제를 앉게 하는 것이었다. 그리고 그 다음 좌석들에 신하들을 앉게 한 후, 그 다음 좌석에 가족들을 앉게 하였다.

나폴레옹은 화가 났지만 체면상 말을 안하고 있을 때에 옆에 있던 신하가 화를 내며 그 주인에게 항의를 했다.

"우리 대제국의 황제를 어찌 이렇게 대우할 수 있는가?"

그러자 주인이 이렇게 대답하는 것이었다.

"이 자리는 내 아버지와 어머니가 앉으실 자리입니다. 나라에서는 임금인 황제가 최고로 높지만 우리 집안에서는 내 아버지와 어머니가 제일 높습니다."

이 말을 들은 나폴레옹은 그 영주의 효성에 감탄하고 칭찬해 주었다고 한다.

이렇게 집안에서 연세 많으신 노부모를 가장 최고로 섬길 줄 알고 높일 줄 알아야 한다. 이것이 바로 공경하는 것이다.

- 23 -

염의편
廉義篇

염치와 의리를 알라

사양하고 사양하면 감동한다

시장에서 솜 장사를 하는 인관에게 서조가 곡식을 주고 솜을 사갔다. 그런데 솔개가 그 솜을 낚아 채 가서 인관의 집에 떨어뜨렸다.

"솔개가 당신의 솜을 내 집에 가져왔기에 돌려보냅니다."

인관의 말에 서조가 답했다.

"솔개가 솜을 가져가 당신에게 준 것은 하늘의 뜻입니다. 어찌 내가 돌려받을 수 있겠습니까."

인관과 서조가 말하였다.

"그렇다면 당신의 곡식을 돌려보내겠습니다."

"당신에게 곡식을 지불한 시장이 서고 이틀이 지났으니 곡식은 당신 것이오."

두 사람이 서로 사양하다가 솜과 곡식을 모두 장바닥에 내다 버렸다. 시장관리 관원이 이 사실을 임금께 아뢰니 두 사람에게 벼슬을 내렸다.

印觀 賣綿於市 有暑調者 以穀買之而還 有鳶攫其綿 墮印觀家
인관 매면어시 유서조자 이곡매지이환 유연확기면 타인관가

印觀歸于署調曰 鳶墮汝綿於吾家 故還汝 署調曰 鳶攫綿與汝
인관귀우서조왈 연타여면어오가 고환여 서조왈 연확면여여

天也 吾何爲受 印觀曰 然則還汝穀 署調曰 吾與汝者市二日
천야 오하위수 인관왈 연즉환여곡 서조왈 오여여자시이일

穀已屬汝矣 二人相讓 并棄於市 掌市官以聞王 竝賜爵
곡이속여의 이인상양 병기어시 장시관이문왕 병사작

청렴한 정신을 끝까지 지녀라

젊은 시절의 홍기섭은 집이 가난하여 매우 어려운 처지에 있었다. 하루는 아침에 어린 계집종이 돈 일곱 냥을 들고 뛰어와 말하였다.

"솥 안에 돈이 있어 가져왔습니다. 이 돈이면 쌀 몇 섬과 땔감나무 몇 바리는 살 수 있습니다. 참으로 하늘이 내려주신 선물인가 봅니다."

이것이 무슨 돈이냐며 그가 놀라워했다. 그리고는 '돈을 잃은 사람은 찾아가시오.' 라고 적어 대문 처마 밑에 붙였다. 얼마 지나지 않아 유씨 성을 가진 사람이 찾아와 글을 써 붙인 사연을 물어 자초지종을 일러주었다. 유씨가 말하였다.

"솥 안에다 돈을 잃은 이가 있겠습니까. 하늘이 내려준 것인데 그것을 마다하십니까."

"내 물건이 아닌데 어찌 취할 수 있습니까."

유씨가 몸을 굽혀 말하였다.

"소인이 어젯밤 솥을 훔치러 왔다가 집안형편을 보고 안타까워 이 돈을 놓고 갔습니다. 공의 청렴결백함에 양심이 움직여 앞으로 도둑질을 하지 않고 옆에서 모시겠으니 걱정하지 말고 돈을 갖기 바랍니다."

그러나 그는 돈을 돌려주며 말하였다.

"당신이 선량한 사람이 되는 것은 환영하지만 돈은 가질 수 없소."

그는 끝내 받지 않았다. 후에 그는 판서가 되었고, 아들은 헌종의 장인이 되었으며, 유씨 또한 신임을 얻어 자신과 집안이 크게 번창하였다.

洪基燮 少貧甚無料 一日早 婢兒踊躍獻七兩錢日 此在鼎中 米可數石
홍기섭 소빈심무료 일일조 비아용약헌칠양전왈 차재정중 미가수석

柴可數駄 天賜 公驚日 是何金 卽書失金人推去等字 付之門楣而待
시가수태 천사 공경왈 시하금 즉서실금인추거등자 부지문미이대

俄而姓劉者來問書意 公悉言之 劉日 理無失金於人之鼎內 果天賜也
아이성유자내문서의 공실언지 유왈 이무실금어인지정내 과천사야

蓋取之 公日 非吾物何 劉俯伏日 小的昨夜 爲竊鼎來
개취지 공왈 비오물하 유부복왈 소적작야 위절정래

還憐家勢蕭條而施之 今感公之廉价 良心自發 誓不更盜 願欲賞侍
환인가세소조이시지 금감공지염개 양심자발 서불경도 원욕상시

勿慮取之 公卽還金日 汝之爲良則善矣 金不可取 終不受 後公爲判書
물려취지 공즉환금왈 여지위양즉선의 금불가취 종불수 후공위판서

其子在龍 爲憲宗國舅 劉亦見信 身家大昌
기자재룡 위헌종국구 유역견신 신가대창

선택과 실천의 결과

고구려 평원왕의 어린 딸이 울보였기에 웃자고 한 말이 있었다.
"네가 크면 바보 온달에게 시집보내야겠구나."
후일 상부인 고씨에게 시집보내려 하자 공주는 임금이 두말할 수 없다며 온달의 아내가
되고자 했다. 밥을 구걸하여 어미를 봉양하는 그를 사람들은 바보 온달이라 불렀는데, 하
루는 나무를 해서 집에 오니 공주가 찾아와 아내 될 것을 청하였다. 패물을 팔아 논·밭,
집과 기물을 장만하여 살림이 늘자 말을 많이 기르고 온달을 도와 노력하여 명성을 얻고
영달하게 되었다.

高句麗平原王之女幼時 好啼 王戲日以汝 將歸于溫達 及長
고 구 려 평 원 왕 지 녀 유 시　호 제　왕 희 왈 이 여　장 귀 우 온 달　급 장

欲下嫁于上部高氏 女以王不可食言 固辭 終爲溫達之妻 先時 溫達 家貧
욕 하 가 우 상 부 고 씨　여 이 왕 부 가 식 언　고 사　종 위 온 달 지 처　선 시　온 달　가 빈

行乞養母 時人 目爲愚溫達也 一日 溫達 自山中 負楡皮而來
행 걸 양 모　시 인　목 위 우 온 달 야　일 일　온 달　자 산 중　부 유 피 이 래

王女訪見日吾乃子之匹也 乃賣首飾而買田宅器物 頗富
왕 녀 방 견 왈 오 내 자 지 필 야　내 매 수 식 이 매 전 택 기 물　파 부

多養馬以資溫達 終爲顯榮
다 양 마 이 자 온 달　종 위 현 영

✿ • • • • • •

우리나라 여성이 남성에 대해 거는 꿈은 크게 두 가지가 있다고 한다.
바로 신데렐라의 꿈과 평강공주의 꿈이다.

　신데렐라의 꿈은 백마를 탄 왕자님이 유리구두를 들고서 자기를 찾아와
주기를 바라는 것이다.

　반면 평강공주의 꿈은 현재의 남자가 온달처럼 보잘것없지만 자기의 헌
신으로 언젠가는 그를 훌륭하게 만들겠다는 꿈이다.

그런데 이 두 가지는 언뜻 보기에는 다른 것 같지만 사실은 똑같은 것이다. 이미 출세해 있는 남자를 원하는 것인가, 아니면 출세의 가능성이 있는 남자를 원하는 것인가의 차이일 뿐이다.

즉 여자가 남자를 이용해서 자기의 욕구를 충족시킨다는 점에서는 마찬가지이다.

남성 역시 여성에 대해서 크게 두 가지의 꿈을 갖고 있다고 한다.

미스코리아의 꿈이나 복부인의 꿈이 그것이다.

즉 자기 아내가 출중한 미인이든지, 아니면 뛰어난 경제력이 있어 돈을 많이 벌어주기를 바라는 것이다.

하지만 이런 꿈들은 바람직하지 않다.

자신의 행복을 위해서나 가정의 행복을 위해서 빨리 깨버리는 것이 좋다.

권학편
勸學篇

배우기를 권하라

공부도 때가 있다

주자가 말하였다. "오늘 해야 될 공부를 내일로 미루지 말고, 금년에 배울 공부를 내년으로 미루지 말라. 세월은 나를 기다려 주지 않고 흘러간다. 세월이 흘러간 뒤 후회해도 소용없다. 내 탓이다."

朱子曰 勿謂今日不學而有來日 勿謂今年不學而有來年
주 자 왈   물 위 금 일 불 학 이 유 래 일   물 위 금 년 불 학 이 유 래 년

日月逝矣 歲不我延 嗚呼老矣 是誰之愆
일 월 서 의   세 불 아 연   오 호 노 의   시 수 지 건

. . . . . .

영국의 정치가 글래드스턴은 디즈레일리와 더불어 19세기의 영국의회 정치를 대표하는 인물이다.

그는 옥스퍼드 대학을 졸업한 후 1833년에 하원의원이 되었고, 59세 때 정계에서 물러날 때까지 네 차례나 내각을 조직했다.

대단한 독서가이기도 했던 그는 많은 논문과 저서를 남겼는데, 그의 다음과 같은 말을 듣는다면 이해가 갈 것이다.

"나는 뜻밖에 생기는 1분을 그냥 흘려버리지 않기 위해 항상 소책자를 주머니에 넣고 다녔다."

그가 읽은 책은 정치, 경제, 외교 분야의 것들이 아니었다. 오히려 시를 비롯해 소설 등의 문학서를 애독했다.

그 이유에 대해 글래드스턴은 '소설을 읽고 시를 음미하는 것은 심신을 달래는 데 매우 유익하기 때문이다.'라고 피력하였다.

그는 또 40대 후반에 고대 헬라의 시인인 호메로스에 관해 연구한 것을 전 3권으로 펴냈다.

이는 그의 꾸준한 독서가 밑받침되었기에 가능했다.

높은 이상주의와 평화주의를 견지한 대정치가로 알려진 그의 정치이념도 그의 독서에 의해 다듬어졌을 것이다.

짧은 시간을 무시하지 말라

소년은 늙기 쉽고, 학문은 이루기 어려우니 짧은 시간이라도 가볍게 여기지 말라. 아직 연 못가 풀들은 봄꿈에 젖어 있는데 섬돌 앞 오동나무 잎은 가을을 알린다.

少年易老 學難成 一寸光陰 不可輕
소 년 이 로 학 난 성 일 촌 광 음 불 가 경
未覺池塘 春草夢 階前梧葉 已秋聲
미 각 지 당 춘 초 몽 계 전 오 엽 이 추 성

※ ● ● ● ● ● ●

옛날 중국의 동진에 차윤이라는 선비는 어려서부터 태도가 공손하고 부 지런하며, 책도 많이 읽었다. 그러나 집안이 가난하여 등불을 켤 기름을 구 하지 못하는 차윤은, 여름이 되면 깨끗한 비단 주머니를 만들어 그 속에다 수십 마리의 반딧불을 잡아넣어, 그 빛 아래서 책을 읽어, 후에 황제의 비서 에까지 오르게 되었다. 그때부터 책 읽는 방의 창문을 형창(螢窓)이라 부르 게 되었다. 또 같은 시대에 손강이라는 사람도 젊어서부터 성품이 맑고 깨 끗하여 학문 연구에 힘썼으나, 그도 가난하여 등불을 밝힐 기름을 살 수가 없었다. 하는 수 없이 그는 겨울이 되면 눈에 반사되는 달빛 아래서 책을 열 심히 읽었다고 한다. 후에 손강은 그 벼슬이 대사헌에 이르렀고, 그때부터 책상을 설안(雪案)이라고 부르게 되었다. 오늘날 열심히 공부하여 좋은 결 과를 얻은 것을 일컬어 '형설지공(螢雪之功)'이라고 한다. 차윤과 손강의 이 같은 행적, 형창과 설안에서 비롯된 말이다.

세월은 기다리지 않으니
지금 실천하라

도연명의 시에서 말하였다. "꽃다운 청춘은 두 번 오지 않고 매일 오는 새벽도 똑같은 날들이 아니다. 세월은 기다려 주지 않으니 총기 있는 젊은 시절에 학문에 힘쓰라."

陶淵明詩云 盛年不重來 一日難再晨 及時當勉勵 歲月不待人
도 연 명 시 운 성 년 부 중 래 일 일 난 재 신 급 시 당 면 려 세 월 부 대 인

🐾 • • • • • •

『톰 소여의 모험』과 『허클베리 핀의 모험』을 쓴 세계적인 작가 마크 트웨인은 플로리다의 가난한 집에서 태어나 12살 때 아버지를 여의고 어려운 집안 살림을 돕기 위해 인쇄소에서 일을 했다. 그는 일을 하면서도 틈틈이 책 읽는 것을 좋아하였다.

어느 날 길을 걷고 있던 그에게 우연히 종이 한 장이 날아왔다. 그것은 유명한 『잔 다르크 전』의 일부였다. 이 종이는 그에게 큰 호기심을 불러일으켜 잔 다르크에 관한 책을 닥치는 대로 읽게 만들었다.

마침내 그는 『잔 다르크의 회상』이라는 책을 쓰기에 이르렀고, 이로써 인쇄공 마크 트웨인은 작가 마크 트웨인으로 거듭나게 되었다. 한 권의 책, 그것도 뜯겨 버려진 낱장 한 장이 세계적인 작가 한 사람을 탄생시킨 것이다.

목적지로 가려면
일단 발걸음을 떼야 한다

순자가 말하였다. "발걸음을 쌓지 않으면 천리에 이르지 못하고, 작은 흐름이 모여 강과 바다가 된다."

筍子曰 不積頤步 無以至千里 不積小流 無以成江河
순 자 왈 부 적 규 보 무 이 지 천 리 부 적 소 류 무 이 성 강 하

⸙ • • • • • •

힐러리 로댐 클린턴의 『살아 있는 역사』 중에 나오는 말이다.

'어머니는 우리가 책을 통해 세상을 배우기를 바랐다. 남동생들보다는 내가 어머니의 그런 뜻을 더 잘 받아들였다. 남동생들은 책보다 곤경에서 배우기를 더 좋아했다. 어머니는 나를 매주 도서관에 데려갔다. 나는 도서관의 아동서적을 열심히 읽었다. 어머니는 내가 텔레비전을 많이 보는 것을 허락하지 않았다.'

성공은 의지와 노력과 인내로 인해 작은 시내에서 큰 강물을 이루어 나간다.